MUDE
DE ALIMENTAÇÃO E SALVE
O PLANETA

O PLANO

OMD

Dados Internacionais de Catalogação na Publicação (CIP)
(Jeane Passos de Souza – CRB 8ª/6189)

Cameron, Suzy Amis
    Mude de alimentação e salve o planeta : o plano OMD / Suzy Amis Cameron; tradução de Isabel Souto Santos. – São Paulo : Editora Senac São Paulo, 2020

    Título original: OMD: the simple, plant-based program to save your health, save your waistline, and save the planet
    Bibliografia.
    ISBN 978-85-396-3152-0 (impresso/2020)
    e-ISBN 978-85-396-3153-7 (ePub/2020)
    e-ISBN 978-85-396-3154-4 (PDF/2020)

    1. Alimentação : Mudanças ambientais 2. Sustentabilidade : Alimentação 3. Culinária vegana 4. Alimentação à base de vegetais (receitas e preparo) 5. Alimentação saudável 6. Vida saudável 7. Estilo de vida : Sustentabilidade I. Título. II. Santos, Isabel Souto.

20-1085t   CDD – 641.303
                                                  641.302
                                  BISAC CKB125000
                                               CKB059000

Índice para catálogo sistemático:
1. Alimentação à base de vegetais (receitas e preparo)
641.303
2. Alimentação saudável : Culinária vegana
641.302

SUZY AMIS CAMERON

MUDE
DE ALIMENTAÇÃO E SALVE O PLANETA

O PLANO

M D

Tradução de Isabel Souto Santos

Editora Senac São Paulo – São Paulo – 2020

ADMINISTRAÇÃO REGIONAL DO SENAC NO ESTADO DE SÃO PAULO
Presidente do Conselho Regional: Abram Szajman
Diretor do Departamento Regional: Luiz Francisco de A. Salgado
Superintendente Universitário e de Desenvolvimento: Luiz Carlos Dourado

EDITORA SENAC SÃO PAULO
Conselho Editorial: Luiz Francisco de A. Salgado
Luiz Carlos Dourado
Darcio Sayad Maia
Lucila Mara Sbrana Sciotti
Jeane Passos de Souza

Gerente/Publisher: Jeane Passos de Souza (jpassos@sp.senac.br)
Coordenação Editorial/Prospecção: Luís Américo Tousi Botelho (luis.tbotelho@sp.senac.br)
Márcia Cavalheiro Rodrigues de Almeida (mcavalhe@sp.senac.br)
Administrativo: João Almeida Santos (joao.santos@sp.senac.br)
Comercial: Marcos Telmo da Costa (mtcosta@sp.senac.br)

Edição e Preparação de Texto: Heloisa Hernandez e Rafael Barcellos Machado
Coordenação de Revisão de Texto: Luiza Elena Luchini
Revisão de Texto: Karen Daikuzono
Capa: Veridiana Freitas
Editoração Eletrônica: Sandra Regina Santana
Impressão e Acabamento: Rettec Artes Gráficas

Traduzido de: *OMD: the simple, plant-based program to save your health, save your waistline, and save the planet*
© Editorial Holding, LLC, 2018
Todos os direitos reservados.
Publicado em acordo com a editora original, Atria Books/Beyond Words, uma divisão da Simon & Schuster, Inc.

Proibida a reprodução sem autorização expressa.
Todos os direitos reservados à
EDITORA SENAC SÃO PAULO
Rua 24 de Maio, 208 – 3º andar – Centro – CEP 01041-000
Caixa Postal 1120 – CEP 01032-970 – São Paulo – SP
Tel. (11) 2187-4450 – Fax (11) 2187-4486
E-mail: editora@sp.senac.br
Home page: www.livrariasenac.com.br

© Edição brasileira: Editora Senac São Paulo, 2020

Sumário

Nota do editor 7

Nota ao leitor 9

Prefácio 11

Introdução: A solução simples e elegante 21

PRIMEIRA PARTE: POR QUE OMD? 29

Capítulo 1 • Nossa jornada OMD 31

Capítulo 2 • OMD pela saúde 47

Capítulo 3 • OMD pelo planeta 85

SEGUNDA PARTE: A VIA OMD 113

Capítulo 4 • Prepare-se para o Plano OMD 115

Capítulo 5 • Uma refeição por dia 157

Capítulo 6 • Compromisso Total 189

Capítulo 7 • Receitas OMD 217

Capítulo 8 • Hora de brilhar 303

A SUA FONTE DE RECURSOS OMD 311

Calcule o quanto você poupa com o Contador
de Alimentação Verde 313

Recipientes e utensílios reutilizáveis para conservação
de alimentos 315

Lista essencial para a despensa OMD 317

Lista de compras para o Plano de transição OMD de 14 dias 323

Lista de compras para o Plano de Compromisso Total OMD
de 14 dias 327

Conversão de medidas 335

Indicações de leitura, documentários e sites 337

Agradecimentos 343

Notas 345

Índice remissivo 355

Nota do editor

A maior parte das mudanças significativas que operamos em nossas vidas não ocorre de uma hora para outra: elas exigem tempo e dedicação, com pequenas adaptações até que um novo cenário se instale com sucesso. Se isso ocorre em nível individual, não poderia ser diferente com nosso planeta: as pequenas escolhas que fazemos todos os dias se somam e são capazes de causar um grande estrago ou um enorme impacto positivo.

Com o Plano OMD (One Meal a Day – uma refeição por dia), a autora nos mostra que, passo a passo – uma escolha, uma mudança, uma refeição de cada vez –, somos capazes de melhorar nossa qualidade de vida e salvar a Terra (e o futuro de nossos filhos) de uma degradação que já está em curso.

Os dados das pesquisas feitas ao redor do mundo e reunidas pela autora e sua equipe ajudam a reconhecer as vantagens de uma alimentação à base de produtos vegetais para prevenir uma série de doenças crônicas, perder peso e levar uma vida mais saudável, bem como mais sustentável para o meio ambiente. Além disso, os diversos depoimentos de pessoas que mudaram suas vidas após adotar essa alimentação reforçam o parecer de maneira muito positiva, e as mais de cinquenta receitas ajudam o leitor a encontrar alternativas simples e muito saborosas para suas refeições.

Com este lançamento, o Senac São Paulo deseja contribuir com o debate acerca da sustentabilidade e da alimentação, trazendo pontos de vista e informações que podem auxiliar o leitor a fazer suas escolhas pessoais de maneira consciente

Nota ao leitor

Caro leitor,

Sou a irmã mais nova da Susan, a autora deste livro. Sou uma vegana muito satisfeita e posso afirmar com sinceridade que essa foi sempre a minha inclinação, desde a primeira infância. Tenho muito prazer em falar um pouco sobre este livro!

Nas próximas páginas, você ficará a par de como surgiu o Plano OMD* – o plano de mudança de vida que revela como trocar uma refeição por dia à base de carne ou laticínios por uma refeição à base de vegetais pode salvar a sua saúde e o planeta. Fico feliz por ter feito parte dessa incrível jornada, iniciada na MUSE School, que fundei com a Suzy há doze anos, mas que deu grandes passos em pouco tempo. Uma das conquistas que mais nos enche de orgulho é que a MUSE, a primeira escola dos Estados Unidos com uma cultura baseada na alimentação à base de vegetais, deu origem a todo um legado de crianças e famílias que já sabem como (e o porquê) fazer uma refeição por dia pelo planeta!

Parece que foi fácil, não é? Mas não foi!

Embora introduzir uma alimentação à base de vegetais não tenha sido a coisa mais fácil de fazer na nossa escola, foi a decisão certa. Tal como a Suzy sempre defendeu, não podemos ser uma escola ambiental e continuar a consumir carne e a apoiar a agropecuária. E ainda posso ir mais longe: não podemos ser uma escola compassiva e emocionalmente sustentável se continuarmos a comer animais.

Percebemos que o Plano OMD é uma forma ideal de ajudar alunos, famílias, corpo docente e funcionários a darem-se conta do impacto que têm sobre o ambiente, a própria saúde e a vida dos animais. Desde a implementação do plano, continuamos a constatar os benefícios que resultam de

---

* Sigla para a expressão em inglês *one meal a day*, isto é, uma refeição por dia. [N. T.]

sabermos que, enquanto escola, estamos fazendo uma diferença incrível. Oferecer uma refeição por dia em benefício do planeta é algo simples! E delicioso!

Na MUSE, verificamos que nossos alunos, de todas as idades, apreciam o conceito de uma refeição por dia pelo planeta. E, quando uma criança começa a gostar de qualquer coisa, por vezes, os pais também entram na onda! É claro que inspiramos as pessoas a refletirem sobre a educação, mas também as inspiramos a refletir sobre a relação entre aquilo que comem e o meio ambiente.

Pessoalmente, devo dizer que minha irmã Susan sempre esteve na dianteira de todos os temas relacionados com a saúde e o ambiente. Em outras palavras, ela sabe o que é melhor! Fico contente por ter este espaço no livro para falar do orgulho que sinto por ela. Quando ela aceita uma missão, não há nada que a segure! E, agora, ela lança este livro sobre coisas que considera importantes: a alimentação e o ambiente.

Então, pegue uma tigela de homus e algumas lascas de couve desidratada, arranje uma posição confortável e mergulhe neste livro. Verá como é fascinante, cativante e extraordinariamente simples!

REBECCA AMIS
Cofundadora da MUSE School, Califórnia

Prefácio

Estou feliz por escrever o prefácio do novo livro da Suzy Amis Cameron, *Mude de alimentação e salve o planeta: o Plano OMD*. Eis o porquê.

Nos últimos quarenta anos, tenho estado à frente de uma série de testes clínicos, tanto controlados quanto aleatórios, além de projetos demonstrativos que comprovam a grande diferença que uma mudança abrangente do estilo de vida pode operar na nossa saúde e no nosso bem-estar – e a rapidez com que isso pode ocorrer.

Essas mudanças do estilo de vida incluem uma alimentação à base de vegetais integral (com teores naturalmente reduzidos de gorduras e carboidratos refinados, como descrito no Plano OMD), técnicas de gestão da pressão, incluindo a prática de meditação e ioga, a prática de exercício físico moderado e apoio social (amor e intimidade).

Resumidamente: comer bem, evitar a tensão, promover a atividade física e amar mais.

Na nossa investigação, eu e meus colegas recorremos aos melhores métodos científicos e à tecnologia de ponta para comprovar o poder dessas intervenções simples, baratas e despretensiosas. Descobrimos que as mudanças nutricionais e de estilo de vida não só ajudam a prevenir, como frequentemente *revertem* a progressão da maior parte das doenças crônicas mais comuns. Nossos estudos foram publicados nas mais conceituadas revistas médicas e científicas.

Continuo impressionado ao ver que, quanto mais doenças estudamos e mais mecanismos biológicos subjacentes investigamos, mais razões e provas científicas encontramos para explicar por que simples mudanças no estilo de vida são tão importantes, por que têm efeitos transformadores e de longo alcance e porque muitas pessoas rapidamente demonstram melhoras significativas e mensuráveis depois de as implementarem.

Comprovamos, pela primeira vez, que as mudanças de estilo de vida podem, por si só, reverter mesmo a progressão de casos muito graves de doença arterial coronariana. Verificamos mais reversões após cinco anos do que após um ano, e uma redução de 2,5 vezes na ocorrência de distúrbios cardíacos. Descobrimos também que essas mudanças de estilo de vida podem reverter o diabetes tipo II e abrandar, parar ou mesmo reverter a progressão do câncer de próstata na sua fase inicial (e, por extensão, a fase inicial do câncer de mama), a hipertensão, o colesterol alto, a obesidade, a depressão emocional e a demência em fase inicial.

Constatamos que mudar o estilo de vida dessa forma, de fato, altera nossos genes – ao ativar os que nos mantêm saudáveis e desativar os que promovem doenças cardíacas, câncer de próstata, câncer de mama e diabetes –, afetando 500 genes em apenas três meses. As pessoas alegam frequentemente que não têm o que fazer, pois é culpa dos genes. No entanto, o conhecimento de que a mudança do estilo de vida altera nossos genes é muito motivador – não implica culpabilização, mas, sim, capacitação. Nossos genes são uma predisposição e não nosso destino.

Os telômeros – as terminações dos cromossomos que controlam o envelhecimento – são como pontas plastificadas de cadarços, no sentido em que impedem que o DNA se desfaça. À medida que envelhecemos, os telômeros tendem a encurtar-se, o que aumenta o risco de morte prematura, em razão de uma ampla variedade de doenças crônicas, que vão desde a doença cardíaca até o Alzheimer, passando pelo câncer. Nossa investigação também demonstrou que essas mudanças na alimentação e no estilo de vida podem levar a um aumento do comprimento dos telômeros, desse modo prolongando nossa vida. Esse foi o primeiro estudo controlado a revelar que qualquer intervenção pode começar a reverter o envelhecimento em nível celular por meio do aumento do comprimento dos telômeros.

O consumo de proteína animal, por si só, aumenta dramaticamente o risco de morte prematura, independentemente do consumo que se fizer de gorduras ou carboidratos. Num estudo que durou dezoito anos, com mais de seis mil indivíduos, aqueles entre os 50 e os 65 anos e que relataram fazer uma alimentação rica em proteína animal revelaram um aumento de 75% na taxa de mortalidade total; de 400% na taxa de mortalidade por câncer; e de 500% na taxa de incidência do diabetes tipo II.

Quando comecei a conduzir a investigação, acreditava que os pacientes que revelariam mais melhorias seriam os mais jovens com doenças menos graves, mas estava errado.

PREFÁCIO

Descobriu-se que o principal determinante de melhoria em todos os nossos estudos não era a velhice nem a doença – muito pelo contrário, o grau de melhoria dependia diretamente do grau de mudanças realizadas na alimentação e no estilo de vida. Quanto maior a mudança, maior a melhoria, em todos os aspetos que analisávamos – inclusive nos telômeros! –, fosse qual fosse a idade do sujeito.

Trata-se de uma descoberta muito importante, que proporciona a base científica do Plano OMD.

Quanto mais as pessoas mudam a alimentação e o estilo de vida, melhor se sentem, o que as motiva a persistir, porque percebem a relação direta entre o que comem e o que sentem: quando como isso sinto-me bem, mas quando como aquilo não me sinto tão bem. Então, vou passar a comer mais disso e menos daquilo.

Assim, a razão para mudar é reformulada, passando do medo de morrer para a alegria de viver. Em suma, se é bom, é sustentável.

Se há um aumento da circulação sanguínea no cérebro, logo, pensamos mais clara e criativamente, temos mais energia e não precisamos dormir tanto. De fato, podem até ser formados neurônios novos – um processo denominado neurogênese, em que o cérebro até aumenta de tamanho no espaço de poucas semanas, especialmente aquelas partes do cérebro que gostaríamos que fossem maiores, como o hipocampo, que controla a memória. À medida que envelhecemos, vamos frequentemente começando a esquecer o nome das pessoas ou onde deixamos as chaves. Agora, muitos desses problemas parecem ser reversíveis, algo que se julgava impossível quando entrei na faculdade de medicina.

Há um aumento da circulação sanguínea na pele, logo, podemos parecer anos mais jovens do que a nossa idade biológica (veja a Suzy!). Há um aumento do fluxo sanguíneo no coração, logo, temos mais resistência e podemos até reverter doenças arteriais coronarianas mais graves. Os órgãos sexuais recebem um maior afluxo de sangue, logo, a nossa potência sexual melhora.

Os mecanismos biológicos que regulam a circulação sanguínea – e a nossa saúde, em geral – são muito mais dinâmicos do que se julgava. A investigação mais recente mostra que podemos ficar melhor ou pior com apenas uma refeição, dependendo do que consumimos.

Mesmo apenas uma refeição rica em gorduras e proteínas animais reduz o fluxo sanguíneo. Por exemplo, o Dr. Robert Vogel e os seus colegas publicaram um estudo no *American Journal of Cardiology*, em que se comparava o fluxo sanguíneo após uma refeição rica em gorduras e proteínas animais (um *Egg McMuffin*, um *Sausage McMuffin* e duas batatas fritas empanadas do McDonald's) e uma refeição à base de vegetais pobre em gordura, ambas com o mesmo número de calorias.

Após quatro horas apenas, o fluxo sanguíneo diminuiu em mais de 50% naqueles que consumiram a refeição do McDonald's, mas não naqueles que consumiram a refeição à base de vegetais pobre em gordura.

O fluxo insuficiente de sangue ao coração gera dor no peito (angina). Nos nossos estudos, as pessoas com doença cardíaca grave que fizeram as mudanças recomendadas na alimentação e no estilo de vida relataram uma redução de 91% na frequência da dor torácica, no espaço de apenas alguns dias a algumas semanas. Recorrendo a tomografias por emissão de pósitrons (PET* *scan*), registramos um aumento de 400% do fluxo sanguíneo ao coração, em comparação com um grupo de controle aleatório.

Isso é muito significativo para quem não era capaz de trabalhar, brincar com os filhos ou fazer amor com o parceiro por causa da angina de peito, mas que, depois de mudar a alimentação e o estilo de vida, passou a ser capaz de fazer todas essas coisas.

E se é significativo, também é sustentável.

Aprendi que, em geral, se dissermos para as pessoas comerem isso e não aquilo, elas farão exatamente o contrário, pois a maioria acha mais importante sentir que a decisão é sua, do que ser saudável. É uma tendência que remonta à primeira intervenção alimentar, quando Deus pediu para não comerem a maçã – e veja só no que deu.

Se *entrar* numa dieta, é provável que mais cedo ou mais tarde *saia* dela – pois as dietas focam quase sempre no que você não pode comer e no que deve fazer – e, nesse caso, é provável que sinta vergonha, culpa, raiva e humilhação, sentimentos realmente tóxicos para a sua saúde e o seu bem-estar.

---

* Sigla inglesa do termo *positron emission tomography*, pela qual este tipo de tomografia também é conhecido. [*N. T.*]

PREFÁCIO

Se está tentando reverter uma doença que ameaça a sua vida, como a doença arterial coronariana, precisa fazer grandes mudanças na alimentação e no estilo de vida – o quilo de cura.*

Todavia, se está apenas tentando se sentir melhor, perder uns quilos ou reduzir a pressão arterial, o colesterol ou a glicemia, então, tem mais espaço para movimentação – o grama de prevenção.

A maioria das pessoas se importa com os hábitos e a alimentação como um todo. Assim, se em um dia cometem excessos, não veem isso como uma falha, contanto que façam uma alimentação mais saudável no dia seguinte. Se há um dia em que não têm tempo para praticar exercício ou meditar, basta que pratiquem um pouco mais no dia seguinte.

Acho que você pegou a ideia.

E o que é bom para você também é bom para o nosso planeta. O que é sustentável individualmente é sustentável globalmente.

Tal como a Suzy descreve no Plano OMD, na medida em que fazemos a transição para uma alimentação à base de vegetais, não só fazemos a diferença na nossa própria vida, como também fazemos uma diferença importante na vida de muitas outras pessoas, no mundo inteiro.

Perceber que algo tão básico, como o que escolhemos pôr diariamente na boca, faz diferença no destino do nosso planeta, é ter poder e imbuir essas escolhas de significado.

Repetindo: se for significativo, então, é sustentável.

Muitos ficam surpreendidos ao descobrirem que o consumo de carne gera mais aquecimento global, por causa dos gases do efeito de estufa produzidos pela indústria pecuária, do que todos os meios de transporte combinados. Nos Estados Unidos, criam-se mais de 8 bilhões de cabeças de gado, que ingerem cerca de sete vezes mais cereais do que os que são consumidos diretamente por toda a população do país.

Uma alimentação à base de carne implica um consumo energético muito superior ao de uma alimentação à base de vegetais. A produção de 1 kg de carne de vaca exige cerca de 13 kg de cereais e 30 kg de forragem.

---

* Essa expressão e a que conclui o parágrafo seguinte deriva de uma citação de Benjamin Franklin que, traduzida para português, seria: "Mais vale um grama de prevenção do que um quilo de cura". [N. T.]

Essa quantidade de cereais e forragem exige, por sua vez, um total de 43.000 l de água.

Além disso, o gado utiliza atualmente 30% da superfície terrestre total, sobretudo composta por pastagens permanentes, mas esse valor inclui também 33% da terra arável global para produzir ração animal. Uma vez que se abatem as florestas para o gado ter pastagens, a agropecuária é um dos principais propulsores do desmatamento: cerca de 70% das florestas da Amazônia foram transformadas em pastagens.

Assim, ao optarmos por uma alimentação à base de vegetais, libertamos enormes quantidades de recursos que podem beneficiar muitos outros seres vivos, incluindo nós próprios. Para que todos tenhamos comida no mundo, é preciso que um número suficiente de pessoas desça de nível na cadeia alimentar. Assim, podemos impedir que o planeta derreta.

Acho isso muito inspirador e motivador. Ao agirmos com mais compaixão, beneficiamos não só o coração, mas também a saúde.

Ou, como diria a Suzy, não é uma questão de tudo ou nada. Comece por *uma refeição por dia* e sentirá os benefícios, à medida que for seguindo nessa direção.

Além de melhorar sua aparência e bem-estar, sua vida sexual irá aquecer, e o planeta irá esfriar.

E *isso* é sustentável.

DR. DEAN ORNISH
Fundador e Presidente do Preventive Medicine Research Institute
Professor de Medicina Clínica na University of California, em San Francisco
www.ornish.com

Nada irá beneficiar mais a saúde humana e aumentar as chances de sobrevivência da vida na Terra do que a evolução para uma alimentação à base de vegetais.

– Atribuído a Albert Einstein

Para o meu querido Jim, por me ajudar a voar mais alto do que alguma vez poderia ter imaginado e por mudar o mundo comigo... Uma bela jornada.

Introdução

A solução simples e elegante

Este livro é um movimento e um chamado à ação cheio de esperança. É também um mapa, um canivete suíço e um sistema de apoio emocional. Tem de ser tudo isso, pois é o que a maioria de nós precisa para realizar as mudanças reais e sustentáveis que salvam nossa saúde e protegem nosso planeta. Vemos à nossa volta provas das alterações climáticas: incêndios florestais, furacões catastróficos, enchentes e deslizamentos de terras. Sentimos que chegamos a um ponto de inflexão, em que temos de fazer mudanças se quisermos deixar um mundo habitável aos nossos filhos.

Sou apaixonada por esse tema, pois sou mãe. Tal como a maioria das mães, sou *expert* em enxugar lágrimas, assoar narizes, limpar bumbuns e vômitos, e acabaria com qualquer um que tentasse magoar os meus filhos. Esse amor protetor e feroz de mamãe ursa está no meu DNA. É um instinto, um impulso que habita em todas as mães e todos os pais – em todos os humanos, aliás! Como é que poderíamos ter sobrevivido de outra forma? Mesmo que não tenhamos filhos, sentimos esse impulso protetor em relação à nossa família, aos nossos animais de estimação e aos nossos amigos. Esse amor feroz me motiva, todos os dias, a fazer do mundo um lugar melhor para todos os nossos filhos crescerem.

Também me divido entre uma multidão de tarefas, tal como muitos de nós neste mundo acelerado. Tenho cinco filhos. Sou empresária, educadora e treinadora de cães, ex-modelo e atriz, filha, irmã, tia e faço malabarismo com tudo isso. Passei muitos anos dedicando meu amor protetor e feroz à criação de iniciativas para ajudar a salvar o planeta: a Red Carpet Green Dress, uma organização que desafia e ajuda a indústria da moda a tornar-se mais responsável ambientalmente; a Plant Power Task Force, uma organização de advocacia focada em fomentar a sensibilização e financiar investigações muito respeitadas acerca dos efeitos da agropecuária sobre o meio ambiente; a MUSE School, uma escola de educação ambiental, que abrange desde a educação infantil até o ensino médio, e que explora as paixões e desperta a sede de aprender das crianças, incutindo nelas um profundo sentido de responsabilidade pela proteção da Terra e de todos os seus habitantes, além de também ser a primeira escola com uma alimentação à base de vegetais dos Estados Unidos (e berço do OMD!); a Food Forest Organics, o primeiro mercado e café estritamente vegano da Nova Zelândia; e o nosso mais recente empreendimento, a Cameron Family Farms, uma oportunidade de dar vida a todas as nossas filosofias relativas à alimentação à base de vegetais e ao ambientalismo, oferecendo opções de alta qualidade e amplamente disponíveis, que tornarão o consumo de produtos vegetais e integrais mais conveniente e acessível para todos. Além disso, estou casada há dezoito anos com um parceiro, marido e pai fantástico, um realizador de cinema enérgico, um explorador do mar profundo e um verdadeiro polímata: James Cameron. O meu Jim.

No entanto, conheço minhas limitações. Não tenho formação em medicina e não sou cientista, todavia, sou viciada em pesquisa e informação e passei muito tempo tentando obter informação atualizada e crível junto de verdadeiros cientistas, climatologistas, médicos e pesquisadores. Tudo em mim que não seja dedicado à minha família está empenhado na defesa do meio ambiente, na conservação do planeta e na criação de um mundo melhor e mais saudável.

Estou perfeitamente ciente de que minha vida é privilegiada, em vários aspectos. Ainda me belisco todos os dias e sei que o sofrimento e a dor tão difundidos no mundo não fazem parte da minha experiência direta. No entanto, não deixo de ser uma pessoa como outra qualquer. Este ano, meu pai e minha tia Betsy morreram, e minha mãe quebrou a bacia – tudo na mesma semana. Não há dinheiro ou magia que possa afastar o luto e a perda.

Além de sentir um imenso amor e uma profunda gratidão, sinto que tenho a grande responsabilidade de tornar o mundo um lugar melhor para todos os nossos filhos e muitas gerações vindouras. Na verdade, dificilmente consigo passar por um bebê ou uma criança na rua ou num supermercado – em qualquer lugar – sem me lembrar da seriedade e da urgência desse compromisso.

Escrevi este livro porque sei como pode ser difícil passar o dia indo de uma reunião (ou prazo, consulta, reunião de pais, recado ou atividade extracurricular) para outra.

Sei das muitas exigências que competem entre si na nossa vida, pelo nosso tempo, pela nossa atenção e pela nossa energia. Por vezes, simplesmente chegar ao fim do dia parece uma tarefa hercúlea.

INTRODUÇÃO • A SOLUÇÃO SIMPLES E ELEGANTE

Quer sejamos pais ou não, todos nós cuidamos permanentemente de muitas pessoas e problemas, e sei que pode parecer demais ter que cuidar *do planeta* – especialmente por ser um dilema tão grande e sem solução como este.

É esse o encanto do programa Uma Refeição por Dia pelo Planeta, ou OMD: ao substituirmos diariamente uma refeição à base de carne ou laticínios por uma refeição à base de vegetais, reduzimos o consumo de água e a pegada de carbono da nossa alimentação em cerca de 25%. Se optarmos por uma alimentação estritamente vegana, essa redução poderá chegar aos 60%. Com essa simples mudança, podemos reduzir o risco de desenvolver doença cardíaca, câncer e diabetes; podemos perder peso e até melhorar nossa vida sexual. Apenas com essa mudança, também ajudamos a proteger o solo, a água e o ar de que todos nós usufruímos. Com o Plano OMD, podemos assinalar vários quadradinhos da nossa lista de tarefas (ou metas) simultaneamente. Podemos cuidar de todos os que fazem parte da nossa vida – filhos, amigos, companheiros, irmãos, pais e, especialmente, nós próprios –, *enquanto* cuidamos da nossa comunidade, do planeta e do futuro, tudo ao mesmo tempo.

Falo da derradeira mudança de estilo de vida.

Minha intenção com o Plano OMD jamais foi incutir culpa para levá-lo a mudar de comportamento. Todos nós sabemos que a culpa, a obrigação ou a razão não alimentam uma mudança significativa e sustentável. Meu objetivo é mostrar como uma alimentação à base de vegetais pode ser fácil, divertida, deliciosa, revigorante e *gratificante*. Também reconheço que poderá realmente ser difícil mudar os hábitos alimentares, de compras e de cozinhar, por isso quero ajudá-lo a lidar com os desafios de incorporar mais refeições à base de vegetais na sua vida. Vou compartilhar as dezenas de receitas, estratégias e soluções preferidas da minha família, que o ajudarão a aumentar radicalmente a qualidade nutricional dos seus alimentos sem sacrificar a satisfação ou o prazer de comer. Faremos tudo ao seu ritmo e de acordo com o que lhe agradar e interessar; prometo que você perceberá quase imediatamente o impacto. Estou aqui para atestar (ocasionalmente, para gritar ao megafone!) que a transformação pode ser traduzida como uma mudança de vida, e essa é minha esperança para você e para o planeta.

É por isso que chamamos o Plano OMD de "a solução simples e elegante". Com essa pequeníssima mudança, é possível:

- Perder peso ou manter um peso saudável, facilmente e sem esforço, sem sentir privação ou precisar contar calorias.
- Contribuir para a reversão de problemas, como a dificuldade de raciocínio, a falta de energia, o pré-diabetes, o colesterol alto, as dores musculares ou articulares, além de prolongar a sua expectativa de vida.
- Tornar-se uma daquelas pessoas "resplandecentes", que irradiam juventude, com uma pele limpa e maravilhosa, cabelo brilhante e olhos cintilantes.
- Programar geneticamente os seus filhos para terem uma saúde perfeita, configurando-os para serem magros e fortes, com um sistema imunológico resistente, para toda a vida.
- Economizar dinheiro antes gasto em carne para desfrutar de produtos orgânicos mais puros e nutritivos, bem como de acompanhamentos, molhos e condimentos deliciosos.
- Diminuir as idas ao médico, economizar em despesas médicas e, em alguns casos, reduzir ou eliminar completamente o consumo de medicamentos.
- Ingerir comida deliciosa que satisfaça e surpreenda, despertando o paladar para uma nova dimensão de alimentos e sabores incríveis.
- Aquecer sua vida sexual (enquanto esfria a Terra), graças a uma maior vitalidade e energia renovada.
- E, é claro – *salvar o planeta*.

Ninguém acorda e diz: "Hoje é dia de desperdiçar água, poluir os rios e contribuir para as alterações climáticas".

Talvez você já dirija um veículo energeticamente eficiente (ou elétrico!), ou vá de metrô, bicicleta ou a pé para o trabalho. Talvez tenha instalado um chuveiro pressurizado ou lâmpadas fluorescentes. Talvez leve os seus próprios sacos de compras para o supermercado. Provavelmente recicla e talvez até tenha uma composteira.

Você faz essas coisas porque se preocupa. Quer fazer a sua parte e certamente não pretende piorar a situação. A verdade é que o pouco que cada um de nós faz sequer se aproxima do impacto ambiental daquilo que comemos. Michael Pollan (o autor que cunhou a frase: "Coma comida. Sem excesso.

Vegetais, sobretudo") resumiu a questão na conferência *PopTech* em 2009: "Nosso consumo de carne é um dos mais importantes contribuintes para as alterações climáticas".

É fácil sentir-se impotente em relação às alterações climáticas, mas com o Plano OMD você irá perceber o poder que *de fato* temos para melhorar a situação. Fiquei chocada quando soube, mas é verdade: *nada* do que fazemos tem mais potencial para salvar o planeta quanto optar por evitar a carne e os laticínios. O Plano OMD tem sido fundamental, pois estimula as pessoas a perceber e a assumir esse poder, e este livro dará todas as ferramentas que você precisa para vivenciá-lo.

Na primeira parte, "Por que OMD?", partilho não só a história por trás do Plano OMD, explicando por que pode ser um agente de mudança tão importante, como também uma investigação surpreendente sobre a agropecuária, explicando como o consumo de carne afeta o ecossistema da Terra. Explico por que promover refeições à base de vegetais, por pouco que seja, traz mais segurança e saúde a todos nós e torna o mundo inteiro mais sustentável. Conforme já referi, não sou cientista, mas tive a sorte de trabalhar com os melhores e mais inteligentes quando desenvolvemos o Plano OMD na MUSE e enquanto escrevia este livro. Os membros do quadro de especialistas do OMD – alguns dos médicos e pesquisadores mais conceituados do mundo – inspiraram, aconselharam e avaliaram o Plano OMD em todas as suas etapas.

A seguir, na segunda parte, "A via OMD", ofereço ideias, truques, dicas, ferramentas, sugestões, receitas e estratégias para tornar o Plano OMD tão fácil, divertido, barato, satisfatório e delicioso quanto possível. Vou ajudá-lo a descobrir como implementar o OMD na sua própria vida, de que forma e a que ritmo, bem como as ferramentas que poderá utilizar, como o Contador de Alimentação Verde. Essa ferramenta de medição, desenvolvida com o Dr. Maximino Alfredo Mejia no grupo de nutrição ambiental do Departamento de Saúde Pública, Nutrição e Bem-Estar da Andrews University, determina quanto dos nossos preciosos recursos – água doce, terra fértil e ar puro – protegemos quando fazemos simples trocas.

O Contador de Alimentação Verde vai ajudá-lo a visualizar e a acompanhar a quantidade de litros de água que poupa, a quantidade de ar puro que protege e a dimensão de *habitat* natural que salva do desmatamento – só por mudar uma refeição por dia. Quem diria?!

O meu objetivo final é fazer com que se apaixone pela alimentação à base de vegetais, por isso também incluí mais de 50 receitas OMD deliciosas que contemplam todos os sabores e texturas possíveis, todas as combinações imagináveis de paladares – doce, salgado, substancial, leve, crocante, suculento, defumado. Você encontrará opções para todos os paladares, níveis culinários, horários e bolsos. Todas as receitas foram cedidas por familiares e amigos e cada uma tem a sua própria história.

Por saber que as pessoas abordam a mudança de forma diferente, disponibilizo dois planos. Muitos preferem ir fazendo pequenas mudanças, como quem não quer nada. Caso esse seja o seu estilo, o Capítulo 5, "Uma refeição por dia", é para você. Outros se dão melhor com uma abordagem de compromisso total, mergulhando de cabeça e avançando a todo o vapor, do tipo, "sai da frente que eu quero passar". Esse é o meu estilo, sobre o qual falarei no Capítulo 6, "Compromisso Total".

Também incluí alguns truques adicionais para ajudá-lo a superar a tendência rebelde e automática que todos nós temos, de tempos em tempos, de sabotar nossos próprios esforços quando *queremos* fazer mudanças positivas na vida (a todos os que tendem a resistir à autoridade: eu entendo vocês.)

Todavia, há uma coisa que não é permitida neste programa: a perfeição.

Não estamos interessados na pureza; estamos todos num caminho de evolução. Aqui você não encontrará vergonha, culpa, dedos apontados, obrigações e ordens diretas (ou como a nossa família no Oklahoma gosta de dizer, "cê tem que fazê").

Nada de se martirizar. Isso não faz parte da ementa!

Sabemos que todo mundo toma decisões acerca do que põe na boca a cada minuto que passa e em todas as refeições. Sabemos que o segredo para honrar as nossas intenções é a preparação – preparar tudo, prever os obstáculos e arranjar caminhos alternativos –, mesmo que, para isso, o seu OMD de hoje seja o almoço, em vez do café da manhã, ou o jantar em vez do almoço (ou que pule o hoje e comece tudo de novo, amanhã).

Acima de tudo, quero que reconheça que este plano não é do tipo "primeiro e único", mas é uma conversa para ir tendo ao longo da vida consigo próprio, com o seu corpo, com sua família, sua comunidade, seu mundo físico e, inclusive, sua alma. Quero ajudá-lo a desenvolver as ferramentas necessárias para honrar suas próprias intenções, celebrar nosso papel sagrado na proteção da Terra para as gerações futuras e simplificar essas escolhas mais saudáveis e mais felizes para que sejam quase inatas.

INTRODUÇÃO • A SOLUÇÃO SIMPLES E ELEGANTE

Temos consciência de que qualquer mudança significativa só poderá ocorrer passo a passo – uma escolha, uma mudança, uma dentada ou uma refeição de cada vez. Vamos reescrever nossa história, juntos.

PRIMEIRA PARTE
Por que 🌍 M D?

Capítulo 1

Nossa jornada OMD

Ao crescer em Oklahoma, adorava duas coisas: cavalos e voar. Sempre me imaginei como uma veterinária voadora. O meu pai tinha me ensinado a voar e cresci ao pé de cavalos – era a carreira perfeita para mim. Passar o meu tempo no campo, cuidar daquelas criaturas belas e majestosas e comer produtos que vinham diretamente da terra era o paraíso. Adorava sincera e intensamente aquele lugar e aqueles animais. Desejava protegê-los com todas as forças.

Quando era adolescente, todos os meus amigos cavalgavam ao estilo inglês e eu queria uma sela inglesa para meu cavalo, que estava longe de ser um puro-sangue. No entanto, meu pai recusou-se a comprar e disse: "Pago o abrigo, a alimentação e as despesas veterinárias do Toby, mas não compro uma sela minúscula para ele". Então, comecei a tomar conta de crianças cobrando 50 centavos de dólar a hora.

Depois de algum tempo, meu irmão ganhou uma máquina fotográfica e fez de mim a sua modelo. As fotografias eram boas, e a minha tia Betsy as mandou para uma agente de modelos local, Patty Gers. De um momento para o outro, comecei a participar em desfiles de moda locais com a minha irmã mais velha, Page, e ganhava em duas horas o que teria ganhado em meses tomando conta de crianças. Assim, quando tive a oportunidade de ir para Nova York e conhecer Eileen Ford, uma das maiores agentes de modelos do mundo (mais uma vez, graças à tia Betsy e à Patty Gers), não hesitei.

Pois bem, na minha primeira ida a Nova York, durante as férias do 2º ano do ensino médio, conversei com a secretária de Eileen Ford e, apenas quatro dias depois, fui desfilar no palco de *The Merv Griffin Show*, anunciada como "o rosto dos anos 1980", no horário nobre da televisão. Uma experiência completamente surreal.

Eileen pediu que eu voltasse no verão, para me encontrar com fotógrafos e dar entrevistas. Naquele verão, passei no escritório da Eileen e três semanas depois estava dizendo adeus aos meus pais em Paris, onde deixaram a filha de 17 anos no seu novo apartamento, com o seu passaporte recém-emitido.

Aprendi rapidamente que o mundo das modelos de alta-costura, que parecia tão glamoroso do lado de fora, era um trabalho extremamente árduo. Não só tinha de me alimentar bem (para caber na roupa) e dormir bastante, como tinha de me apresentar pontualmente no trabalho, ser profissional e até navegar em águas internacionais.

No final do verão, já tinha estado na Itália três vezes, na Espanha e em Londres, bem como Israel e Marrocos. Além disso, tinha-me tornado independente financeiramente.

Comecei a ser convidada para jantares com pessoas viajadas e interessantes. Estava sempre com o nariz enfiado nos livros. Comecei a ter aulas de francês, a aprender história e a sair da minha concha. Tornei-me mulher em Paris. Essa experiência ensinou-me tudo o que uma autêntica e verdadeira educação podia ser, quando alimentada por paixão e curiosidade.

Claude, meu agente, levou-me a feiras agrícolas, ensinou-me as bases da cozinha francesa e ajudou-me a conhecer os aspectos mais belos da vida parisiense. Sempre gostara de vegetais e passei a gostar ainda mais deles ao ser exposta a tantas variedades, além dos já conhecidos brócolis e feijão-de-corda (embora esses *haricots verts* – vagens francesas – fossem muito bons!). Muito antes da "densidade nutricional" ter se tornado um mote da nutrição, eu já estava aprendendo a comer alimentos verdadeiros em quantidades que me mantinham em perfeita forma para a passarela.

Essa experiência contribuiu para me proteger de algumas pressões, como fumar, consumir drogas ou experimentar outros métodos rápidos (e perigosos), a que as modelos recorriam para se manterem magras. Aprender a comer à francesa era saudável e sustentável, dava-me muita energia e me ensinou ainda mais sobre os prazeres sensoriais dos vegetais, em todas as suas gloriosas formas, lições que permaneceriam comigo para o resto da vida.

Aos 21 anos, já tinha ganhado o suficiente para comprar o meu próprio apartamento em Nova York, em dinheiro vivo – um salto bastante grande desde o meu salário como babá, apenas quatro anos antes. Nessa altura, algumas modelos começavam a destacar-se e a tornar-se atrizes. A minha *booker*, Davien Littlefield – que viria a ser minha empresária durante dezesseis anos –, da minha nova agência, Elite, sempre dizia que eu devia dar uma chance ao teatro ou cinema. Acabei cedendo e deixei que ela marcasse minha primeira entrevista.

Essa entrevista acabou sendo minha primeira audição para um filme, em frente a um Steven Spielberg estupefato. Fiz o que tinha de fazer e ele, sorrindo com simpatia, perguntou: "Você não entende nada disso, não é?".

Felizmente, ele achou que havia algo de interessante na minha leitura, pelo que me apresentou ao seu protegido, Kevin Reynolds, e foi assim que consegui meu primeiro papel num filme, *Fandango*, com Kevin Costner. Foi em *Fandango* também que conheci o meu primeiro marido, Sam Robards, e, se não tivesse conhecido o Sam, não teria o meu filho mais velho, Jasper.

A COISA É *SÉRIA*

Sempre fui apaixonada pela natureza e pelos animais. Sou daquelas pessoas afortunadas que desde pequena adora a textura crocante, a cor e o sabor de todos os tipos de vegetais. Ainda assim, creio que não compreendia realmente como tudo se conjugava em um nível visceral e espiritual, até ter engravidado.

Depois de ter trabalhado quatro anos como modelo e quinze como atriz, durante minha gravidez do Jasper, aproveitei para descansar e comer o que queria (acho que 25% do Jasper era *crème brûlée*). Ganhei cerca de 23 kg e adorei cada um desses deliciosos gramas adicionais.

A gravidez é a janela de oportunidade perfeita para prestarmos atenção ao que o nosso corpo nos diz. Nós nos sentimos mais em sintonia com o que nossa pele e nosso nível de energia nos dizem. Começamos a perceber que, quando estamos grávidas e nos sentimos cheias, é porque estamos *cheias*. Não há o que fazer: o espaço está todo preenchido.

Lembro de uma noite em que estava dirigindo e bebendo meu litro de leite, medido com precisão, conforme recomendava o livro *O que esperar quando você está esperando* –, então era meu dever ingerir aquela quantidade de leite! Também comia muitos vegetais e estava aprendendo tudo sobre comida orgânica. Mantinha o foco nas proteínas, constantemente bombardeada com mensagens de que precisava comer carne e beber leite para ser forte e ter um bebê cheio de força e saúde (quem me dera ter recebido um dólar cada vez que minha mãe dizia para não nos esquecermos de beber nosso leite).

Mais tarde, assim que o Jasper nasceu, cresceu em mim um mecanismo protetor instintivo ainda mais profundo. Tudo o que meu pequeno bebê comia, tudo em que tocava, onde se sentava ou dormia tinha de ser o mais puro possível. Comecei a pensar muito nas toxinas potencialmente presentes no ambiente. Quando Jasper tinha cerca de 18 meses e Sam estava trabalhando em Nova York, comecei a trabalhar em dois filmes, um em Chicago e outro na Carolina do Sul. Minha irmã Rebecca salvou minha vida – era a babá do Jasper e a minha "governanta" ao mesmo tempo. Eu chegava em casa depois de um longo dia de filmagens e ela tinha o jantar pronto para nós – montes de vegetais, sopas, saladas e bolachas de arroz. Gostei tanto que desde então essa passou a ser a minha alimentação. É engraçado pensar nisso agora, pois houve uma altura, há muitos anos, em que minha alimentação era quase exclusivamente à base de vegetais, apesar de eu não pôr nenhum rótulo, e lembro de que me sentia ótima.

Sam e eu nos separamos quando Jasper tinha 3 anos.

Mais tarde, quando Jasper tinha 6 anos, conheci o Jim.

FAXINA NA DESPENSA

Jim e eu começamos em lados opostos do espectro alimentar. Nós nos conhecemos quando ele me escolheu para o *Titanic*, e começamos a namorar depois de acabar a minha participação no filme. Quando ia à casa dele, olhava para a despensa, cheia de latas de chili e sardinhas, e dizia comigo mesma: "Não tem nada aqui para eu comer". A única coisa que conseguia comer era cereal matinal.

Quando nos casamos, fui mudando lentamente a despensa, acrescentando umas coisas e substituindo outras, deixando a coisa mais orgânica. À medida que nossos três filhos nasceram, fui mudando as coisas menos saudáveis para prateleiras mais altas. Prosseguimos com nossas vidas ocupadas – Jim realizava seus filmes, eu inaugurava a MUSE School com minha irmã, e juntos criávamos nossos filhos.

Um dia, cerca de uma década depois de termos nos unido, Jim chegou, olhou para a despensa e disse: "Essa despensa está cheia, mas não tem nada para comer". Ele estava brincando, é claro, mas acho que, na maioria dos casamentos, há sempre um momento em que percebemos que o que agrada um pode ser exatamente o oposto do que o outro deseja ou precisa para se sentir alimentado. Fazer mudanças em família exige muita diplomacia, paciência e compreensão. Todavia, aquelas mudanças na despensa foram apenas a preparação para a grande mudança que estávamos prestes a concretizar juntos.

Na primavera de 2012, eu julgava que estávamos indo muito bem na questão alimentar – a nossa família consumia carne de vaca criada no pasto, frangos do campo, ovos enriquecidos com ômega-3 e toneladas de vegetais. Consumíamos leite, queijo e iogurte orgânicos. Plantávamos a maior parte dos nossos produtos e tínhamos cabras no nosso rancho (de cujo leite fazíamos queijo e iogurte). Partíamos do princípio de que precisávamos de leite, de carne e de ovos, e fornecíamos a mesma alimentação na MUSE. A proteína! Precisávamos da carne e dos laticínios!

Na mesma época, eu tinha acabado de completar 50 anos, Jim ia em direção aos 60 anos, e já começávamos a ver alguns dos nossos irmãos e amigos desenvolverem problemas de saúde. Comecei a olhar para o Jim e para mim mesma e a imaginar se não seríamos os próximos. Ambos temos um histórico de doença cardíaca e câncer nas nossas famílias. Não queria isso para nós. Sabia que tinha de haver uma saída, mas qual?

Um dia, estava indo para a academia e olhei para o DVD do documentário *Forks over knives*, que estava na minha estante havia nove meses. Meu amigo Elliot Washor tinha recomendado e há mais de um ano falava nisso. Assim, naquele dia, 6 de maio de 2012, peguei o DVD e pensei: "Muito bem, é hoje que vou assisti-lo".

Apenas 10 minutos depois, tive de descer da esteira e me sentar para ver o filme. Senti como se meu mundo estivesse desmoronando. Eu julgava que estava proporcionando à minha família e às crianças da MUSE os melhores alimentos e com mais qualidade, mas agora sentia-me enganada. Sentia-me traída.

Com base no trabalho do Dr. T. Colin Campbell, um bioquímico nutricional da Cornell University, e do Dr. Caldwell Esselstyn, antigo cirurgião da Cleveland Clinic, *Forks over knives* é um documentário que acompanha as experiências de um grupo de pessoas que recorreram à alimentação à base de vegetais para reverter doenças degenerativas. Ao ver esse filme, senti como se tivessem mentido para mim a vida toda – que as pessoas e instituições em que confiava, e que acreditava cuidarem de nós, tinham nos enganado durante gerações, prejudicando a saúde e o bem-estar de crianças e famílias. Ouvi os ecos de todas as máximas nutricionais que tinha aceitado como verdadeiras: *comer carne para criar músculo, beber leite para ter ossos e dentes fortes*. E, agora, constatava que tudo isso era uma mentira gigantesca, sustentada havia décadas por grupos de interesse das indústrias da carne e dos laticínios.

Completamente aturdida, só sabia que Jim tinha de ver aquele documentário comigo. Queria saber se ele também se sentiria tão afetado como eu. Esperava sinceramente que sim, pois já sabia que a minha vida tinha mudado irrevogavelmente.

No dia seguinte, fiquei observando Jim enquanto ele via o documentário. Sem dizer uma palavra, assim que o filme terminou, ele se levantou e saiu da sala. Quando chegamos à cozinha, ele disse: "Nunca mais podemos ter nenhum produto de origem animal na nossa casa".

Vinte e quatro horas depois, tínhamos esvaziado tudo.

Pois bem, é assim que Jim e eu funcionamos: quando nos comprometemos com algo, vamos até ao fim. Não recuamos.

Nos meses seguintes, devoramos o máximo de informação possível sobre alimentação à base de vegetais. Descobri que parte daquele brilho maravilhoso de que as pessoas tanto falam advém do fato de essa alimentação abrandar literalmente o envelhecimento das pessoas, mesmo em nível celular, ao contrário da alimentação à base de carne e laticínios. A alimentação à base de vegetais reforça os próprios mecanismos de antienvelhecimento do corpo, elevando os níveis de telomerase, a enzima que permite a regeneração dos genes. Os organismos vegetais desenvolvem menos processos inflamatórios, os grandes responsáveis pelo envelhecimento celular, que podem fazer-nos parecer (e sentir) velhos antes do tempo. Para cada 3% de proteína vegetal a mais que ingerimos, reduzimos em 10% o risco de morte,[1] e há estudos que mostram que, em comparação com pessoas que fazem uma alimentação grandemente à base de carne e laticínios, as pessoas que dão primazia às frutas, aos legumes, as oleaginosas, às sementes e aos grãos integrais demonstram:

- 🌍 Viver em média quase 3,6 anos a mais.[2]
- 🌍 Correr um risco 24% inferior de desenvolver doenças cardíacas.[3]
- 🌍 Correr um risco 25% inferior de desenvolver diabetes.[4]
- 🌍 Correr um risco 43% inferior de desenvolver câncer.[5]
- 🌍 Correr um risco 57% inferior de desenvolver doença de Alzheimer ou demência.[6]

E aqui estamos, mais de seis anos depois, mais saudáveis do que nunca, praticamente sem ter sofrido qualquer doença. Jim perdeu mais de 13 kg, faz exercícios físicos mais intensos e prolongados do que nunca, corre quilômetros descalço na praia e pratica ioga duas vezes por semana. Ele pratica kickboxing, faz três horas de exercício físico, duas vezes por semana, às segundas e quintas, seguidas de uma caminhada de cerca de 3-5 km comigo, à noite. Ele não diminui o ritmo – até parece que envelheceu ao contrário.

Minha alimentação não mudou assim tão drasticamente. Sempre fui fã de sopas e saladas, que era no que consistia a alimentação que eu fazia em Oklahoma, em Paris e com a minha irmã. Agora, que sou 100% adepta da alimentação à base de vegetais, percebo que consigo fazer muito mais exercício físico do que antes. A minha capacidade de recuperação é melhor do que nunca. Consigo deslizar facilmente para dentro de qualquer par de calças do meu armário, sem pensar duas vezes, sem controlar o que como ou quanto como. Não tenho mais flutuações de peso de 7 kg. Estou em melhor forma agora do que estava quando tinha 20 e poucos anos.

Quer saber se eu sentia, inicialmente, vontade de comer queijo e iogurte? Claro que sim (aliás, admito que era completamente viciada em queijo e iogurte). Depois de ter vivido em Paris, sei reconhecer um bom queijo só de olhar (ou cheirar). Quer saber se alguma vez senti vontade de beber uma xícara de chá-preto com leite e baunilha numa manhã de Natal? Pode ter certeza que sim! No entanto, esses desejos foram-se tornando cada vez mais raros com o passar dos anos, à medida que meus gostos foram mudando e que o mercado de produtos vegetais foi apresentando mais alternativas, cada vez mais satisfatórias e deliciosas.

No cômputo geral, tanto eu como Jim nos mantivemos determinados, e certas coisas facilitaram nossa transição. Antes de mais nada, somos afortunados por termos um ao outro. Conseguimos nos apoiar mutuamente, porque partilhamos esta missão: o amor pelo meio ambiente e o sentido de que temos a responsabilidade de fazer tudo o que estiver ao nosso alcance. A alimentação à base de vegetais tornou-se o nosso projeto comum. Essa mudança foi possível graças àquele momento com o documentário *Forks over knives*, em que percebemos que tínhamos sido enganados pela medicina e pela indústria da carne, e nos sentimos impelidos por esse sentimento de traição a reivindicar a nossa saúde. É um pouco como quando éramos pequenos e comíamos alguma coisa em excesso. Ficávamos tão maldispostos que parávamos de comer aquele alimento, porque lembrávamos do quanto nos tinha feito passar mal.

MAIS SAUDÁVEL PARA NÓS, MAIS SAUDÁVEL PARA A TERRA

À semelhança de muitos casais, há coisas que são sagradas para nós, em relação às quais não cedemos, e que estabelecemos desde os primeiros dias do nosso relacionamento: nossas caminhadas e nossos momentos a sós.

Passeando com nosso cachorro nos reconectamos e resolvemos as minúcias da educação dos filhos, do trabalho e do casamento. Conversamos sobre a saúde dos nossos pais, do cachorrinho que não me deixa dormir à noite, dos nossos cinco filhos, de uma pessoa que conhecemos. Falamos dos desafios e partilhamos ideias e projetos novos. É um adubo secreto. Ambos temos grandes vidas, grandes famílias e um grande propósito. Ao lidarmos com questões domésticas e as resolvermos, podemos chegar ao âmago da nossa vida em conjunto.

Uns meses depois da nossa mudança para uma alimentação à base de vegetais, Jim e eu fomos passar as férias de verão no nosso rancho. Ele estava escrevendo as sequências do *Avatar* e eu andava dedicada às atividades de verão dos três filhos que ainda viviam em casa, junto com vários primos, amigos e cães. Jim tinha começado a partilhar tudo o que sabia acerca do impacto ambiental da agropecuária, indicando dezenas de livros e documentários. Cada vez mais, ficava decepcionada. Descobri que a agropecuária é responsável pela perda de 70% a 80% da floresta amazônica, que 17% da água doce do mundo inteiro é canalizada para a produção pecuária, que a agropecuária é uma das principais causas da extinção de espécies de vida selvagem, das zonas oceânicas mortas e do desmatamento. E o pior de tudo: a agropecuária contribui com 14,5% do total de emissões de gases com efeito de estufa provocadas pelo homem, ou seja, *mais do que a totalidade do setor dos transportes.*

Quando tomei conhecimento dos efeitos dos produtos de origem animal sobre a saúde, fiquei chocada. Agora, estava novamente estupefata. Este tipo de alimentação não só está nos matando, como também está poluindo o planeta. A agropecuária e o nosso apetite avassalador por carne e laticínios estão *provocando* alterações climáticas.

Enquanto caminhávamos na praia, perto do rancho, conversávamos sobre formas de despertar o interesse da nossa família e dos nossos amigos para a alimentação à base de vegetais e de expandir o nosso círculo. Começamos a pensar sobre os impactos ambientais: se cada uma daquelas pessoas fizesse mais refeições à base de vegetais, quanto se pouparia ao ambiente? E com um número cada vez maior de pessoas comendo de forma sustentável? Começamos a ficar entusiasmados.

Deixe-me fazer um parênteses acerca de algo que provavelmente é óbvio para quem tenha visto os filmes do Jim: meu marido é do tipo catastrófico (já assistiu a *Alien*? *O exterminador do futuro*? *Avatar*?). Jim tem uma camiseta com a frase: "A esperança não é uma estratégia". Ele está preparado para emergências e pronto para o desastre. Conversávamos há muito tempo sobre as alterações climáticas. Foi sempre mais fácil para ele imaginar o apocalipse das alterações climáticas do que para mim. Durante *anos*, chegava em casa depois de reuniões deprimentes com ONGs ambientais, cheias de slides sobre a degradação ambiental, que me deixavam tão desanimada que precisei me transformar instintivamente numa eterna otimista, do gênero: "Vai correr tudo bem! Vamos limpar os oceanos! Vamos reciclar, trocar as lâmpadas, conduzir um *Prius*..."

Acostumado a ouvir as minhas ideias entusiásticas e otimistas para salvar o planeta, Jim sorria amavelmente e dizia: "Isso é ótimo, querida, mas não vai mudar absolutamente nada". Jim pensava numa grande mudança do sistema, pois percebia que aquelas melhorias, mesmo que fossem amplamente adotadas, nunca fariam a diferença necessária.

No entanto, naquela noite, na praia, ele declarou: "Pela primeira vez na vida, tenho esperança. Quanto mais pessoas conseguirmos convencer a adotar uma alimentação à base de vegetais, mais chances teremos de lidar com as alterações climáticas. Isso vai fazer a diferença".

Levei um susto. Jim tinha acabado usar a palavra *ESPERANÇA*?! O homem que tinha gravado extraterrestres saindo de estômagos e o Arnold Schwarzenegger dizendo que voltaria?

As palavras do Jim me galvanizaram, acendendo um fogo que se tornou um incêndio.

Somos capazes.

Adotar uma alimentação à base de vegetais mudou tudo. Começamos a perceber que todas as refeições tinham *realmente* importância, que mesmo os menores passos na direção dessa alimentação podiam ter um impacto tremendo sobre o ambiente, e que podíamos começar a ter um grande impacto *imediatamente*, à nossa mesa, na nossa cozinha. Não precisamos de um único representante eleito para isso; não precisamos esperar que os políticos tomem a iniciativa. *Temos* de tomar a iniciativa e os políticos vão nos seguir.

Lembra-se daqueles navios vikings de antigamente, com longos remos? Quanto mais remadores um navio tivesse, mais rapidamente avançava. Penso que estamos todos num barco assim, e que quanto mais pessoas entrarem na embarcação, mais braços teremos para remar na mesma direção, e mais rapidamente avançaremos.

Quanto mais falo sobre essa alimentação, mais vejo pessoas entrando no nosso navio viking. Fiquei muito feliz ao perceber a rapidez com que a mensagem se espalhou, como tantas vidas mudaram e como pode ser grande o impacto que causamos todos os dias.

Podemos cometer esse ato revolucionário agora e já. Podemos embarcar todos juntos, remando na mesma direção. Podemos chegar onde queremos – *depressa* – e, para isso, só temos de mudar o nosso pedido na hora do almoço.

Curiosamente, foi assim que o conceito OMD começou: no almoço.

O NASCIMENTO DO OMD

A ideia de fazer uma refeição por dia pelo planeta nasceu na MUSE School, a escola ambiental onde a aprendizagem se alicerça nas paixões e nos interesses dos alunos, com sede em Calabasas, na Califórnia, que fundei com minha irmã, Rebecca Amis. Entregamos a nossa alma à criação da MUSE. Quando começamos, há quase treze anos, queríamos criar um ambiente de aprendizagem inovador e estimulante para nossos próprios filhos, e rapidamente nos demos conta de que queríamos partilhar esse tipo de experiência com muitos outros.

Quando meus filhos começaram a ir à escola, fiquei assustada. Lembrei-me das minhas próprias experiências, de como temia a escola quando era criança, do esforço que tinha feito para me enquadrar. Vi os nossos filhos mais velhos, Jasper e Josa, sofrendo em ambientes escolares desmoralizantes, sufocantes e punitivos. Os filhos da Rebecca tinham idades semelhantes aos meus, e ela tem um mestrado em educação pré-escolar. Em Wichita, no Kansas, tinha aberto um programa Reggio Emilia para a primeira infância, centrado na criança, que recorre à aprendizagem experimental e autodirigida, em ambientes orientados para os relacionamentos. Quando Rebecca me apresentou esse método de ensino, fiquei convencida. Acreditamos nessa abordagem e decidimos avançar.

Começamos a MUSE com a crença de que as crianças só aprendem verdadeiramente se permitirmos que se dediquem às suas paixões. Articulamos uma missão, inspirando e preparando jovens para viverem conscientemente consigo mesmos, uns com os outros e com o planeta, com o foco numa escola sustentável.

Acreditamos na missão com toda a nossa alma e a perseguimos de todas as formas possíveis – *pensávamos nós*. Todavia, alguns anos depois de termos adotado uma alimentação à base de vegetais em nossa casa e de termos trabalhado arduamente para tentar cumprir a nossa visão de uma escola neutra em carbono e energeticamente independente, Rebecca e eu percebemos que não estávamos honrando o *nosso* próprio coração. Jim, Rebecca e o marido dela, Jeff, e eu já tivéramos o nosso grande despertar em relação à comida que ingeríamos e enveredamos por uma alimentação à base de vegetais. Nós a partilhávamos com todos os que faziam parte da nossa vida e tínhamos a nossa própria pequena comunidade, com quem trocávamos receitas e dicas. No entanto, Rebecca e eu ainda não tínhamos transposto essa realidade para a escola. Sabíamos que precisávamos funcionar 100% à base de vegetais para sermos um modelo de escola realmente 100% ambiental e sustentável. Além disso, embora sempre tivéssemos pensado que estávamos servindo a melhor comida possível para as crianças, percebíamos agora que as estávamos envenenando inadvertidamente. E ao planeta.

Achamos que todos iriam entender. Assim, em janeiro de 2014, decidimos exibir o documentário *Forks over knives* durante um dia de desenvolvimento profissional e informamos aos professores e funcionários acerca dos nossos planos: íamos precisar de dezoito meses para fazer a transição e, em setembro de 2015, seríamos uma escola estritamente vegana. A primeira escola com uma alimentação à base de vegetais da nação.

Será que ficaram entusiasmados?

Bom, digamos que... não exatamente. Em suma, nos deparamos com mais resistência do que esperávamos. Cerca de um terço dos funcionários ficou de braços cruzados. Não queriam sequer ver o filme, pois achavam que íamos mostrar vídeos de novilhos sendo levados para o abate (e o filme nem mostra isso).

Uma das funcionárias, vamos chamá-la de Ellen, opôs-se terminantemente. Não estava disposta a nada daquilo, não queria sequer ver o vídeo, mas viu – sempre de braços cruzados.

Pois bem, isso aconteceu na primavera, antes das férias de verão. Três meses depois, no outono, Ellen estava de volta – cabelos brilhantes e olhos cintilantes. A artrite desaparecera e a energia estava de volta. Finalmente, conseguia sentar-se no chão com os filhos e mover-se facilmente. Uma volta completa de 180 graus. Era bonito vê-la tão feliz e enérgica, simplesmente radiante.

O que tinha acontecido? Depois de ter armado tamanha confusão, ela foi para casa nas férias de verão e se tornou vegana. Ellen perdeu 14 kg e transformou sua vida por completo em poucos meses.

Depois disso, vimos essa mesma transição ocorrer repetidamente entre os membros da equipe. O diretor adjunto da escola perdeu 18 kg e largou os medicamentos. Precisou literalmente de um novo guarda-roupa completo. O gestor de relações públicas, 14 kg e saúde impecável, depois de ter superado alguns problemas de tireoide complicados.

Com os céticos iniciais agora a bordo, estava na hora de abordar a ideia junto aos pais.

Mais uma vez, a mesma reação: "Não. Nem pensar".

Tantas pessoas boas e amáveis, dedicadas ao planeta, comprometidas com a missão da escola... e extremamente desapontadas conosco. Para ser franca, foi um verdadeiro motim.

As pessoas estavam em pé de guerra. "Como é que meu filho vai ingerir proteína suficiente?" "Por que ele está comendo tanto arroz?" "Ele não vive sem carne seca!"

Reconheci a resistência, afinal, eu também costumava pensar daquele jeito. Tanto Jim como eu também achávamos que a proteína de origem animal era essencial para a saúde, então conseguia compreender a relutância. Todas as mensagens pró-carne que recebemos durante tanto tempo estão armazenadas no nosso sistema coletivo de crenças alimentares. Todos nós precisamos desprogramar uma vida inteira de desinformação.

Sempre determinadas, minha irmã e eu precisávamos encontrar uma solução. Trabalhamos com os pais, escutamos todas as suas preocupações, discutimos tudo com Kayla, a nossa excelente *chef* de cozinha. Experimentamos, introduzimos modificações e conversamos mais um pouco. Criamos a MUSE Talks: uma vez por mês, especialistas em alimentação à base de vegetais de várias áreas passavam um dia inteiro com a nossa comunidade escolar. Conversavam com as crianças, do infantil ao ensino médio, de forma adequada a cada etapa de desenvolvimento. Rip Esselstyn, antigo triatleta e autor do livro *The engine 2 diet*, junto com Rich Roll, atleta de *ultra-endurance* e autor do título *Finding Ultra*, conversaram com os alunos acerca de ser forte e saudável e da prática de exercício físico. O Dr. Neal Barnard, fundador do Physicians Committee for Responsible Medicine* e autor de dezessete livros, conversou com eles sobre a proteção da saúde com uma

---

* Organização norte-americana sem fins lucrativos, sediada em Washington, DC, que promove a medicina preventiva, a dieta vegana e soluções alternativas aos testes realizados em animais. [N. T.]

alimentação à base de vegetais. A autora vegana, Kathy Freston, e o artista/ /defensor dos animais, Moby, conversaram com eles sobre animais. Tal Ronnen, *chef* vegano das celebridades, fez uma demonstração de culinária fantástica e deliciosa. A seguir, fizemos uma apresentação noturna para os pais e o público em geral. Servimos refeições à base de vegetais e um copo de vinho, e todos aprenderam com um rol fantástico de excelentes pessoas. Todos esses defensores dinâmicos do veganismo nos ensinaram muito sobre essa alimentação e sobre como progredir nessa direção de uma forma divertida, fácil e satisfatória.

Tenho de admitir que, durante estes debates, eu estava no paraíso. Nunca esquecerei quando T. Colin Campbell se encontrou conosco. Ali estava ele, o inovador autor de *The China study*, o livro que mudou o paradigma e ajudou a inspirar a produção do documentário *Forks over knives*. Travei; normalmente não me deixo impressionar, porém, ele é uma grande estrela para nós. Aconteceu o mesmo quando conversei ao telefone com o Dr. Michael Greger, autor do livro *Como não morrer*, um bestseller sobre o estilo de vida vegano (e uma personagem muito divertida no seu site, NutritionFacts.org). Estava muito nervosa. Senti-me como uma fã tonta, de tão entusiasmada por estar falando com ele!

Esse rol de gênios nos apoiou durante a transição e transformou-se num quadro de especialistas OMD gigantesco e comprometido, que continuou a colaborar conosco em tudo, dos primeiros planejamentos da ementa OMD, ao desenvolvimento de produtos e programas, inclusive contribuindo para informar políticas públicas e campanhas de defesa internacionais. Somos muito afortunados por termos como parceiros esses visionários apaixonados, trabalhando todos arduamente para propagar a ideia e criar mais soluções à base de produtos vegetais, para a saúde pública e para reverter as alterações climáticas.

Ao longo daquele processo de transição OMD de 18 meses, o objetivo de muitas dessas conferências inspiradoras foi simplesmente tranquilizar os pais de que tudo iria correr bem: "É apenas uma refeição. É apenas uma refeição por dia". Afinal, na escola, tratava-se apenas do almoço – eram todos convidados a comer como quisessem em casa.

Ainda assim, muitos não arredavam o pé. A comunidade escolar parecia estagnada.

Uma parte de mim tinha vontade de dizer: "muito bem, podem servir ovos e bacon de manhã e um grande hambúrguer à noite".

43

Então, um dia, o marido da Rebecca, Jeff King, que é o diretor da escola, disse: "OMG,* pessoal. É apenas OMD".

E assim nascia o OMD: uma refeição por dia pelo planeta.

De repente, fez-se luz: as pessoas compreenderam realmente e baixaram a guarda. Perceberam que não estávamos pedindo que se tornassem vegetarianas ou mesmo veganas. Estávamos apenas falando sobre almoços e lanches. Estávamos apenas dizendo: "neste lugar, a essa hora do dia, vamos fazer a escolha consciente de não utilizar produtos de origem animal e dedicar essa refeição à cura da Terra".

Finalmente, tínhamos conseguido. Conquistamos mentes e corações, e o OMD tornou-se o lema do refeitório da MUSE.

Os resultados do processo foram, na sua totalidade, verdadeiramente fantásticos. Descobrimos uma forma de oferecer a todos aquilo de que precisavam. Os pais receberam a garantia, de médicos e nutricionistas, de que as proteínas e outras necessidades nutricionais dos seus filhos seriam satisfeitas. As crianças receberam a garantia de que não iriam comer fardos de palha. Os funcionários receberam a garantia de que os almoços veganos das crianças as sustentariam durante as tardes de exploração ao ar livre e projetos apaixonantes. Os alunos dedicaram-se realmente ao cultivo dos próprios alimentos nas hortas da escola. Aumentaram a produção de tal modo que, atualmente, os alunos da MUSE cuidam de 150 canteiros de cultivo, que geram entre 80% a 90% do que comem no refeitório todos os dias.

Temos regularmente conversas com as crianças sobre a experiência. Começam as aulas dizendo que odeiam comer tudo o que é verde, mas depois de um mês estão comendo feijão-verde salteados borrifados com óleo de linhaça. É bom que as crianças cultivem os feijões na horta, para que possam prová-los assim que são colhidos.

Temos crianças que começaram a tomar menos antialérgicos, crianças que eram pouco ativas e que agora estão perdendo peso e subindo colinas, crianças que tomavam medicação para DDA, TDAH e outros ABCDEFG, e que já se sentem não só mais calmas e concentradas, mas capazes de viver completamente sem a medicação.

Atualmente, em vez de resistência, temos famílias que nos procuram precisamente *porque* optamos pelos vegetais. As famílias querem suas

---

* Sigla em inglês da expressão "oh, meu Deus!". [*N. T.*]

crianças numa escola onde nada tenha pesticidas, agrotóxicos ou corantes, sabendo de onde vem a comida que comem. Tivemos até duas famílias que se mudaram de Nova York para cá para que os filhos pudessem frequentar a MUSE.

Atualmente, todo ano letivo começa com um convite para que os alunos se juntem à missão OMD e façam um juramento: *quero contribuir para que isso se concretize. Junto com a minha comunidade escolar, vou comer Uma refeição por dia pelo planeta ou duas ou todas.* Celebramos este momento com as crianças, que o *acolheram* de corpo e alma – estabeleceram a ligação entre o que colocam no prato e o ar que respiram, a água que bebem e o futuro do planeta. Interiorizaram essa ligação, em parte, ao viverem diariamente essa prática simples.

JUNTOS, PODEMOS CURAR O MUNDO

Aprendi muito durante esse processo. Ao conversar com minha família, o corpo docente, os alunos e as famílias, tomei conhecimento de diversas preocupações que as pessoas têm quando fazem essa transição: todos os medos, erros e anseios. Por meio de tentativa e erro, concebi uma abordagem que permite satisfazer até a criança (ou adulto) mais relutante e levá-la a se apropriar do Plano OMD.

Vi as transformações aparentemente milagrosas que surgiram dessa pequena mudança – os benefícios para a saúde não deixam de me surpreender (chamo-os de "efeitos benéficos", contrastando com os "efeitos colaterais" de uma alimentação à base de carne). Sei que essas mudanças estão causando um impacto mensurável na nossa preciosa Terra, ajudando a manter limpos o ar, as águas e o solo para as futuras gerações. Sei, sem dúvida alguma, que se todos mudassem apenas uma refeição por dia, conseguiríamos começar a reverter nosso curso e assim salvar o nosso planeta. Basta apenas uma pessoa e uma refeição para tanto impacto.

Essa é minha inspiração para partilhar o Plano OMD com você, e quero que tenha sucesso. Por isso, concebi este livro como um recurso completo para ajudá-lo a fazer a transição para essa nova forma de comer. Em primeiro lugar, irei partilhar descobertas do amplo e crescente corpo de pesquisadores, que comprovam que uma nutrição à base de produtos vegetais poderá ajudar a reverter uma variedade de doenças crônicas, incluindo diabetes e doenças cardíacas, e reduzir o risco de desenvolvimento do câncer. Você verá histórias de pessoas que recorreram ao Plano OMD para mudar para uma alimentação à base de vegetais e de como isso as ajudou a perderem peso, a sentirem mais energia e até mesmo a pensarem com mais clareza. Você aprenderá por que cada refeição tem um impacto tão grande sobre o ambiente. Também explicarei tudo o que precisa para se preparar para o Plano OMD, incluindo dezenas de dicas, ferramentas e técnicas para ajudar a solucionar as dificuldades, de modo que descubra como é fácil e delicioso comer mais vegetais. Por fim, você poderá explorar mais de cinquenta receitas substanciais, simples e apreciadas da MUSE, da minha família e dos meus amigos, cada uma testada e experimentada em verdadeiras cozinhas familiares, e aprovadas até pelos carnívoros mais resistentes.

Prometo que pouco tempo após começar a ingerir mais refeições à base de vegetais, você se sentirá mais forte, mais perspicaz e com mais energia do que em anos – talvez mais saudável do que nunca –, e se sentirá ainda melhor por saber que está fazendo tudo ao seu alcance para ajudar a curar o planeta (que, de fato, precisa da nossa ajuda).

Isso posto, como você e eu não poderemos assistir juntos ao documentário *Forks over knives*, vou dar algumas dicas. A seguir, apresento informações obtidas com o quadro de especialistas OMD, que partilham décadas de pesquisas convincentes que impulsionaram milhões a mudarem para a alimentação à base de vegetais. Meu objetivo é mostrar exatamente o que a forma de comer OMD poderá fazer pela saúde de toda a sua família, não apenas agora ou daqui a vinte anos, mas por muitas gerações no futuro.

Capítulo 2

OMD pela saúde

Minha querida amiga e antiga empresária, Davien, costuma contar a história da sua transição para uma alimentação à base de vegetais integral. Davien estava com sobrepeso há algum tempo quando teve um problema de saúde que normalmente acontece quando as pessoas são um pouco mais velhas. "Naquele mesmo dia, recebi o seu presente, com um monte de livros sobre a alimentação à base de vegetais, e uma caixa térmica cheia de bifes de um fazendeiro do Oklahoma", ri ela. "Será que alguma vez já tive uma epifania tão óbvia?" Dois mensageiros, ambos de Oklahoma, no mesmo dia.

Ela pensou: "Muito bem, já comi mais bifes do que a maioria das pessoas come numa vida inteira. Acho que é hora de me livrar dessas coisas". Ela então deu os bifes a amigos do bairro em Nova York e no dia seguinte começou sua jornada como consumidora de alimentos vegetais. Desde então, ela não voltou atrás e hoje é uma autoproclamada vegana feliz há mais de cinco anos. Pouco a pouco, ela perdeu cerca de 27 kg. "Carreguei muito peso extra durante minha vida", diz ela. "Quando ganhamos peso, é um processo lento, e o mesmo se aplica quando perdemos peso com a alimentação vegana."

"Não penso em mim como alguém que está de dieta", diz ela. "A perda de peso é o resultado natural da alimentação que faço." Davien sente leveza e clareza, e os seus sintomas de artrite praticamente desapareceram.

Davien é um dos meus exemplos preferidos das mudanças saudáveis, felizes e positivas que ocorrem depois de uma epifania de natureza vegana, mas já ouvi centenas de histórias desse tipo. Pessoas que receberam um diagnóstico terminal, mudaram sua alimentação e estão em remissão há mais de uma década. Pessoas que reverteram doenças cardíacas e o diabetes, livrando-se da medicação. Pessoas cujos sintomas de alergias, artrite e até doenças autoimunes como a esclerose múltipla diminuíram radicalmente, graças a uma alimentação à base de vegetais. Irei compartilhar algumas das provas contundentes de que uma alimentação do tipo OMD – com mais alimentos à base de vegetais e menos produtos de origem animal – pode ser a solução para muitos dos problemas de saúde crônicos mais perigosos dos Estados Unidos. Também abordaremos de que forma a nutrição à base de vegetais integral poderá ajudar os pais a prepararem seus filhos para uma vida mais longa, saudável e forte, bem como a transmitirem esses benefícios genéticos para as próximas gerações. Espero que saia dessa discussão compreendendo o enorme poder dos alimentos à base de vegetais e como a concretização do Plano OMD poderá ser um portal para um novo nível de saúde para você e toda sua família.

UM HÁBITO QUE PODEMOS MUDAR

A maior parte das pessoas cresce com a carne no centro do prato e nem sequer pensa nisso. Pensamos em "carne com batatas" como algo básico, central, fundamental. Algo necessário. Durante anos, fomos convencidos do valor da carne para a saúde e incentivados a acreditar que a carne é a base adequada de uma refeição.

Acrescente-se a isso todas as tradições culturais e familiares, laços sociais, identidade pessoal, disciplina religiosa: o molho de espaguete da sua avó, a sopa de galinha do seu pai, o peru de Natal. Todas essas associações emocionais orientam nossas refeições e são tão importantes quanto os próprios ingredientes. Durante gerações, a carne tem sido vendida não só como um alimento necessário e saudável em termos nutricionais, mas também emocionalmente saudável. Os verdadeiros homens comem carne: quanto mais vermelha, melhor. A carne mantém saudáveis e felizes os nossos filhos em fase de crescimento. A carne junta todos ao redor da mesa. Bife, é o que há para o jantar.

A mensagem era clara: a carne é boa para o nosso corpo e boa para a nossa alma.

No entanto, nada podia estar mais longe da verdade. O que acontece quando olhamos para as pesquisas e os dados médicos? A carne e outros produtos de origem animal melhoram nossa saúde? A alimentação vegana reduz nossa força?

O documentário *Forks over knives* mudou para sempre a forma como olhava para esse tema. Percebi que nosso corpo é mais forte e mais resistente quando *não* comemos carne do que quando o fazemos. Muitos acreditam que não fomos concebidos para comer carne. No entanto, "muitas pessoas imaginam que os seres humanos são naturalmente consumidores de carne, como se de alguma forma fôssemos cães e gatos honorários", diz o Dr. Neal Barnard, membro do quadro de especialistas OMD, professor adjunto de medicina na School of Medicine and Health Sciences da George Washington University, em Washington, DC. "Mas olhe para dentro da boca do seu gato: dentes longos, em formato de sabre. A seguir, olhe para dentro da sua própria boca em frente ao espelho: caninos que não são mais compridos do que os seus incisivos. Essa mudança ocorreu pelo menos há 3,5 milhões de anos."

O Dr. Barnard acredita que somos naturalmente herbívoros e que só começamos a nos comportar como carnívoros durante a Idade da Pedra, quando desenvolvemos ferramentas de pedra, machados e pontas de flecha que nos permitiram matar e comer animais que de outra forma não conseguiríamos apanhar. Agora, temos uma indústria inteira dedicada a fornecer doses constantes de carne todos os dias, mas essa não é a nossa alimentação natural, afirma Barnard.

Nossos intestinos também não se assemelham de modo algum ao de um carnívoro puro. Os carnívoros possuem intestinos curtos, com cerca de um terço do comprimento do seu corpo, de modo a acelerar a passagem da carne pelo corpo, para que as bactérias ou os micróbios nocivos tenham menos chances de serem absorvidos. Em contraste, o sistema digestivo dos herbívoros ruminantes, como a vaca, tem cerca de trinta vezes o comprimento do seu corpo. É a principal razão pela qual precisam comer o dia todo: manterem-se constantemente alimentados enquanto digerem. (E, conforme abordaremos no Capítulo 3, é também por isso que estão sempre liberando metano.)

Algumas pessoas afirmam que nós humanos, na verdade, deveríamos ser considerados "frugívoros", pois temos um sistema completamente diferente dos verdadeiros carnívoros ou herbívoros. A combinação de várias enzimas e o grande comprimento do nosso trato intestinal, de nove metros, permite-nos misturar e extrair todos os nutrientes possíveis dos alimentos que ingerimos. Quando comemos alimentos à base de vegetais, nosso corpo os digere em um dia (quase dá para cronometrar). No entanto, se comermos carne, o processo é retardado, sendo preciso pelo menos dois dias, por vezes até mais. Isso significa que nosso corpo leva esse tempo adicional para erradicar todos os micróbios, vírus, bactérias, metais pesados, pesticidas e outras toxinas ambientais que o animal também consumiu (e concentrou na sua carne). Não é nada bom.

SEUS BIO-OBJETIVOS OMD

Ao ler este capítulo, tente reunir informações que indiquem qual é seu verdadeiro estado de saúde e o estado de saúde da sua família, bem como os objetivos que eventualmente tenham.

1. **O que você herdou?** Usando um modelo de árvore genealógica, tente reunir tantas informações quantas forem possíveis acerca do histórico médico da sua família. Há algum elo comum? Talvez doenças cardíacas, câncer, demência? Doenças autoimunes? Anote tudo, de modo a obter o panorama geral.

2. **Como sua família lidou com as doenças?** Ao lado de cada pessoa, faça anotações acerca do seu nível geral de cuidados pessoais. Era atleta? Sedentário? Fumante? Tomava vitaminas? Usava protetor solar? Ia ao médico? Tente reunir toda a informação de que se conseguir lembrar.

3. **Em que pé estão atualmente?** Repita agora o processo para si mesmo e sua família imediata: já surgiram problemas? Como vocês têm lidado com eles? O que você faz que poderia complicar sua saúde?

4. **Como gostaria que fosse seu futuro?** Pegue uma folha de papel em branco e coloque seu nome no topo. Agora, divirta-se e imagine a árvore dos seus descendentes: qual seria o panorama de saúde dos seus filhos? Dos filhos dos seus filhos? E dos filhos dos seus netos?

5. **O que você pode fazer para assegurar que esse futuro se concretize?** Os passos que der hoje poderão influenciar a saúde da sua família durante gerações. Se ainda não teve filhos, saiba que todo o cuidado pessoal que tiver hoje trará benefícios aos seus filhos mais tarde. Se já tem filhos, que mudanças pode introduzir em sua casa, de modo que seus filhos sigam seu exemplo? Que mudanças poderá fazer para se lembrar de olhar à sua volta e aproveitar um pouco mais a vida?

Ao ler este capítulo, reflita sobre seus objetivos de saúde e os objetivos que tem para a sua família. Mantenha essas folhas numa pasta especial e consulte-as frequentemente – hoje, poderá ser apenas o Plano OMD, mas suas escolhas diárias terão um efeito em cascata não apenas sobre sua família, mas sobre o mundo inteiro.

INGERIMOS CARNE DEMAIS – E ISSO ESTÁ NOS MATANDO

A alimentação norte-americana média atual – rica em gorduras saturadas, açúcar e alimentos refinados e pobre em fibra – teria sido um luxo incalculável para a maioria dos humanos, nos últimos setenta anos. Cada um de nós consome atualmente a quantidade colossal de 27 kg de carne por ano. Cada refeição é um farto banquete, digno de reis e rainhas, até ficarmos empanturrados. O resultado é que carregamos o peso dos problemas de saúde, como gota, problemas cardíacos, hipertensão, diabetes tipo II e obesidade – denominados frequentemente "doenças da riqueza".

Pela primeira vez na história, estamos perante uma geração de crianças que terão uma esperança média de vida mais curta do que a dos seus pais. Atualmente, é regra, em vez de exceção, desenvolver uma dessas doenças crônicas nos anos finais da vida. O Dr. Barnard diz que muitas pessoas pensam que os ataques cardíacos ou o diabetes são causados pelo envelhecimento, mas são causados apenas pelos danos acumulados de uma alimentação que não é saudável. "Da mesma forma que o câncer do pulmão não surge por causa da velhice, mas porque se fumou muito", diz o Dr. Barnard, "se comermos muito bacon, isso também terá efeitos".

O que é que acontece quando alguém desenvolve diabetes, hipertensão ou colesterol alto e consulta o médico? Na maioria das vezes, receita-se medicação para "gerir" o problema de saúde e "controlar" os sintomas. Quantos médicos entregariam uma receita com comprimidos que vão curá-lo?

Nenhum. Pois não podem.

Mas se, em vez de uma receita com comprimidos, seu médico entregasse um livro de receitas de culinária?

Os comprimidos não têm o poder de curar doenças crônicas, mas a alimentação, sim. A alimentação integral à base de vegetais tem sido associada a:[7]

- 🌿 Manutenção mais fácil do peso a longo prazo.[8]
- 🌿 Redução do nível de glicemia.[9]
- 🌿 Redução do risco de desenvolvimento de câncer.[10]
- 🌿 Redução dos níveis de colesterol.[11]
- 🌿 Redução da pressão arterial.[12]
- 🌿 Redução da incidência de obesidade.[13]
- 🌿 Redução do risco de morte por ataque cardíaco.[14]
- 🌿 Redução do risco de mortalidade geral.[15]
- 🌿 Redução da necessidade de medicação.[16]
- 🌿 Reversão da doença arterial coronariana.[17, 18]
- 🌿 Reversão do diabetes tipo II.[19]

Uma análise publicada na revista *Nature* constatou que a transição para uma alimentação à base de vegetais integrais poderá reduzir o risco de desenvolver diabetes tipo II em mais de 40%, câncer em 13%, problemas cardíacos em mais de 20% e de qualquer outra doença em 18%.[20]

Uma alimentação à base de alimentos vegetais integrais nos expõe automaticamente a uma grande variedade de alimentos. Jim costuma dizer que, quando se adota essa alimentação, eliminam-se cinco espécies de alimentos, mas acrescentam-se 17 mil. E é verdade: basicamente, você troca um pequeno número de alimentos de origem animal por uma variedade praticamente infinita de alimentos à base de vegetais. Essa variedade traz consigo uma impressionante dose de fibras e fitoquímicos que combatem doenças, os quais não se consegue obter com a carne e os laticínios.

À medida que amplia o seu repertório alimentar e ingere mais e diferentes tipos de vegetais (ênfase em "mais", já que, felizmente, passará a comer toneladas de comida), você começará a perceber como o mundo dos vegetais e das frutas é maravilhoso. A Mãe Natureza é sensacional. Ela sabe que os alimentos mais saudáveis são irresistíveis. Vai me dizer que não gosta de framboesas? Abacate? Abacaxi?

A Mãe Natureza sabe claramente o que faz. Essa mesma alimentação também aumenta a nossa virilidade e fertilidade, melhorando a nossa vida sexual. Que sacada! Ela nos seduz para ingerirmos os frutos do seu trabalho, a fim de que possamos nos reproduzir e propagar melhor a espécie. Tudo o que precisamos fazer é nos deixar seduzir pela abundância de plantas belas e deliciosas e deixar a natureza seguir o seu curso.

Quando começamos a observar os piores problemas de saúde, percebemos que os produtos de origem animal estão no centro.

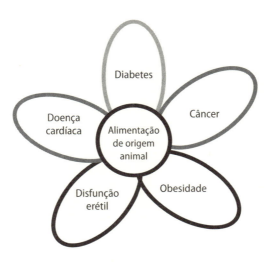

No entanto, quando mudamos para o OMD e incorporamos mais alimentos à base de vegetais, descobrimos que a nossa saúde floresce e funciona de outra forma.

Vamos analisar um pouco mais alguns dos aspetos principais aqui apontados para perceber como a alimentação à base de vegetais pode contribuir não só para prevenir, mas também para reverter algumas das doenças crónicas mais mortíferas que enfrentamos atualmente.

Uma alimentação à base de vegetais pode:

- proporcionar um cabelo brilhante, uma pele reluzente e um hálito agradável;
- apurar o paladar;
- equilibrar o funcionamento hormonal e atenuar os sintomas da tensão pré-menstrual (TPM);
- reduzir a gordura abdominal e os níveis de hormônio do estresse no sangue;
- reduzir significativamente o risco de desenvolvimento de câncer, problemas cardíacos e diabetes;
- facilitar a perda de peso;
- reduzir a incidência de obesidade nas crianças;
- promover a força e o rendimento no exercício físico;
- reduzir a inflamação e os sintomas de doenças autoimunes, como dor e rigidez das articulações e muscular;
- reduzir o risco de declínio cognitivo;
- reduzir o risco de desenvolvimento de outras doenças degenerativas;
- melhorar a vitalidade sexual.

OMD PARA A SAÚDE DO CORAÇÃO

Meu amigo Brian Theiss é uma das últimas pessoas que eu imaginaria ter problemas cardíacos. Halterofilista olímpico e especialista em força e condicionamento físico, sofreu aos 21 anos um terrível acidente que o deixou paralisado, incapacitado e com dores permanentes durante um ano. Durante esse período, e em razão da complexidade do seu estado físico e emocional, agravado pela inexistência de um programa de fisioterapia adequado ao problema dele, Brian e seu neurocirurgião abriram o seu próprio caminho fisioterapêutico rumo à recuperação. Ao retomar a vida normal, ele prestou muita atenção ao corpo e às instruções do neurocirurgião. Também começou a entrevistar médicos, cientistas e fisiologistas para descobrir a melhor forma de gerir e lidar com a sua nova vida. Durante a recuperação, apesar de saber que nunca se recuperaria completamente, criou um negócio de *personal training* abrangente e bem-sucedido que visava aplicar os métodos mais eficazes e recuperar definitivamente a saúde com base na arte e na ciência do exercício.

Consultei Brian pela primeira vez em 2008, pois os meus joelhos estavam uma desgraça. Eu achava que nunca voltaria a esquiar novamente. Tinha consultado um fisioterapeuta e dois médicos, e todos tinham dito que era provável que eu precisasse de uma cirurgia. Então, Brian realinhou completamente o meu corpo e deixou meus joelhos como novos. Ainda esquio em pistas de dificuldade extrema sem sentir dores.

Brian também me ensinou tudo o que era preciso para me preparar para os treinos de recuperação. Antes de eu ter adotado uma alimentação à base de vegetais, ele me colocou num programa em que comia quantidades incríveis de proteína animal: iogurte com soro de leite no café da manhã, punhados de sementes de abóbora e um peito de frango de 225 g no jantar. Depois de tantos anos preocupada em *ingerir proteína* durante a gravidez, agora eu parecia sofrer uma *overdose* de proteína.

Quando Jim e eu tivemos nossa epifania vegetal, comecei a comer iogurtes vegetais e *smoothies* verdes com proteína de arroz. De repente, comecei a me sentir muito melhor – mais forte, mais leve, com muito mais energia. Meu corpo deixou de oscilar tanto. Apesar de serem visíveis as melhorias na minha recuperação muscular, Brian mantinha-se cético.

Então, um dia, enquanto treinávamos, Brian confessou que tinha tido um susto com a sua pressão arterial. Ele, que tinha me ensinado tudo sobre exercício físico eficiente, sobre o que comer para ter energia, não estava comendo para viver. Agora, era a minha vez de ajudá-lo.

Dei a ele o *Forks over knives* e expliquei como as pessoas que faziam uma alimentação à base de vegetais tinham uma pressão arterial significativamente mais baixa do que quem comia carne. Falei sobre como a carnitina – um componente da carne vermelha frequentemente encontrado nos suplementos de dieta dos fisiculturistas –, poderia desencadear uma inflamação nas artérias.

Isso foi há mais de seis anos. Hoje, a pressão arterial do Brian é muito mais baixa. Ele se sente ótimo, parece dez anos mais jovem. Agora, vende alimentação à base de vegetais para todos os seus clientes. Estou muito orgulhosa do Brian Theiss. Graças à sua brilhante mente científica, ele salvou e mudou a vida de mais de 19 mil casos documentados ao longo de mais de 31 anos, mas aceitou todos os meus conselhos e pesquisou por si próprio. Atualmente, ele diz que fui eu, a aluna, que ensinou o mestre... e o mestre será eternamente grato.

As doenças cardiovasculares não têm a ver apenas com o coração – começam nas artérias e nos vasos sanguíneos –, e, uma vez mais, eliminar a carne de vaca é a forma de causar muito rapidamente um grande impacto. Quando comparadas com quem come carne vermelha muito frequentemente, as pessoas que comem menos carne vermelha e mais vegetais têm uma pressão arterial mais baixa, níveis séricos de LDL (o "mau" colesterol) inferiores, menor espessamento das paredes dos vasos sanguíneos e menor endurecimento das artérias.[21] E embora a carne vermelha seja a pior, fique ciente de que o frango e o salmão têm a mesma quantidade de colesterol da carne vermelha, e o camarão tem o dobro da quantidade.

Reduzir o colesterol e a inflamação

As paredes dos nossos vasos sanguíneos são protegidas por um revestimento de células muito sensíveis, denominadas células endoteliais. O consumo contínuo de gordura animal leva ao aumento do nível de colesterol LDL no sangue, cujas moléculas atravessam pequenas aberturas entre as células endoteliais para se instalarem nas paredes arteriais. Isso faz com que nosso sistema imunológico libere células inflamatórias de macrófagos que sugam todo o LDL, oxidando-o em blocos rígidos de placa nas paredes arteriais. Se continuarmos ingerindo muitas gorduras saturadas de produtos de origem animal, esses blocos ficarão cada vez maiores e acabarão estreitando de tal forma o trajeto da artéria que diminuirão o próprio fluxo sanguíneo. Quando estiverem suficientemente irritadas e inflamadas, poderão até rebentar e gerar coágulos que, por sua vez, poderão desencadear ataques cardíacos e AVC.

Os pesquisadores descobriram dois indicadores que revelam com precisão o quanto essas células endoteliais estão rompidas, e ambos estão diretamente ligados à nossa alimentação. Quando comemos ovos, leite, fígado, aves, peixe ou carne vermelha – especialmente a carne vermelha –, a carnitina e a colina presentes nesses alimentos interagem com um certo tipo de bactéria no nosso intestino para produzir uma substância química chamada TMAO (N-óxido de trimetilamina). A presença de TMAO no sangue tem sido fortemente associada a ataque cardíaco, AVC e doença renal crônica. O TMAO pode até ser o fator que desencadeia a ativação dos macrófagos que conduzem aos rompimentos arteriais.

Uma única refeição com produtos de origem animal pode aumentar a inflamação e causar o endurecimento das artérias. De fato, a ligação é tão forte que os níveis de TMAO poderão ser utilizados como indicador independente e preciso do risco que cada um de nós corre de sofrer um ataque cardíaco. As pessoas cujas análises apresentam níveis elevados de TMAO correm um risco quatro vezes maior de morrer nos cinco anos seguintes.

Por outro lado, o nível de polifenóis (químicos úteis para as plantas, como os antioxidantes) presente no nosso sistema é outro indicador preciso do risco de problemas cardíacos: quanto mais vegetais ingerimos, maior é o nosso nível de polifenóis e menor é o risco de problemas cardíacos. O intestino de quem faz uma dieta à base de vegetais integrais não tem a bactéria que produz TMAO, logo, mesmo ingerindo um pedaço de carne, os níveis dessa substância química perigosa permaneceriam praticamente insignificantes. O *Nurses' Health Study*, um dos maiores e mais longos estudos epidemiológicos da história dos EUA, descobriu que quem comia mais frutas e vegetais tinha as taxas mais baixas de doenças cardiovasculares; de fato, cada porção a mais de verduras ingerida por dia reduziria o seu risco em 11%.[22]

Com o Plano OMD, você aumenta a quantidade de vegetais presentes na sua alimentação, mas não precisa desistir da sua comida favorita. Quando ingere mais alimentos vegetais integrais, não está apenas evitando os alimentos processados, açúcares adicionados, óleos, carnes e laticínios que estão associados à oxidação do LDL, mas está substituindo esses alimentos por todo tipo de polifenóis e antioxidantes, cada um com um papel único na reparação das células endoteliais, ajudando a impedir os macrófagos de oxidarem todo o LDL e, de um modo geral, puxando o freio de todo o processo inflamatório. Essas substâncias químicas bioativas protegem o endotélio ao longo do corpo, permitindo que as paredes das artérias sarem e reduzindo significativamente a probabilidade de rupturas que podem conduzir a um AVC ou ataque cardíaco. Além disso, em cada refeição OMD à base de vegetais, você também alimenta bactérias benéficas presentes no intestino, que o protegem do TMAO, caso coma um pouco de carne.[23]

Reverter os problemas cardíacos

No estudo *Lifestyle Heart Trial* de 1990, o Dr. Dean Ornish *et al.* demonstraram que uma alimentação à base de vegetais (combinada com deixar de fumar, exercício físico moderado e redução do estresse) poderia reverter os problemas cardíacos. Mais de 80% das pessoas que seguiram o programa do Dr. Ornish *et al.* reverteram o endurecimento das artérias; inclusive pessoas com casos graves conseguiram experimentar uma reversão no espaço de um ano depois do início do programa. Aqueles que seguiram o programa baixaram o colesterol LDL em 40% após um ano e 20% após cinco anos.[24, 25] O grupo de controle que não seguiu o programa não teve tanta sorte – mais da metade dos seus elementos teve um *aumento* dos níveis de aterosclerose depois do estudo. O tamanho das lesões nas paredes celulares do grupo de controle aumentou, nos casos mais graves em quase 7%, e diminuiu 11% no grupo de teste.

Hoje, quase trinta anos depois, esses mesmos resultados ainda se confirmam – e se expandiram. Considere a história de David Foster: com 55 anos, Foster foi submetido a uma ponte de safena e agora, dois anos depois, com 57 anos, tem um bloqueio de 100% no coração. Os médicos disseram que seu coração estava tão danificado que precisava de um transplante e, pior do que isso, mesmo fazendo um transplante, podia esperar viver apenas mais dez ou onze anos.

Determinado a salvar a própria vida, Foster inscreveu-se no programa de reversão do Dr. Ornish, um programa de nove semanas em regime ambulatorial, em South Bend, Indiana; o programa conta atualmente com oito horas semanais de instrução sobre alimentação de origem integral, bem como exercício físico moderado, controle do estresse e um grupo de apoio. Depois de nove semanas, Foster saiu da lista de transplantes, pois seu coração tinha melhorado. O programa de reversão do Dr. Ornish é coberto pelo *Medicare* e muitos outros seguros de saúde; 90% dos pacientes que completam o programa continuam a segui-lo um ano depois (para mais informações, visite www.ornish.com/undo-it).

O poder da alimentação à base de vegetais está sempre presente na minha mente. No verão passado, observei um homem fazer seu pedido num restaurante do Colorado e senti como se estivesse vendo alguém pedir um cardápio inteiro de doenças: "Queria uma porção de asas de frango, um filé-mignon e uma porção de batatas fritas com chili e queijo" (na minha mente, isso tudo soou como: *"Queria uma porção de problemas cardíacos, um câncer e uma porção de disfunção erétil"*).

Por todo o mundo, as doenças cardíacas matam mais de 17 milhões de pessoas por ano, número que a American Heart Association acredita que pode aumentar para praticamente 20 milhões em cerca de dez anos. O Dr. Ornish provou, há quase trinta anos, que uma alimentação à base de vegetais pode reverter doenças cardíacas no espaço de um ano. Desde então, ficamos sabendo que nosso corpo mostra uma resposta positiva ou negativa mensurável a cada refeição, com base no que comemos. Podemos optar, cada vez que nos sentamos à mesa, entre fazer mal ao nosso coração ou curá-lo com a refeição. Com o Plano OMD, a escolha não podia ser mais fácil.

PREVENIR (E REVERTER) O DIABETES

Creio que a maioria dos médicos são pessoas verdadeiramente boas que desejam ajudar os outros, mas a maior parte recebe muito pouca formação em nutrição. Numa pesquisa em 106 faculdades de Medicina, apenas 30% exigiam que os aspirantes a médicos fizessem um curso de nutrição à parte. Em média, os alunos recebiam menos de 24 horas de formação em nutrição durante todo o seu percurso acadêmico em Medicina – e alguns receberam míseras *duas horas*.[26]

Costumávamos consultar o médico a cada duas semanas por causa dos vírus que as crianças traziam da escola. Desde que optamos pela alimentação à base de vegetais, em vez de ficar uma ou duas semanas caidinhas, as crianças agora se recuperam em dois dias. Jim e eu não pegamos resfriado ou gripe há quase seis anos.

Em 2012, contei ao médico que tínhamos optado pela via à base de vegetais. Falei sobre o *Forks over knives* e sobre o livro *The China study*, e disse que esperava que ele apoiasse a nossa decisão. Fiquei realmente surpreendida pela forma como respondeu. "Tudo bem, podem experimentar", disse ele, "mas é provável que não consigam manter esse estilo de vida. Vai ser muito difícil". Fiquei boquiaberta. Ele encolheu os ombros. "É por isso que alguns médicos nem sequer recomendam – pensam que as pessoas não vão conseguir cumprir."

Mal sabia eu, todavia, que aquela conversa tinha tocado alguém. A enfermeira que o assistia padecia de surtos recorrentes de pancreatite – com intervalos de poucos meses, tinha de ser internada no hospital durante cerca de uma semana, não podia comer nada, apenas soro e líquidos transparentes. Terrivelmente doloroso. Encontrei-a um ano depois quando fui fazer exame de sangue. Parecia outra pessoa. Deixei sair um "uau, como você mudou!".

Ela contou que tinha perdido 9 kg e que não voltara a ter pancreatite. Fiquei muito surpresa. Ela disse "Suzy, adivinhe! Adotei a alimentação à base de vegetais. Digo sempre ao Dr. X, 'olhe para mim, sou um exemplo!'". Talvez ela o inspire a ter um pouco mais de fé nos seus pacientes! Se os doutores nos derem uma oportunidade, poderemos surpreendê-los.

Fiquei contente pelo fato de a enfermeira ter optado por uma alimentação à base de vegetais – assim como o pâncreas dela, claramente. Se a pancreatite não for tratada corretamente, pode desenvolver-se em muitas direções desagradáveis, incluindo o diabetes, e, nos Estados Unidos, estamos sem dúvida no âmago de uma epidemia de diabetes. De acordo com o CDC,* mais de 100 milhões de pessoas nos Estados Unidos têm diabetes ou pré-diabetes.[27] Praticamente um em cada quatro adultos que têm diabetes não sabe que tem e, embora a obesidade seja um fator de risco para o diabetes tipo II, a ingestão de carne, especialmente de carne vermelha, parece ser um gatilho direto para o desenvolvimento da doença. Um estudo publicado no *JAMA Internal Medicine* analisou o consumo de carne de quase 150 mil homens e mulheres e descobriu que aqueles que começaram a comer um pouco mais de carne – uma média de meia porção a mais por dia – tinham um risco 48% maior de desenvolverem diabetes no quarto ano de testes. Aqueles que comiam carnes processadas, como cachorros-quentes e bacon, tinham um risco ainda maior (51%). Em contraste, aqueles que diminuíram em metade o consumo diário corriam um risco 14% menor de desenvolverem diabetes.[28] Alguns estudos epidemiológicos sugerem que as sociedades em que as crianças recebem leite de vacas A1 (a designação usada para certas raças, como as Holstein, que são muito comuns nos Estados Unidos e foram desenvolvidas no Norte da Europa) numa idade precoce revelam uma maior prevalência do diabetes tipo I.[29]

Os regimes alimentares à base de vegetais protegem contra o diabetes e podem até reverter a doença. As descobertas dos Adventist Health Studies,

---

* Sigla de Centers for Disease Control and Prevention, uma agência governamental norte-americana que tem por missão proteger a saúde e a segurança do país, prevenindo, evitando e reagindo a ameaças à saúde dos cidadãos. [N. T.]

um conjunto de estudos epidemiológicos em 26 mil adventistas do sétimo dia (que seguem regimes vegetarianos ou veganos como parte da sua disciplina religiosa), ao longo de 21 anos, demonstram que os consumidores de vegetais correm cerca de metade do risco de desenvolverem diabetes em comparação com a população em geral.[30] Um outro estudo descobriu que, num período de dezessete anos, os consumidores de carne correm um risco de desenvolver diabetes quase 74% superior ao dos vegetarianos.[31]

Essas estatísticas parecem terríveis, não acha? Todavia, se aprendi alguma coisa com o Dr. Barnard, foi sobre a capacidade de uma alimentação à base de vegetais reverter o diabetes. O Dr. Barnard conduziu um ensaio clínico aleatório em 2006, seguindo e testando as orientações da American Diabetes Association em relação a uma alimentação à base de vegetais e pobre em gorduras. No estudo resultante, publicado na revista da ADA, *Diabetes Care*, ficou demonstrado que seguir esse tipo de alimentação durante 22 semanas ajudava as pessoas a reduzirem o seu HbA1c (um valor de controle da presença de açúcar no sangue a longo prazo) em 1,23 ponto, contra 0,38 ponto no grupo ADA. O grupo com uma alimentação à base de vegetais também perdeu mais que o dobro do peso – 1,5 kg, contra 3,5 kg – e mais de 40% conseguiu reduzir a sua medicação (contra 26% no grupo ADA).[32] De uma forma geral, um resultado claramente superior.

Desde então, muitos estudos importantes revelaram resultados semelhantes. Em 2017, um estudo publicado no *Journal of the American College of Nutrition* descobriu que pessoas com diabetes tipo II tiveram praticamente duas vezes mais sucesso em tentativas de perder peso com uma alimentação à base de vegetais do que aquelas que seguiram a alimentação-padrão europeia para o diabetes. Além disso, seis meses depois, os vegetarianos revelaram muito menos gordura intramuscular, um sinal de que haviam conseguido operar uma mudança duradoura no metabolismo da gordura e da glicose e desenvolvido músculos mais magros.[33]

O Dr. Barnard contou a história de um paciente do Canadá que pesava 145 kg. O médico havia lhe dito que tinha certeza de que ele desenvolveria diabetes e todos os problemas associados à doença. O paciente tinha ouvido falar do trabalho do Dr. Barnard e buscou sua ajuda. Pois bem, o paciente eliminou os produtos de origem animal do prato e encheu-o de alimentos saudáveis e, cerca de um ano depois, tinha perdido mais de 70 kg. "O diabetes dele desapareceu", recorda o Dr. Barnard. "Ele realmente recuperou a saúde."

Viva o poder dos vegetais!

MELHORAR O SEXO

Se há coisa que o Jim faz questão de dizer às pessoas é que os consumidores de vegetais têm uma vida sexual ótima.

Fico corada, afinal, Jim é meu marido e nós seguimos uma alimentação à base de vegetais. Assim, deixe-me abordar este tema de uma forma mais correta: os homens que seguem uma alimentação à base de vegetais tendem a ter uma incidência substancialmente mais reduzida de problemas cardíacos, sendo a disfunção erétil um dos clássicos sinais precoces de alerta de entupimento das artérias.

Os homens que têm problemas cardíacos e diabetes – duas doenças intimamente associadas ao consumo excessivo de carne e laticínios – apresentam taxas muito mais elevadas de disfunção erétil: 35% dos homens com hipertensão, 42% dos homens com colesterol alto e até 85% *dos homens com diabetes* têm algum grau de disfunção erétil.[34] E é preciso ter em mente que estes números representam apenas os homens que relataram ter disfunção erétil, já que muitos outros convivem com isso e têm vergonha de mencionar.

Um homem na faixa dos 40 anos que tenha dificuldades com a ereção tem 50 vezes mais chances de sofrer um ataque cardíaco – um risco 5000% maior. Calcula-se que 40% dos homens com mais de 40 anos sofram de disfunção erétil, mas não estão sozinhos – estudos revelam que as mulheres com arteriosclerose também reduziram significativamente a excitação e a capacidade de atingir o orgasmo.

Eis algo que muitos homens ainda não perceberam: a alimentação à base de vegetais é o novo *Viagra*! É isso mesmo, meus amigos: sexo mais quente, planeta mais frio! Infelizmente, eles não querem saber. As estatísticas demonstram que os homens consomem 57% mais carne do que as mulheres, o dobro da proteína de que precisam.[35] Não é uma grande surpresa, pois, de acordo com um outro estudo, os homens que consomem carne são considerados 35% mais masculinos.[36]

Todavia, a verdade é que optar pelo verde é *viril*! Um estudo de 2017, publicado na revista *Biomedicine & Pharmacotherapy*, analisou todos os estudos em torno da disfunção erétil e sua relação com regimes alimentares à base de vegetais nos últimos 44 anos e descobriu 10 diferentes *vias químicas*, pelas quais os polifenóis antioxidantes presentes nas plantas ajudam a reverter a disfunção erétil.[37]

Minha esperança é que consigamos libertar os homens da carne e fazê-los ver a luz. Afinal, existe algo mais sensual do que um homem forte, magro e resistente? Sim, um homem com um... coração que consegue bombear facilmente a noite inteira!

A ciência nos diz que quanto mais os homens comem carne, mais rapidamente perdem a sua função erétil. No documentário *The game changers*, do qual Jim e eu somos produtores executivos, a equipe filmou uma experiência conduzida pelo Dr. Aaron Spitz, diretor de urologia da American Medical Association, que alimentou três atletas universitários com burritos durante duas noites consecutivas. Na primeira noite, um jogador comeu um burrito com carne de frango criado livre, outro comeu um burrito com carne de vaca de pastagem e o terceiro comeu um burrito com carne de porco orgânica. Na segunda noite, os três comeram um burrito à base de vegetais, feito com substitutos de carne de frango, de vaca e de porco (o *chef* ficou feliz quando um deles disse: "se você me dissesse que comi carne hoje e 'carne' vegana ontem, eu acreditaria").

Em cada uma das noites, os homens foram equipados com um dispositivo denominado Rigiscan, que mediu a circunferência do pênis enquanto dormiam. Segundo explicou o Dr. Spitz, na noite em que os homens comeram os burritos de feijão em vez dos burritos de carne, seu pênis cresceu em média 10,4% e ficou mais rígido, resultando num aumento de 364% no número de ereções noturnas. Enquanto após a refeição à base de carne, registraram uma média de 11 minutos de ereções durante a noite, após a refeição à base de vegetais, tiveram uma média de 45 minutos de ereções. Tal como diz o James Wilks, *ultimate fighter* vegano e narrador de *The game changers*, "uma única refeição pode fazer uma *grande* diferença, mesmo num corpo jovem e saudável".

Quando os homens começam a sofrer de disfunção erétil (DE), isso significa que têm as artérias entupidas e sofrem de problemas cardíacos. A DE é o sinal de alerta. Em *Eating you alive*, um documentário no qual Jim e eu participamos recentemente, o Dr. Evan Allen, um urologista de Henderson, Nevada, foi muito claro: "Para um urologista, a DE é disfunção erétil; para um cardiologista, significa outra coisa: morte precoce".

PERDER PESO

Sinceramente, cerca de nove em cada dez histórias de "antes e depois" que ouço de pessoas que iniciaram uma alimentação à base de vegetais envolvem alcançar ou manter, aparentemente sem esforço, um peso saudável. Das duas uma, ou perdem peso ou mantêm mais facilmente um peso saudável, mas, acima de tudo, deixam de se preocupar com o assunto. Uma análise publicada na *Nutrition Reviews* sobre 87 estudos revelou que os regimes alimentares à base de vegetais não exigem qualquer exercício físico para se alcançar uma perda de peso de aproximadamente 500 g por semana – uma taxa bastante saudável, sustentável e exequível, que qualquer médico aprovaria (o que não significa que não se deva praticar exercício físico, claro!). O estudo sugere que parte da eficácia advém da forma como nosso corpo reage às refeições à base de vegetais, em contraste com os produtos de origem animal. Depois de ingerirmos produtos de origem animal, nosso corpo tende a armazenar as calorias sob a forma de gordura. Em contrapartida, após refeições à base de vegetais, o corpo tende a começar a queimar calorias imediatamente, logo depois de termos comido.[38]

Se a perda de peso fosse o único valor a considerar, a alimentação à base de vegetais parece superar todos os regimes possíveis para diminuição do peso. Num estudo transversal com mais de 70 mil pessoas, publicado no *Journal of the Academy of Nutrition and Dietetics*, a equipe de pesquisa analisou os padrões alimentares de cinco grupos: consumidores de carne, consumidores ocasionais de carne, vegetarianos que comem peixe, ovolactovegetarianos (vegetarianos que consomem laticínios) e veganos. Surpresa: os veganos tinham o menor IMC médio, enquanto os consumidores de carne tinham o maior. Os consumidores de carne ingeriam menos proteínas vegetais, fibras, betacaroteno e magnésio, mas muito mais gorduras de todos os tipos (saturada, trans, ômega-6 e ômega-3). Também acusavam uma taxa extremamente elevada de obesidade, na ordem dos 33%, enquanto os veganos registravam uma taxa de obesidade de apenas 9,4%. Os pesquisadores observaram que a taxa de obesidade parecia ser diretamente proporcional à quantidade de produtos de origem animal presente na alimentação de uma pessoa: os consumidores ocasionais de carne apresentavam uma taxa de obesidade de 24%, os vegetarianos que ingeriam peixe, uma taxa de 17,9% e os ovolactovegetarianos, uma taxa de 16,7%. Todos os grupos ingeriam aproximadamente o mesmo número de calorias, cerca de 2000 por dia – a maior diferença era a *fonte* dessas calorias.[39]

Num estudo europeu que acompanhou pessoas com essencialmente os mesmos tipos de padrões alimentares durante cinco anos, os pesquisadores descobriram que as que mudaram para uma alimentação à base de vegetais ganharam menos peso nesse período.[40] Os epidemiologistas encontraram os mesmos padrões aplicados às crianças: as crianças vegetarianas são consistentemente mais magras, e as diferenças no IMC entre crianças consumidoras de carne e crianças consumidoras de vegetais tornaram-se mais pronunciadas durante a adolescência (uma idade perfeita para ajudar as crianças a protegerem-se da obesidade infantil, que gera tanta apreensão.)[41]

Talvez a melhor notícia, a respeito da perda de peso resultante da adoção de uma alimentação à base de vegetais, seja a simplicidade total e absoluta das regras. Não há contagem de calorias. Não são necessárias tabelas nutricionais intrincadas. É verdade que, se tiver um problema de saúde específico (como problemas cardíacos, diabetes ou câncer), talvez seja preferível seguir um programa de alimentação à base de vegetais mais estruturado, de acordo com as melhores informações de que dispuser, e seguir tabelas nutricionais especificamente concebidas para isso (sugiro vários livros em "A sua fonte de recursos OMD", na página 311). De forma geral, todavia, comparando caloria por caloria, basta optar por essa alimentação para automaticamente consumir mais fibras, antioxidantes, vitaminas e minerais e muito menos gordura, o que confere um valor nutricional importante a cada garfada.[42] Se quiser apenas perder uns quilinhos e se libertar de vez do efeito sanfona, basta seguir basicamente duas regras: 1) comer alimentos que cresçam na terra; e 2) evitar alimentos embalados, engarrafados ou enlatados. Confie no seu apetite, siga (e honre) os seus desejos, desfrute das suas refeições e coma até se sentir saciado e disposto. Acredite em mim – os vegetais milagrosos trabalharão pela perda de peso mais do que você.

Davien, minha antiga empresária, é o epítome da confiança no processo e da descomplicação. "Não sou uma vegana muito complicada. Não quero salvar o mundo ou poupar os animais", diz ela. "Só quero me sentir melhor."

GANHAR CORPO

Alguns dos meus familiares são caminhoneiros carnívoros que sobrevivem à base de carne seca. Inevitavelmente, nos primeiros dias da nossa transição para uma alimentação à base de vegetais, quando nos reuníamos em eventos de família, ainda nem tínhamos levado o garfo à boca e já nos faziam aquela pergunta de sempre, da qual nenhum vegano escapa: "De onde você tira a proteína?".

Falarei um pouco mais sobre proteínas no Capítulo 4, "Prepare-se para o Plano OMD", mas, por agora, vamos abordar a questão sob a perspectiva muscular. Os homens, em particular, parecem muito preocupados em obter proteína suficiente para sustentar sua massa muscular.

Nada poderia estar mais longe da verdade.

Nunca me esquecerei do dia em que ensinamos a minha família inteira, coletivamente (e humoristicamente), em relação à proteína. Apenas dois meses depois de termos adotado o veganismo, Jim e eu fomos para a nossa chácara, em Oklahoma, por ocasião da tradicional reunião anual da família Amis, no barco da minha irmã Page. Ela ainda não tinha aderido a essa alimentação, então fez um de seus famosos "sanduíches do lago", que consiste numa baguete grande e comprida recheada de maionese e camadas de alface, tomate, três tipos de queijo, salame, presunto e peru. Pessoalmente, nunca fui grande fã do sanduíche, e naquela altura, toda a minha família imediata já rejeitava carne.

Meu filho Quinn, então com 9 anos, tinha tirado a carne e o queijo todo e estava prestes a jogá-los na água, quando meu irmão mais velho, Dave, pegou as sobras e veio até mim, sacudindo a carne bem na minha cara: "Olha que delícia! Não quer um pedaço?". Então, inclinou a cabeça para trás e comeu tudo de uma só vez. Que nojento. Coisa típica de irmão mais velho.

A seguir, Dave se virou para o Quinn e disse: "De onde você vai tirar a proteína, meu jovem?".

Serei eternamente grata ao Ben, cuidador das crianças, que estava conosco naquele dia. Ele é o típico marombado, e tinha aderido conosco a essa alimentação. Ao ouvir aquele comentário, ele saltou da cadeira e foi até Dave, mostrando os músculos e perguntando: "Você acha que eu preciso de mais proteína?".

Fim da aula.

Acredito verdadeiramente que os atletas que fazem uma alimentação à base de vegetais estão prestes a tornar-se a norma, e não a exceção. Se quiser ver dezenas de atletas de elite que só melhoraram seu desempenho quando fizeram a mudança, veja o documentário *The game changers*. Esses atletas profissionais de nível mundial são excelentes exemplos de como essa alimentação pode impulsionar níveis extraordinários de desempenho físico (como prova visual, veja as fotos de nossa família e amigos – incluindo os abdominais extraordinários do Ben – em www.omdfortheplanet.com/media-center/gallery). Um estudo publicado no *American Journal of Clinical Nutrition* analisou os registros médicos e os diários alimentares de quase três mil pessoas, de adolescentes a idosos, para determinar que tipo de proteína – vegetal ou animal – mais contribuía para a construção e a preservação da massa muscular. O veredito? Um empate perfeito. Nenhuma diferença.

Assim, se o seu único objetivo e preocupação é ganhar músculo, a alimentação de base vegetal é equiparável à alimentação carnívora. Se, contudo, tivermos em conta as hormônios, os antibióticos, os metais pesados, as endotoxinas e outras toxinas presentes nos produtos de origem animal (que promovem a inflamação e diminuem o desempenho), bem como o fato de as proteínas vegetais contribuírem muito mais facilmente para a manutenção de um peso equilibrado – e um planeta equilibrado –, constataremos que a balança começa a pender ligeiramente para um dos lados.

Talvez o Dr. Barnard possa explicar melhor: "Muitas pessoas acham que só a carne pode proporcionar as proteínas necessárias. Mas veja só: a carne vem da vaca; e o que é que a vaca come? A vaca é vegana".

"Se tomarmos como exemplo o touro mais robusto, o garanhão mais rápido dotado de músculos bem definidos, o elefante mais imponente ou a girafa mais alta, verificaremos que todos eles retiram as proteínas de que necessitam de fontes vegetais. Então, a proteína presente em leguminosas, cereais e vegetais é mais do que suficiente para nós, mesmo se formos atletas de elite. Vamos obter a proteína de que precisamos."

Jim acrescenta: "Pense no gorila, que tem o aparelho intestinal mais próximo dos humanos e é completamente vegano. O gorila conseguiria nos arrancar um braço e utilizá-lo para nos matar a pauladas". Pessoalmente, acho os veganos um pouco mais pacíficos do que o gorila, mas é instrutivo levar esse fato em consideração.

CURAR O CÂNCER

Antes de adotar uma alimentação à base de vegetais, minha irmã Page queria sempre que meus filhos comessem aqueles sanduíches no lago. Às vezes eu fingia que não via, para não passar por fundamentalista. Além disso, sabia que as crianças sentiam falta de alguns alimentos, por questões afetivas – como torta de limão ou creme de milho (antes de a mãe deles começar a fazer sua versão vegana) –, e compreendia o seu dilema. Odiava que os meus irmãos gozassem comigo. Não queria que meus filhos se sentissem desajustados.

Esse é o maior desafio para mim, quando vou à minha terra, Oklahoma – ver pessoas que adoro comendo carne e laticínios, sabendo que não faz bem. É difícil. Raramente digo alguma coisa, mas é difícil. Lembro-me de ir para casa nos últimos dois anos de vida do meu pai, e de ver a geladeira da minha mãe repleta de queijos e iogurtes. E olha que ela tinha um livro de receitas veganas crudívoras na estante. Por vezes, ela se mostra disposta a conversar sobre o tema; outras vezes, não. Todos fazemos o caminho no nosso próprio ritmo. Preciso me convencer de que não vale a pensa dizer nada, pois o caminho é individual. Recentemente, minha mãe quebrou a pelve e a bacia de ambos os lados. Pergunto-me se isso teria acontecido se ela fosse vegana.

Desde aquele primeiro verão, Page também adotou a alimentação à base de vegetais – mas o grande sinal de alerta foi o diagnóstico de câncer do marido dela, Ken, no início do ano passado.

No inverno seguinte à nossa transição para essa alimentação, enviei a todos os que constavam da nossa lista de Natal aquilo que ficaria carinhosamente conhecido como "o saco" – um saco de pano cheio de livros e DVDs sobre essa alimentação. No primeiro ano, focalizamos livros sobre saúde. No segundo ano, sobre o ambiente. E, embora Jim e eu fôssemos bem-intencionados, tenho plena consciência de que nem todos, na nossa família e no nosso círculo de amizades, ficaram felizes – digamos assim – com o saco. Ken, o marido da Page, por exemplo, não aceitava essa hipótese, de forma alguma. Entretanto, teve o susto da vida dele quando foi diagnosticado com câncer, e aderiu totalmente à alimentação à base de vegetais.

A MINHA HISTÓRIA OMD

Ken Beatty

Quando Jim e Suzy enviaram aquele presente de Natal, não quis nem saber. Nunca tinha ouvido sequer a palavra "veganismo" e achava que isso seria impraticável em Oklahoma.

Foi então que, no dia 16 de outubro de 2016, minha mãe faleceu. Apesar de não beber, ela desenvolvera uma cirrose, e eu só pensava comigo mesmo que não queria morrer assim.

Assim, fui fazer exames de sangue. O médico garantiu que a cirrose não era hereditária, tirou sangue e então fui embora.

Algumas semanas mais tarde, ele me ligou e disse: "Olha, por que você não vem aqui fazer uma ultrassonografia?". "Sem problemas", pensei eu. "Sou invencível." Fiz mais alguns exames e, em janeiro, recebi o tão temido telefonema: "Ken, você está com câncer".

Meu rim foi retirado no dia 24 de janeiro de 2017. Nunca tive sintomas. O que tive foi uma sorte tremenda por ter decidido fazer aqueles exames. Eu já havia feito uma operação no cotovelo e outra no joelho, e tive que substituir dois discos intervertebrais. Nada disso me incomodou, mas quando tiraram meus órgãos, aí, sim, fiquei incomodado.

Quando ouvi pela primeira vez a palavra *câncer*, eu era invencível. Então, comecei a pesquisar as causas, e a verdade é que poderiam ter sido milhares de coisas. Agora sei que a maioria das doenças renais tem origem na alimentação: por exemplo, no leite, no queijo, nos ovos e nos alimentos processados. Todos temos em nós inflamação, fungos e infecções, mas poucos o sabem.

Finalmente, senti que estava pronto para adotar uma alimentação à base de vegetais. Já não sentia vontade de ingerir porcarias. Comecei não só a evitar o açúcar e a reduzir as porções de tudo o que comia, mas também a fazer uma alimentação exclusivamente vegetal.

Hoje, minha calça é número 44 (antes era 48 ou 50). Sou um homem alto – tinha 117 kg e, ao fim de seis meses, desci para 90 kg. Agora, se como algo que não seja à base de vegetais, dou uma bronca em mim mesmo, pois sei que não sou invencível – nunca se sabe o que poderá desencadear novamente a doença.

• •

Atualmente, Ken é um homem novo, mas é preciso saber que ele foi muito além do Plano OMD, aderindo a uma alimentação exclusivamente vegetal, que o ajudou a dar uma guinada de 180 graus na sua vida, em apenas seis meses. Ken está sempre lendo e procurando novas informações na Internet. Hoje em dia, conversamos sobre o microbioma intestinal, receitas à base de plantas e vinagre de maçã. É extraordinário assistir à transformação desse homem que conheço há tantos anos e ouvi-lo dizer, cheio de orgulho: "Antes, eu era o papai fofinho; agora, sou o Kenny magrelo!". Fico muito feliz pelo câncer ter sido detectado tão precocemente e por estarmos todos juntos nesta jornada. Essa alimentação está mudando a vida da minha família – nunca é tarde para começar (veja as fotografias do antes e depois do Ken e de muitas outras transformações em https://omdfortheplanet.com/get-started/success-stories/).

O câncer é a segunda causa de morte (só ultrapassada pelos problemas cardíacos) entre os norte-americanos de todas as idades e demografias. A doença, em todas as suas formas, está tão entranhada na nossa experiência universal que, se alguém disser que encontrou a cura para o câncer, na verdade só está dizendo que descobriu o melhor que se pode fazer. Apesar de tudo, os pesquisadores estão descobrindo que a cura – ou pelo menos a diminuição da ocorrência de câncer – pode estar atrelada a uma simples mudança na nossa alimentação.

A carne – especialmente, a carne vermelha – tem sido associada, de diversas formas, a vários tipos de câncer, principalmente do reto, da mama, da próstata, do estômago e do cólon. Quando é processada ou cozida, a carne produz compostos carcinogênicos (aminas heterocíclicas, ou AHCS, e hidrocarbonetos policíclicos aromáticos, ou HPA, entre outros) que aumentam o risco de câncer. As AHCS são produzidos durante o cozimento da carne de vaca, porco, aves e até da considerada "saudável" carne do peixe. Igualmente alarmantes são os nitratos e nitritos utilizados na carne processada. A Organização Mundial de Saúde (OMS) declarou que, quando ingerida diariamente, uma só porção de 50 g de carne processada (o equivalente a um cachorro-quente ou quatro tiras de bacon), faz aumentar o risco de desenvolvimento de câncer colorretal em 18%. A OMS classifica atualmente a carne processada no Grupo I das substâncias cancerígenas, em que também se inserem o tabaco, o amianto e o plutônio. Infelizmente, outrora consideradas doenças relacionadas com a idade, os tipos de câncer do aparelho digestivo atacam cada vez mais cedo, registrando-se um aumento dramático da sua incidência em adultos na faixa etária entre os 20 e os 49 anos.

Outra substância preocupante é o fator de crescimento semelhante à insulina (IGF), um hormônio do leite que promove o crescimento nos bezerros, mas que pode ser extremamente perigoso para os seres humanos adultos. Quando bebemos leite, estimulamos a produção endógena de IGF-1 no organismo, que, por sua vez, poderá levar a um acréscimo da proliferação celular.[43] Outra preocupação é o ferro heme (encontrado em alimentos de origem animal) de absorção mais rápida do que o ferro não heme (encontrado em alimentos à base de vegetais). Em quantidades excessivas, o ferro heme poderá estimular a inflamação e aumentar o risco, não só de câncer do cólon,[44] mas também de diabetes, uma vez que reduz a sensibilidade das células à insulina.

Além disso, é preciso ter em mente que cerca de 70% dos antibióticos mais vendidos nos Estados Unidos são utilizados para a produção de carne e laticínios,[45] para promover o crescimento do gado e prevenir doenças generalizadas nas fazendas de criação intensiva. Em consequência, os consumidores dessa carne e desses laticínios ganham cada vez mais resistência aos antibióticos, o que pode se tornar fatal para muitos. Dado que um hambúrguer pode conter carne de até 100 vacas diferentes, seria muito difícil rastrear – e conter – uma infecção mais resistente. Só agora começamos a descobrir a que ponto o consumo excessivo desses fármacos poderosos que salvam vidas já pode ter alterado o nosso microbioma coletivo e deixado nosso intestino extremamente vulnerável a bactérias nocivas que enfraquecem o sistema imunológico, promovem a inflamação[46] e podem nos impedir de acessar o nosso próprio poder de cura, perante doenças graves como o câncer.[47]

O que é o microbioma?

Talvez você já tenha ouvido falar da palavra "microbioma" e até tenha uma vaga noção do que é. Se pensa que o microbioma é simplesmente o conjunto equilibrado de bactérias benéficas e bactérias nocivas presentes no nosso intestino, saiba que é muito mais do que isso. Ele é a soma total de todos os genes dos micróbios que vivem no organismo, servindo para, entre outras coisas, facilitar a digestão dos alimentos, estimular o sistema imunológico e combater patógenos. Para cada um dos nossos genes, há uma centena de micróbios. Enquanto nosso material genético humano – ou genoma – é fixo, desde o nascimento, nosso microbioma adapta-se constantemente em reação ao ambiente. A maioria das mudanças é benéfica e mantém-nos saudáveis e passando bem. Se abusarmos de antibióticos, porém, poderemos prejudicar a capacidade dos nossos micróbios de se adaptarem e nos protegerem. Nessa altura, incapazes de nos proteger, esses micróbios passam a ser alvos fáceis para patógenos e doenças. Ao ingerirmos muitas fibras vegetais (prebióticos), junto com alimentos fermentados, repletos de bactérias anti-inflamatórias benéficas (probióticos),

(cont.)

> ajudamos a fortalecer a população saudável do nosso microbioma, de modo que possa combater e expulsar os caras maus.

Em contrapartida, a alimentação à base de vegetais faz basicamente o oposto, em quase todos os sentidos. Os alimentos vegetais substituem as toxinas ambientais que se concentram no tecido animal, reforçam a resiliência do nosso sistema imunológico e alimentam as bactérias intestinais saudáveis com fitoquímicos que realmente diminuem o risco de câncer. Os estudos demonstram que os consumidores de vegetais correm um risco 20% inferior de morrer de câncer, e um risco 50% a 60% inferior de morrer de câncer do pâncreas, linfático ou do sangue.[48]

As mulheres com uma alimentação à base de vegetais correm um risco 34% inferior de desenvolver câncer do sistema reprodutor (da mama, do colo do útero, dos ovários) em relação às que consomem carne.[49] Esses gloriosos antioxidantes estimulantes do sistema imunológico, na sua totalidade, provaram combater o câncer de diversas formas, freando o crescimento tumoral, facilitando a eliminação dos carcinogênicos, impedindo o crescimento celular descontrolado e, inclusive, bloqueando, desde cedo, a formação do câncer.[50]

E não se esqueça: os vegetais são nossa única fonte de fibras e o alimento das bactérias benéficas que produzem ácidos graxos de cadeia curta anticancerígenos no sistema digestivo. Se o sistema digestivo for regular, é porque a fibra está fazendo seu trabalho, ajudando a reunir e a expelir tudo quanto sejam toxinas, gorduras, colesterol e hormônios nocivos ao aparelho digestivo. *Adiós*, câncer!

O OMD E A SAÚDE PÚBLICA

Os benefícios da alimentação à base de vegetais não se limitam à promoção da saúde da sua família – seus efeitos também desencadearão uma sucessão de mudanças benéficas na saúde do mundo inteiro. A longo prazo, a aplicação do Plano OMD e a adoção de uma alimentação à base de vegetais levarão às seguintes mudanças em escala global:

- **Redução da resistência aos antibióticos.** Ao reduzirmos a utilização de antibióticos na cadeia alimentar, conseguiremos salvaguardar a sua eficácia terapêutica.

- **Maior proteção das culturas autóctones.** Os efeitos das práticas intensivas agropecuárias com recurso a agrotóxicos sobre o meio ambiente estão ameaçando as populações indígenas do mundo inteiro – dos ulithis, no Pacífico do Sul, aos caiapós, na Amazônia brasileira –, tanto em relação à saúde e à segurança quanto ao modo de vida. Se revertermos essa tendência, contribuiremos para frear as alterações climáticas e ajudaremos essas populações a se recomporem.

- **Diminuição das epidemias de doenças crônicas.** O aumento constante de doenças associadas ao consumo de produtos de origem animal – como os problemas cardíacos, o diabetes e o câncer – poderá ser drasticamente reduzido com a adoção de regimes alimentares à base de vegetais.

- **Reversão da tendência para o decréscimo da longevidade.** Ao melhorarmos o cenário das doenças crônicas, poderemos ajudar a reverter a tendência para o encurtamento da expectativa média de vida.

- **Mudanças epigenéticas a cada geração.** Essas mudanças positivas em termos de saúde limitarão a vulnerabilidade genética a determinadas doenças e continuarão a multiplicar-se, de geração em geração, entre os consumidores de vegetais.[51]

- **Segurança alimentar universal.** Ao utilizarmos proteínas derivadas dos vegetais em vez de proteínas derivadas dos animais, poderemos alimentar dez vezes mais pessoas com os mesmos recursos.

O OMD FORTALECE O CORPO E A MENTE

Em 2012, quando vi pela primeira vez o documentário *Forks over knives* e percebi como tínhamos sido todos induzidos ao erro, durante tantos anos, fiquei perturbada. Até aquele momento, acreditava piamente que estávamos alimentando nossos filhos (e todas as crianças da MUSE) da melhor forma possível – carne de vaca de pastagem, galinhas do campo, leite, queijo e iogurtes orgânicos da mais alta qualidade, etc. Da noite para o dia, fui de "Estamos fazendo um ótimo trabalho" para "Oh, meu Deus, estou matando minha família! Estou me matando! Estou matando todas aquelas crianças na escola! Estou matando o planeta!".

Senti-me tão ludibriada. Não sabia em quem confiar. Era hora de agir.

Quando Rebecca e eu decidimos recorrer à ajuda do que viríamos a chamar de "quadro de especialistas OMD", tivemos a sorte de receber o auxílio do Dr. Neal Barnard e do Dr. Dean Ornish. Os pais ficaram tão confusos e preocupados com a ideia de almoços à base de vegetais que o Dr. Barnard preparou o seguinte panfleto informativo sobre alimentação vegetal, para partilharmos com toda a comunidade escolar. A confiança constante e credibilidade inatacável do Dr. Barnard foram cruciais para conquistarmos a comunidade de pais. Sou muito grata por tudo o que ele fez para ajudar a MUSE e o OMD. O Dr. Barnard é um gênio.

O PODER DA NUTRIÇÃO INFANTIL: FORTALECER O CORPO E A MENTE

Dr. Neal Barnard, do Physicians Committee for Responsible Medicine*

A nutrição é essencial para a saúde física e cognitiva. Infelizmente, a vida moderna leva muitas pessoas a negligenciarem-na. Os jovens, em especial, não estão obtendo os nutrientes de que precisam.

O CDC descreveu o problema da seguinte forma:

"A maioria dos residentes nos EUA, incluindo crianças, consome uma quantidade insuficiente de frutas e vegetais. De 2007 a 2010, considerando os padrões alimentares recomendados pelo Departamento da Agricultura dos EUA, 60% das crianças entre 1 e 18 anos de idade não

---

* Além de médico e *fellow* da American College of Cardiology (ACC), o Dr. Neal Barnard é professor adjunto de Medicina na School of Medicine and Health Sciences da George Washington University, em Washington, DC, presidente do Physicians Committee for Responsible Medicine e fundador do Barnard Medical Center. O Dr. Barnard preparou uma versão deste panfleto informativo para os pais dos alunos da MUSE, que estavam fazendo a transição para os almoços à base de vegetais, no âmbito do Plano OMD, em 2012-2013.

consumiam frutas suficientes, e 93% não consumiam legumes suficientes. Dados os benefícios do consumo de frutas e legumes e dado os padrões alimentares da infância estarem associados aos padrões alimentares na vida adulta, incentivar as crianças a comer mais frutas e legumes é uma prioridade de saúde pública."[52]

Há estudos que mostram que as crianças cujos regimes alimentares enfatizam os produtos à base de vegetais crescem tanto ou mais que seus amigos que comem carne, e ganham uma medida de proteção contra os problemas de saúde mais comuns que acometem muitos jovens quando atingem a idade adulta: obesidade, diabetes, hipertensão e problemas cardíacos, entre outros.[53, 54]

Há algumas décadas, os pesquisadores descobriram que as crianças que seguiam regimes alimentares à base de vegetais tinham um QI médio mais elevado do que as crianças que seguiam regimes alimentares omnívoros. Num estudo da Tufts University, as crianças que faziam uma alimentação à base de vegetais tinham em média 16 pontos de vantagem sobre as outras crianças nos testes de QI-padrão.[55] Por outro lado, os pesquisadores britânicos descobriram que as crianças com um QI superior são mais propensas a optar por regimes alimentares à base de vegetais na idade adulta.[56]

Investir em nutrição no início da vida também pode ajudar a proteger a função cerebral numa fase mais tardia. A partir da meia-idade, muitas pessoas começam a desenvolver problemas de memória, raciocínio e reação. Num estudo da Loma Linda University, a perda cognitiva não foi tão grave entre as pessoas que seguiam regimes alimentares à base de vegetais, em comparação com as pessoas que seguiam regimes alimentares à base de carne.[57] Os alimentos vegetais são geralmente isentos das gorduras saturadas que se demonstrou estarem associadas a problemas neurológicos na velhice.[58] Além disso, muitos desses alimentos são ricos em vitamina E natural, que revelou ter efeitos protetores sobre a função neurológica.[59, 60]

Alguns nutrientes merecem uma menção especial.

Glicose. O cérebro funciona com glicose. Frutas, cereais, leguminosas e vegetais ricos em amido são fontes saudáveis, que libertam gradualmente glicose na corrente sanguínea. Têm vantagens tremendas em relação aos alimentos processados, já que oferecem vitaminas, minerais, fibras, antioxidantes e fitoquímicos.

Aminoácidos essenciais. O cérebro também precisa de pequenas quantidades de aminoácidos – os blocos construtores da proteína – para produzir neurotransmissores. Todos os aminoácidos essenciais estão presentes nos alimentos vegetais, sem a gordura saturada e o colesterol que são comuns nos produtos de origem animal.

Ácidos graxos essenciais. Há dois tipos de gordura que são essenciais para o corpo e o cérebro, mas só em quantidades mínimas: o ácido alfa-linolênico (ALA) e o ácido linoleico (LA). O ALA é um ácido graxo ômega-3 abundante nos alimentos vegetais, como as oleaginosas, a aveia, o feijão e a linhaça. As folhas verdes são uma fonte particularmente interessante. Embora, de modo geral, não contenham muita gordura, a que possuem é proporcionalmente alta em ALA. No caso dos brócolis, por exemplo, menos de 10% das suas calorias advêm da gordura, a maior parte da qual é ALA. Um terço dos brócolis também é proteína.

No corpo humano, as enzimas prolongam o ALA para produzirem outros ômega-3, denominados EPA e DHA, que desempenham um papel na função neurológica. O consumo de grandes quantidades de outras gorduras abranda a ação dessas enzimas. Assim, faz sentido aproveitar os alimentos saudáveis que contêm ALA, mas evitar o consumo excessivo de alimentos gordurosos em geral.

Algumas pessoas obtêm ômega-3 do peixe, que, no entanto, também contém colesterol, gordura saturada e, em alguns casos, quantidades preocupantes de mercúrio e outras toxinas ambientais nocivas para as crianças em desenvolvimento.

Há também quem tome suplementos de EPA e DHA, na esperança de melhorar a função neurológica, embora os seus benefícios ainda não tenham sido determinados. Esses suplementos são disponibilizados por marcas veganas e não veganas.

Comer para ter energia

A circulação sanguínea é essencial para distribuir oxigênio e nutrientes por todo o organismo, mas a gordura animal tende a tornar o sangue mais viscoso (mais espesso). Por conseguinte, aumenta a pressão arterial e diminui o fluxo sanguíneo. Uma alimentação à base de vegetais, pobre em gordura, tem o efeito oposto: diminui a viscosidade do sangue e melhora o fluxo sanguíneo. Por consequência, promove a saúde cardíaca e aumenta os níveis de energia.[61] Muitos atletas, especialmente atletas de resistência, recorrem atualmente a regimes alimentares à base de vegetais para terem uma vantagem competitiva.

Vantagem para seus filhos

Muitas crianças ingerem demasiado açúcar, demasiada gordura e demasiado sal na alimentação à base de carne e produtos processados. Se souber planejar bem uma refeição à base de vegetais por dia, você irá ajudá-los a ingerir mais dos alimentos que frequentemente carecem: vegetais, frutas e legumes frescos e cereais integrais. Uma boa nutrição faz mais do que ajudar as crianças a crescerem: oferece vantagens em termos de saúde por toda a vida.

A MINHA HISTÓRIA OMD

Allison Braine

Quando vim dar aulas no jardim de infância da MUSE, já era vegetariana há cerca de cinco anos. Adotei o Plano OMD na íntegra e o incorporei à minha vida. Antes, era vegetariana por motivos de saúde. No entanto, passei a também pensar nos animais. Não tinha muito a perder ao me entregar completamente a uma alimentação à base de vegetais, logo, não foi uma decisão difícil. Gosto de pôr o meu corpo à prova e de me sentir saudável, por isso deixei de consumir ovos e queijo. Achei que poderia ficar cansada se só comesse vegetais, mas isso não aconteceu.

Tenho visto a reação de pais diante da ideia de uma alimentação à base de vegetais. São bastante expressivos a esse respeito, revelando uma mescla de preocupação e entusiasmo. O Plano OMD pode ser benéfico para as famílias curiosas e com vontade de experimentar uma alimentação à base de vegetais em casa. Muitos pais acolheram o conceito de uma refeição por dia, pois apreciam o fato de não se sentirem pressionados a se tornarem veganos. Também estão contentes com o fato de as crianças terem acesso àquela refeição à base de vegetais. Muitas das famílias não são veganas, mas todas fazem uma refeição vegetal por dia.

Temos muitas oportunidades de conversar com as crianças sobre esta alimentação, quer seja por meio do ensino da jardinagem e da compostagem, ou simplesmente pelo consumo de alimentos diferentes. É muito bom escutar crianças de 4 ou 5 anos falando sobre o tema e desenvolvendo o seu conhecimento sobre alimentação. Um dirá que come frango em casa e outro explicará que não come carne, dizendo: "Não quero maltratar animais com meus dentes!". É muito divertido. Se alguém trouxer um bolo de aniversário ou se fizermos uma venda de bolos, as crianças perguntam se são veganos. Alguns alunos que fazem uma alimentação à base de vegetais nem mesmo gostam de substitutos de carne, mas preferem simplesmente vegetais crus. Por terem acesso à refeição diária à base de vegetais que a escola fornece, e por assistirem a todo esse debate, tornam-se mais receptivas e capazes de fazer escolhas conscientes, à medida que forem crescendo.

Uma das mães partilhou uma história muito engraçada. Estavam no supermercado quando o filho começou a fazer uma birra, pois ela prometera comprar tofu! A maioria das crianças reage, pois quer uma bolacha ou um chocolate. Apesar de ter ficado um pouco envergonhada, a mãe não conseguiu parar de rir ao ver o filho pedindo tofu.

•••

OS QUATRO N*

Ao analisarem as razões pelas quais as pessoas comem carne, os pesquisadores da Lancaster University, no Reino Unido, descobriram que 90% dos entrevistados professavam os "quatro N" da ingestão de carne: "necessária, natural, normal e de sabor notável".[62] A psicóloga social Melanie Joy cunhou o termo *carnismo* para descrever o consumo de carne como o corolário da palavra *veganismo* – ambos descrevem de forma simples a base da alimentação de cada um de nós, mas percebe-se bem que o veganismo é considerado a peculiaridade. "As pessoas são ensinadas não somente para acreditarem que comer animais é normal, natural e necessário, mas também que o oposto é anormal, contranatural e desnecessário", afirma ela. Observemos os quatro N, um a um.

---

* Do inglês, *necessary, natural, normal e nice*. [N. T.]

A carne é necessária? A carne processada foi designada como um carcinogênico pela OMS, e os regimes alimentares ricos em carne estão associados a taxas elevadas de problemas cardíacos e outras doenças crônicas graves. Nós conseguimos digerir carne, mas também somos capazes de digerir papel e outras substâncias não nutritivas. Conclusão: podemos obter todos os nutrientes de que precisamos dos vegetais e podemos acrescentar os poucos nutrientes que faltarem (para mais informação, consulte "Cobrir todas as bases nutricionais", na página 131).

"Não existe literatura convincente que afirme que as sociedades modernas se tornam melhores quando as pessoas consomem mais carne", diz o Dr. David Katz, diretor-fundador do Yale-Griffin Prevention Research Center. Existem, sim, "provas contundentes para afirmar que as doenças prevalecentes nas sociedades modernas melhoram quando as pessoas comem mais legumes, frutas, cereais integrais, leguminosas, oleaginosas e sementes". Muitas das populações que fazem uma alimentação à base de vegetais são as mais saudáveis do planeta.

A carne é natural? "Não podemos afirmar que os seres humanos estão adaptados para comer carne de vaca alimentada a cereais, muito menos *pepperoni*", afirma Katz. "Até parece que havia *pastrami* no Paleolítico." Para quem invoca os regimes alimentares dos povos nativos para justificar o consumo de carne, o Dr. Katz lança um desafio: "Arranje um arco e flechas ou uma lança e se embrenhe no mato para poder comer veado no jantar".

A carne é normal? Fomos criados para pensar que a carne é o centro da refeição – o sol à volta do qual todos os acompanhamentos (normalmente vegetarianos) orbitam; porém, se pararmos para pensar, talvez nos demos conta de que tudo não passa de um hábito mental. Podemos redefinir conscientemente o que é normal a qualquer momento. Melanie Joy diz que as pessoas consideram a carne um direito adquirido, pelo que a ideia de comer carne se tornou invisível e a opção de *não* a comer é vista como a exceção: "Há veganos e vegetarianos e, depois, todos os outros". No entanto, ao longo de uma boa parte da história da humanidade, num bom pedaço do mundo, não era normal consumir carne a esse nível. No máximo, as pessoas consumiam moderadamente, conforme diz o Dr. Mark Hyman, como um condimento para dar um toque de sabor, digamos assim, a uma refeição à base de vegetais, e não como o elemento preponderante. Infelizmente, o nosso consumo "normal" de carne está se tornando a norma no mundo inteiro – e essa trajetória é verdadeiramente insustentável.

A carne tem um sabor notável? É provável que gostemos da sensação de morder um hambúrguer – pode ser uma sensação familiar, satisfatória e notável ao paladar; porém, graças aos novos avanços nos substitutos de carne, como os da *Alpha Foods* e *Hungry Planet*, e os hambúrgueres da *Impossible Foods* e da *Beyond Meat*, estamos chegando cada vez mais perto dessa mesma sensação. Se pesarmos bem as coisas, contra todos os outros fatores atenuantes, talvez constatemos que essa sensação tem um preço demasiadamente alto pela destruição que implica. Somos pessoas compassivas, que foram ensinadas a dissociarem o hambúrguer da vaca da qual ele provém. Não gostamos de pensar na forma como se criam os animais, pois, no fundo, sabemos que não é nada agradável. "A forma como produzimos carne atualmente é cruel e inacreditavelmente prejudicial para o meio ambiente", refere o Dr. Katz. "Além disso, a carne é tão adulterada que passa a ter uma composição nutricional diferente e verdadeiramente nociva para a nossa saúde."

Em vez de pensar no OMD como um programa que implica abdicar de produtos de origem animal numa refeição por dia, prefira pensar em tudo o que você *ganha* com uma alimentação à base de vegetais: maior variedade de cores, sabores e texturas e um universo infinito de experiências e combinações de alimentos; perda ou manutenção automática de peso, sem sentimentos de culpa; pele macia, cabelo brilhante e olhos cintilantes; fornecimento infinito de vitaminas, minerais e fibras solúveis e insolúveis, bem como todos aqueles gloriosos antioxidantes que poderão conter a inflamação descontrolada e manter as suas entranhas funcionando alegremente. E, lógico, sexo quente e planeta frio.

PROLONGUE SUA VIDA

Qual é o supremo benefício da alimentação à base de vegetais?

Uma vida mais longa e saudável.

Não é o que todos desejamos? Mais alguns anos com os netos. Mais algumas aventuras com quem amamos. Mais alguns livros lidos (ou escritos!) e filmes vistos (ou realizados!). Mais da essência da nossa razão de ser.

E saber que *todos* nós podemos consegui-lo, fazendo pequenas escolhas que também beneficiam significativamente o planeta? Na ponta do lápis, verá que o Plano OMD é um bom negócio.

Num estudo da Harvard University que acompanhou 130 mil pacientes, ao longo de trinta anos, os pesquisadores descobriram que trocar apenas

3% de proteína animal por proteína vegetal – 3%! – já reduz drasticamente o risco de morte. Os pesquisadores descobriram que:

- 🌎 ... se trocarmos 3% da carne vermelha não processada por proteína vegetal, reduziremos o risco de morte em 12%;
- 🌎 ... se trocarmos 3% da proteína de ovos por proteína vegetal, reduziremos o risco de morte em 19%;
- 🌎 ... se trocarmos 3% da carne vermelha processada por proteína vegetal, reduziremos o risco de morte em 34%.

Além disso, descobriu-se que, quanto mais alimentos vegetais consumirmos, menos riscos corremos de morte prematura, inclusive (especialmente) se fumarmos, consumirmos bebidas alcoólicas todos os dias, tivermos excesso de peso ou formos obesos e/ou sedentários.[63] Embora não o aconselhe a fumar ou a ficar sentado o dia todo, se pretende desistir de um hábito nefasto para a sua longevidade, aparentemente, o melhor que tem a fazer é desistir da carne.

Aumentamos e encurtamos a nossa vida de muitas formas, grandes ou pequenas, ao longo do dia. Podemos nos estressar quando ficamos presos no trânsito, ou utilizar esse tempo para escutar um audiolivro. Podemos escolher colocar o nariz do lado do escapamento de um carro, ou nos afastar. Podemos optar por ver televisão enquanto fazemos exercício na esteira ou no elíptico, e não sentados no sofá.

O mesmo se aplica às refeições: temos sempre escolha. O que você prefere, mais ou menos inflamação? Mais ou menos endotoxinas?

Prefere mais ou menos combate ao câncer, proteção para o cérebro e o coração? Mais ou menos fibra e polifenóis, que alimentam o microbioma?

Basicamente, cada refeição oferece uma nova oportunidade de escolher uma vida mais longa ou uma vida mais curta. Dia após dia, essas pequenas escolhas vão construindo seu destino.

Há trinta anos, aprendemos com o Dr. Dean Ornish que aquilo que ingeríamos poderia reverter os problemas cardíacos. Agora, trinta anos depois, o Dr. Ornish e os seus estimados colegas, incluindo a Drª. Elizabeth Blackburn, laureada com um Nobel, estão prestes a provar que o que comemos poderá prolongar nossa vida até em nível genético.

É possível que já tenha ouvido falar dos telômeros, as capas protetoras nas extremidades dos nossos cromossomos. Quando somos jovens, os telômeros são longos, mas vão se desgastando ao longo da vida. Os telômeros mais curtos estão associados a doenças crônicas, como os problemas cardíacos, a demência e o câncer – e, logo, a uma vida mais curta.

Pensava-se que os telômeros eram como o pavio de uma vela – depois de arderem, acabavam; todavia, há uma enzima denominada telomerase, que ajuda a prolongar e a regenerar os telômeros. Agora, a única pergunta que se colocava ao Dr. Ornish e à sua equipe era: como aumentar a telomerase?

Financiado pelo Departamento de Defesa e o National Institutes of Health,* o Dr. Ornish conduziu um pequeno estudo piloto de cinco anos para responder a esta pergunta.[64] Será possível aumentar a quantidade de telomerase presente nas células e, assim, prolongar a longevidade dos cromossomos simplesmente pelas escolhas que fazemos?

Durante cinco anos, um grupo de 10 homens na casa dos 60 anos seguiu o programa do Dr. Ornish: 30 minutos de exercício físico por dia, uma hora de ioga e meditação por dia, uma sessão de terapia de grupo uma vez por semana e – é claro – uma alimentação à base de vegetais integrais.

Um grupo de controle de 25 homens limitou-se a prosseguir com a sua vida normal.

No final dos cinco anos, aqueles que tinham simplesmente prosseguido com a sua rotina normal revelaram um sinal de envelhecimento previsível: os seus telômeros eram 3% mais curtos do que no início do estudo.

E o grupo de teste?

Já os telômeros dos homens que seguiram o programa, eram 10% *mais compridos* do que no início do estudo. Exatamente: parece que não só travaram o envelhecimento do corpo, como tinham feito voltar o tempo. O processo de envelhecimento, que anteriormente se presumia ser inevitável, uma via de sentido único em direção à morte, parecia agora um processo totalmente reversível e, em grande medida, opcional – à semelhança dos problemas cardíacos trinta anos antes.

A melhor descoberta do estudo? Não temos de esperar cinco anos para ver esse tipo de resultado. Em apenas três meses, o corpo dos homens que seguiram o programa já apresentava sinais de reversão do envelhecimento,

---

* Principal agência governamental norte-americana responsável pela investigação biomédica e de saúde pública, com o objetivo de melhorar a saúde, diminuir a doença e a incapacidade e aumentar a longevidade dos cidadãos norte-americanos. [N. T.]

com um acréscimo significativo da produção de telomerase, tal como o Dr. Ornish e os colegas puderam observar em tempo real.

De certa forma, já conhecemos a conclusão desse estudo. As pessoas que fazem uma alimentação à base de vegetais vivem mais tempo – ponto final. Em 2003, a análise de seis grandes estudos que envolveram milhares de pessoas, publicada no *American Journal of Clinical Nutrition*, já concluía que 17 anos de vegetarianismo equivaliam a um aumento da expectativa de vida de 3,6 anos.[65] Além disso, é extremamente reconfortante (e motivador) saber que os nossos cromossomos reagem tão bem quando alimentados com uma comidinha tão apetitosa.

Assim, o que você me diz? Como irá desfrutar o tempo adicional neste grande e belo planeta? Se a Mãe Natureza nos oferece tanta abundância, é porque quer nos ver mais tempo por aqui – e o mínimo que podemos fazer é aceitar essa oferta.

Capítulo 3
OMD pelo planeta

O primeiro rascunho deste livro começava com um profundo olhar sobre as alterações climáticas. No entanto, percebi que metade da minha família largaria imediatamente a leitura e o livro viraria calço de porta. Para muitos, as alterações climáticas são um tema avassalador ou deprimente – talvez (como é o caso de muitos familiares meus), nem estejam totalmente convencidos de que elas existam. Além disso, muitas pessoas estão tão preocupadas com sua sobrevivência diária – pagar contas, manter o emprego, encontrar uma boa escola para os filhos ou cuidar de um parente doente –, que nem sequer têm tempo para pensar no aquecimento global.

É muito fácil colocar o tema das alterações climáticas em modo soneca. Quando ouvimos falar delas, desligamos a TV, ignoramos ou mudamos de canal. Já não há quem aguente ouvir falar dos piores incêndios, furacões, secas, enchentes, ondas de calor, etc., de que se tem registro.

Creio que isso se deve, em parte, à nossa tendência para abstrair perante uma realidade avassaladora. Enquanto o noticiário fala das estatísticas e da situação aparentemente calamitosa em que nos encontramos, olhamos pela janela, vemos o sol brilhando, ouvimos os pássaros cantando e tudo isso deixa de parecer assim *tão ruim*.

Provavelmente, deveríamos ser um pouquinho gratos pela nossa capacidade de negação. Nosso cérebro evoluiu para nos permitir uma certa dissociação saudável quando confrontados com problemas enormes que *pensamos* não conseguir resolver. Essa recusa em sentir a real dimensão do perigo que enfrentamos deve ser uma defesa para não passarmos os dias em casa, amedrontados, em posição fetal.

Essa é a parte boa.

A parte ruim é que isso pode nos impedir de evoluir, expandir a mente e usar a imaginação para criar verdadeiras soluções. No caso das alterações climáticas, seria uma pena, pois trata-se de um problema catastrófico, passível de levar à destruição do mundo, mas que *podemos* resolver nos próximos cinco minutos, adotando o Plano OMD.

NOSSOS PRATOS, NOSSO PLANETA

Nunca me esquecerei de quando vi pela primeira vez o verdadeiro impacto da agropecuária no ambiente e percebi o quanto eu contribuía para muitos dos desafios ambientais que enfrentamos. Devia ser minha nonagésima reunião sobre alterações climáticas, numa ONG ambientalista, em que assistíamos a mais uma apresentação angustiante sobre as devastações que ocorrem em todo o mundo. Como membro do conselho diretor, há quase dez anos participava mensalmente dessas reuniões. Tantas estatísticas atemorizantes e tão poucas soluções. Depois dessas reuniões, chegava em casa completamente deprimida.

Naquele dia em particular, porém, Jim e eu já tínhamos feito a nossa memorável caminhada na praia, em que começávamos a ter um vislumbre de esperança e da possibilidade de reverter as alterações climáticas, com um estilo de vida baseado numa alimentação à base de vegetais. Eu já começara a pensar no impacto da agropecuária sobre a Terra. Tendo visto tantos slides mostrando os horrores que estão sendo cometidos – o desmatamento, a acidificação dos oceanos, a destruição dos *habitat*, o aumento da temperatura global e do nível do mar, a diminuição das calotas polares, etc. –, de repente, visualizei na mente uma flor cujas pétalas representavam todas essas atrocidades ambientais e cujo centro sustentava todas elas: agropecuária – aquilo a que hoje chamo de flor OMD.

Desde que nossa família adotara essa alimentação, eu andava obcecada com a noção de que a agropecuária estava prejudicando o planeta. Aprendi que a agropecuária não só polui rios, lagos e oceanos com os dejetos que produz, como também é uma das principais impulsionadoras da proliferação de algas e de zonas mortas em grandes massas de água. A agropecuária é uma das principais causas da alteração do uso do solo – uma vez que a criação e a alimentação do gado exigem grandes extensões de terra – e, por conseguinte, também um dos principais contribuintes para a extinção de muitas espécies. Além disso, ela produz alguns dos gases do efeito estufa mais prejudiciais, incluindo uma boa percentagem das emissões de metano, que pode ser até 34 vezes mais prejudicial do que o CO_2.[66, 67] Uau!

A flor OMD me fez pensar em tudo isso e me ajudou a visualizar uma imagem bonita e sucinta da solução mais simples e elegante. Pensei: "Minha alimentação pode beneficiar meu organismo e, ao mesmo tempo, o planeta. Com minhas escolhas, posso reduzir a inflamação e estimular a produção de alimento para as abelhas e a sobrevivência dos lobos; proteger o coração e contribuir para a revitalização das zonas sem vida dos oceanos; combater a osteoporose e economizar água; prevenir o câncer e ajudar a reduzir as emissões de gases do efeito estufa; ter mais energia e promover a regeneração das florestas".

A imagem daquela flor era mais animadora e otimista do que qualquer outra coisa que tivesse ouvido naquela sala durante quatro anos. Saí da reunião naquele dia ainda mais decidida a compartilhar essa ideia com o mundo.

UMA VITÓRIA ABSOLUTA

Na nossa busca por conhecimento, Jim e eu estávamos ansiosos por saber mais. Queríamos ouvir o que os especialistas em alimentação à base de vegetais tinham a dizer e tínhamos muita vontade de ajudá-los a conversar uns com os outros. No outono de 2013, organizamos uma conferência de defensores dessa alimentação, todos na mesma sala, num *brainstorming* sobre possíveis formas de divulgar a palavra. Nosso objetivo era juntar todos os médicos especialistas nessa alimentação, com representantes de ONGs ambientais e formadores de opinião. Cada grupo tinha o seu próprio público, achamos que seria ótimo colocá-los para conversar uns com os outros, para compreenderem a missão que partilhavam. Queríamos que percebessem o elo entre a alimentação sustentável, a saúde e o planeta.

Na nossa mesa redonda, representando a defesa da saúde com base no consumo de produtos vegetais, participaram os renomados autores Dean Ornish, Caldwell e Rip Esselstyn, Colin e Nelson Campbell, John e Mary McDougall; representando o meio ambiente, Richard Oppenlander, autor de *Food Choice and Sustainability*, John Robbins, autor de *Diet for a New America*, o empresário e filantropo Craig McCaw, Eric Pooley, autor de *The Climate War*, Taibi Kahler, criador do Process Communication Model,* entre outros. O debate focalizou principalmente o tema da saúde.

Logo ficou evidente que, quer estivéssemos preocupados com a saúde, o meio ambiente ou a crueldade para com os animais, todos tínhamos o mesmo objetivo e a mesma missão: reduzir a produção e o consumo de carne e laticínios. Cada pessoa presente tinha sua própria motivação para fazer essa alimentação, e todas eram válidas por si mesmas. Cada uma delas poderia ter criado o seu próprio diagrama em forma de flor, com suas próprias razões para evitar o consumo de produtos de origem animal, mas não fazia diferença se o faziam por questões ambientais, éticas, financeiras, de saúde ou de justiça social. Qualquer uma dessas razões e motivações para fazer esse tipo de alimentação tinha o mesmo resultado: ajudar a Terra.

A alimentação à base de vegetais era uma vitória absoluta!

Desde então, divulgar a palavra, melhorar o acesso à informação sobre o tema e – o mais importante – contribuir para que toda as pessoas se apaixonem por essa alimentação passaram a ser o meu propósito, até o fim da minha vida. Diante de tantos problemas colossais e aparentemente sem solução, todos nós, individualmente e em conjunto, podemos causar um impacto positivo observável e quantificável. Bastava passar a consumir mais vegetais para fazer a diferença – já! – e mal podia esperar para começar a fazer a minha parte.

Desde então, há mais de seis anos, nunca olhei para trás e já convenci diversas pessoas, com diferentes experiências de vida – centenas de crianças, familiares, amigos, colegas, fazendeiros do Texas, produtores de laticínios da Nova Zelândia (bem como a governadora-geral e o marido), atores, professores, diretores, gigantes da indústria, fuzileiros navais, inclusive meus irmãos mais velhos de Oklahoma que tiravam sarro de mim e eram

---

* Ferramenta de desenvolvimento baseada no comportamento humano, permitindo ao utilizador compreender como e porquê as pessoas se comunicam, observar e compreender o próprio comportamento, assim como o comportamento dos outros, e saber como se comunicar eficazmente. [*N. T.*]

orgulhosamente carnívoros –, da importância que tem para o planeta fazer uma refeição à base de vegetais por dia.

Não estou brincando: se todos diminuírem só um pouco que seja o consumo de carne, até 2050 conseguiremos reduzir em um terço as emissões globais relacionadas à alimentação; se nos tornarmos vegetarianos, poderemos diminuir quase dois terços.[68] Esse tipo de mudança já nos dá uma boa ajuda para alcançarmos as metas de redução das emissões definidas no Acordo de Paris, os marcos que os cientistas afirmaram ser preciso alcançar até 2050 para abrandar o aquecimento global (e, se nossos líderes não quiserem participar no Acordo, nós podemos agir por eles. A coligação norte-americana We Are Still In (WASI) dedica-se a combater as alterações climáticas, reunindo 2.500 líderes, de prefeitos a governadores, reitores e CEOs que representam 127 milhões de norte-americanos e 6,2 bilhões de dólares. E, sem dúvida, estamos nisso juntos).

A necessária redução das emissões pode inclusive ocorrer antes de os carros elétricos ou as indústrias da energia solar e eólica (ou qualquer outra coisa fantástica que os cientistas e engenheiros desenvolvam até lá) se tornarem a norma. Basta, para isso, que repensemos o que colocamos no prato na hora do jantar.

Mas qual seria o outro (fatal) lado da moeda? Segundo especialistas, se não resolvermos a questão da agropecuária, seja de que forma for, e se os países mais ricos continuarem a permitir o consumo desmesurado, e os países de média e baixa renda continuarem a aumentar o nível de consumo, talvez nem tenhamos a oportunidade de cumprir as metas do Acordo de Paris.[69] Em outras palavras: jamais alcançaremos nossas metas climáticas se não mudarmos coletivamente nossa alimentação.[70]

COMO SÃO AS ALTERAÇÕES CLIMÁTICAS ONDE VOCÊ VIVE?

Embora as calotas polares estejam bem longe de onde vivemos, a verdade é que muitos de nós já sentimos os efeitos do seu derretimento por meio das alterações climáticas que podemos observar onde moramos. Há sinais que têm ganhado força, em um ritmo lento mas constante, ao longo dos anos: menos (ou mais) neve do que na nossa infância; dias mais quentes; invernos mais curtos e verões mais longos; secas que se prolongam durante anos; chuvas torrenciais que fazem transbordar as sarjetas e os esgotos; enchentes cada vez maiores; cada vez mais pessoas diagnosticadas com a doença de Lyme; e deslizamentos de terras assustadores.

Antes, se falássemos no aquecimento global, as pessoas apontavam para a rua coberta de neve e diziam: "Ainda neva aqui", sem levar em consideração a tendência geral das temperaturas no mundo inteiro. Agora, usamos a expressão "alterações climáticas", mas os sinais que observamos no dia a dia são considerados "excentricidades globais" – o equilíbrio energético da Terra mudou e o clima e outros padrões atmosféricos estão muito desequilibrados e diferentes do que eram há dez ou vinte anos.

Os seguintes sinais têm sido observados nas respectivas regiões dos Estados Unidos.

Nordeste: mais chuva torrencial, ondas de calor e de peixes mortos.

Sudeste: maior ocorrência de furacões e tempestades tropicais, violentas enchentes e ondas de calor.

Centro-oeste: mais inundações e ondas de calor extremo.

Grandes Planícies: constante falta de água.

Sudoeste: temperaturas intensas, secas, pragas de insetos, incêndios descontrolados, redução das reservas hídricas e da produção agrícola.

Noroeste: erosão costeira, subida do nível do mar, aumento da acidez do oceano, incêndios descontrolados, pragas de insetos e doenças nas árvores.

Alasca: recuo do gelo marítimo, encolhimento dos glaciares, degelo do pergelissolo e incêndios descontrolados (o Alasca registrou um aquecimento duas vezes mais rápido do que o resto do país).

Havaí: aumento do branqueamento dos corais, surtos de doenças, aumento de intensidade das tempestades tropicais e erosão costeira em razão da subida do nível do mar.[71]

Pense na cidade ou região onde você cresceu: de que forma o padrão climático mudou desde sua infância? E o lugar onde vive agora: que mudanças observa à sua volta?

Estamos vendo os mesmos sinais em todo o mundo.[72]

Europa: aumento das temperaturas e da pluviosidade, alteração dos padrões migratórios das espécies animais e mais períodos de seca.

África: aumento da ocorrência e da intensidade das cheias, mais períodos de seca extrema, redução do rendimento das colheitas, alto risco de mortalidade pelo calor e degradação da qualidade do ar.

América do Sul: subida do nível do mar, desertificação da terra e degradação dos solos, degelo dos glaciares, maior risco de mortalidade pelo calor e falta de água.

Austrália: maior pressão sobre recursos hídricos, incêndios florestais, aumento do nível do mar, acidificação do mar, branqueamento e morte iminente de recifes de corais e perda dos *habitat*.

Ásia: aumento da ocorrência e da intensidade das tempestades, cheias mais devastadoras, aumento do nível do mar, mais períodos de seca, alto risco de mortalidade pelo calor e por doenças transmitidas pela água e por vetores e degradação da qualidade do ar.

Em vez de ficarmos perturbados, podemos agir – basta uma refeição por dia para ajudar a reverter esse padrão e salvar nossa Terra.

O OMD COMO SOLUÇÃO SIMPLES E ELEGANTE

Para compreender tudo o que está acontecendo na ciência das alterações climáticas, precisamos ter um conhecimento prático de química atmosférica, oceanografia, biologia, hidrologia, glaciologia, biogeoquímica, paleoclimatologia e por aí vai. Há pessoas que gostam de se debruçar sobre essas áreas, embora a maioria fique deprimida e se sinta impotente perante esse tipo de informação.

Era exatamente assim que me sentia quando vislumbrei a flor do OMD, uma refeição por dia à base de vegetais que me permitiu ter uma perspectiva mais simples da situação. Contudo, em vez de me concentrar na versão sombria dessa imagem, a inverti e coloquei a agricultura de produção vegetal onde ela pertence: no centro de tudo. Vejamos cada pétala da flor do OMD e observemos sua intersecção com a alimentação à base de vegetais ao centro.

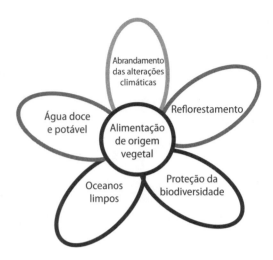

Abrandamento das alterações climáticas

As alterações climáticas talvez sejam o maior desafio que enfrentamos, que afeta tudo mais, ameaçando nossa própria sobrevivência como espécie. Além disso, está diretamente ligada à agropecuária e ao impacto que nossas práticas agrícolas têm sobre a Terra. Tal como Jonathan Foley, da Academia de Ciências da Califórnia, diz: "a agricultura é, sem sombra de dúvida, a força mais importante desencadeada neste planeta, desde o final da Era Glacial, rivalizando com as alterações climáticas e ocorrendo simultaneamente com elas".

Por vezes, imagino que perceberíamos a urgência daquilo que enfrentamos se estivéssemos um pouco mais perto das zonas criticamente afetadas. Acho que é por isso que nossa visita ao minúsculo atol da Micronésia, Ulithi, nos dias que antecederam o mergulho do Jim no Challenger Deep,* me marcou durante tanto tempo.

Jim é um mergulhador ávido e incrivelmente apaixonado pela saúde da terra e do mar. Em 2012, ele organizou a expedição *DEEPSEA CHALLENGE* para promover desenvolvimentos na ciência dos oceanos e explorar as fossas marinhas do Pacífico Ocidental, que culminou numa descida histórica, sozinho, ao Challenger Deep, o ponto mais profundo do planeta. Jim

---

* O Challenger Deep é o ponto mais profundo conhecido da hidrosfera terrestre, com uma profundidade estimada entre 10.898 e 10.916 metros, por medição direta de submersíveis, e um pouco mais por sonar. Fica localizado no oceano Pacífico, no extremo sul da fossa das Marianas, perto do arquipélago das ilhas Marianas. [*N. T.*]

trabalhou durante sete anos com uma equipe de cientistas na concepção e no desenvolvimento da revolucionária plataforma científica submersível *DEEPSEA CHALLENGER* (que ainda é o veículo marítimo tripulado que mergulha a maior profundidade no mundo). Eu estava presente quando Jim desceu às profundezas do oceano, mergulhando 10.898 metros no Challenger Deep, a uma profundidade quase 2.134 metros superior à altura do monte Everest. Não desejaria estar em nenhum outro lugar.

O mergulho do Jim foi uma grande notícia naquele canto do mundo, pois ele e a sua equipe tinham realizado testes de mergulho e explorado exaustivamente aquela zona, para se prepararem para o evento histórico. Ulithi, a apenas 290 km da fossa das Marianas, era o lar ancestral de um mestre navegador, que aprendeu a ciência tradicional de utilizar a natureza (as estrelas e os mares, as nuvens e os ventos) como bússola, em longas travessias oceânicas. O povo ulithi quis abençoar a viagem do Jim numa cerimônia especial que não realizavam há anos. Os anciões tribais o ungiram com óleo de cúrcuma e colocaram um cocar na sua cabeça e um sarongue, para o ritual. Depois, entoaram cânticos e canções. Foi uma experiência muito comovente, e uma honra muito grande para Jim.

Para se entrar na ilha era preciso ser convidado e levar uma oferenda. A comunidade tinha pedido arroz, então levamos vários sacos de 500 kg. Enquanto estávamos lá, visitei a escola local, conversei com os professores e fiquei sabendo que a ilha já fora totalmente independente. Há muito que pescam no oceano, cultivam e comem inhame, apanham coco e outros frutos locais. No entanto, desde 2012, o povo ulithi estava sentindo os efeitos do aumento do nível do mar. Com a infiltração de água salgada nos solos, a produção de inhame sofrera uma queda de 50%, e era por isso que queriam arroz.

Se não revertermos as alterações climáticas, os ulithi provavelmente terão de ser realojados para poderem sobreviver. Pensemos um pouco. Esta antiga cultura insular marítima – há tempos orgulhosamente independente e sustentável – poderá ver-se obrigada a abandonar suas terras no espaço de poucas décadas. E enquanto sua situação é mais imediata, nossas cidades e comunidades à beira-mar estão igualmente vulneráveis. Os especialistas acreditam que o nível do mar poderá subir entre um e cinco metros – até mais, em alguns locais – até ao final do século, e nenhuma zona costeira no mundo está a salvo.[73] Segundo a *National Geographic*, por volta de 2100, cerca de 670 cidades e zonas costeiras dos Estados Unidos enfrentarão inundações mensais – por todo o lado, de Boston, a Miami, de Oakland a Califórnia. Aliás, calcula-se que quatro dos cinco distritos de Nova York fiquem submersos.[74, 75]

Por que as alterações estão ocorrendo tão rapidamente? As emissões de metano, dióxido de carbono e outros gases do efeito estufa estão aquecendo o planeta. Talvez você imagine uma fábrica soltando fumaça, ou o escapamento do seu automóvel. E se eu dissesse que a causa de tudo isso é o nosso vício por carne de vaca e laticínios? As vacas emitem grandes quantidades de metano, que a EPA* estima ser 34 vezes mais prejudicial do que o dióxido de carbono ao longo de um período de 100 anos,[76] e a produção de carne de vaca gera seis vezes mais gases do efeito estufa (incluindo dióxido de carbono, metano e óxido nítrico) do que a produção de frango e até 45 vezes mais do que a produção de produtos de soja (por caloria).[77] As vacas por si só produzem 65% das emissões da indústria agropecuária na sua totalidade – mais de 40% da carne de vaca e de 20% dos laticínios.[78] Combinadas, todas as atividades envolvidas na criação de gado no mundo produzem 14,5% das emissões globais de gases do efeito estufa, segundo a Organização das Nações Unidas para a Alimentação e a Agricultura, cujo modelo de pesquisa é apoiado pela comunidade científica.[79, 80]

Eis a questão: a agropecuária produz mais emissões do que a totalidade do setor de transportes combinado. Pense em todos os barcos, navios, aviões, trens, automóveis, motos, etc. Some todas as emissões provenientes da queima de combustíveis fósseis que o conjunto dos transportes do mundo produz. Agora, pense: a carne e os laticínios produzem ainda mais emissões. A Organização Mundial de Meteorologia mediu mais dióxido de carbono na atmosfera no final de 2016 do que em qualquer outro ponto dos 800 mil anos anteriores.[81]

Essas emissões estão derretendo as calotas polares. Segundo a NASA, o gelo marinho do Ártico encolheu cerca de 13% por década, desde 1979.[82] Além disso, existem os hidratos de metano – enormes reservatórios naturais de metano que estão profundamente soterrados no pergelissolo e no leito oceânico. Se o aquecimento global derreter as calotas de gelo ou desestabilizar as reservas oceânicas, todo o metano que se encontra retido e que é incrivelmente potente será libertado e precipitará mais alterações climáticas – talvez irremediavelmente.

---

* Sigla de Environmental Protection Agency, a agência de proteção ambiental dos Estados Unidos. [N. T.]

E, é claro, à medida que as calotas polares derreterem, o nível dos mares irá subir. Já subiram mais de 25 centímetros, desde o início do século XX.[83] Ouvimos falar que o nível do mar vai subir, vemos filmes sobre catástrofes ambientais e tentamos imaginar o que acontecerá, mas os ulithi já estão, efetivamente, vivendo esse cenário. O nível das águas sobe a olhos vistos. Não tardará até que sua terra, seu modo de vida e, em suma, tudo aquilo que constitui seu mundo sejam engolidos pelo mar, no que será o primeiro de muitos eventos semelhantes prestes a acontecer.

Está tudo relacionado com a agropecuária. É por isso que o Plano OMD é tão poderoso – no período de um ano, o Plano OMD de uma pessoa evita cerca de 350 kg de emissões de carbono, o equivalente a manter um carro parado durante quase um mês.

Reflorestamento

Em 2010, Jim foi convidado para falar de sustentabilidade global na Conferência de Manaus, ao lado de Al Gore e outros ambientalistas. Entre eles, estava Atossa Soltani, da organização Amazon Watch,* que tínhamos conhecido no ano anterior, num evento da Global Green.** Atossa falou nos planos do governo brasileiro de construir a hidroelétrica de Belo Monte, que irá represar cerca de 80 km do rio Xingu – um dos principais afluentes do Amazonas –, dizimando as culturas indígenas que dele dependem há milênios e devastando a floresta tropical. No entanto, Belo Monte é apenas uma das 60 barragens hidroelétricas com construção prevista na bacia amazônica, nas próximas décadas, para atender à demanda crescente de energia elétrica do continente.

O que ouvimos nos assustou. Tratava-se de um *Avatar* da vida real, uma batalha pela energia, como tantas outras mundo fora, que afetam populações indígenas, destruindo suas terras e culturas ancestrais.

Um mês depois dessa curta visita, regressamos ao Brasil e navegamos o rio Xingu acima, até uma aldeia caiapó remota. Povo de grandes guerreiros e oradores, os caiapós trabalhavam com afinco, junto com outras tribos

---

* Organização sem fins lucrativos fundada em 1996 com o objetivo de proteger a floresta tropical e defender os direitos das populações indígenas da Amazônia. [N. T.]
** Organização ambiental afiliada da Green Cross International, fundada pelo presidente russo Gorbachev, com o objetivo de promover uma mudança global com vista a um futuro sustentável e seguro. [N. T.]

indígenas, numa ação de protesto e resistência, na capital do Brasil, Brasília. Nós vínhamos emprestar nossa voz.

A caminho da aldeia caiapó, sobrevoamos centenas de quilômetros de floresta tropical e pensamos: "Seria possível ver tudo isso destruído um dia?". Abruptamente, vimos a mata ser substituída por fazendas de gado e terras agrícolas para alimentação. Sobrevoamos durante horas aquela paisagem devastada. Tinham desaparecido os verdejantes pulmões do mundo, substituídos por dezenas de milhares de hectares de terrenos confinados para alimentação. As vacas devoram 28 vezes mais terra por tonelada de carne produzida do que o porco, o frango ou os ovos – que, por sua vez, consomem até seis vezes mais recursos do que a batata, o trigo ou o arroz.[84] Oitenta por cento do desmatamento global é impulsionado pela agricultura intensiva – e essa taxa sobe para 90% na América Latina.[85, 86] No Brasil, a agropecuária – para atender à crescente procura internacional de carne de vaca – é responsável por 80% de toda a perda de floresta tropical amazônica. Cerca de 450.000 km² de floresta tropical brasileira foram desmatados para a criação de gado.[87]

Durante nossas duas primeiras viagens, nossos guias explicaram que a floresta tropical fora destruída para dar lugar a monoculturas de soja e milho utilizados na ração bovina. Todavia, só dois anos mais tarde, quando estava naquela reunião na ONG ambientalista, é que percebi tudo. Assim que vi o diagrama da flor na minha cabeça, todas aquelas imagens voltaram – as cicatrizes brutais que aquelas fazendas industriais tinham deixado no meio da floresta tropical. É por isso que a orientação de remover a carne e os laticínios do Plano OMD tem um grande impacto: cada hambúrguer de 125 g não ingerido equivale a 97 m² de floresta tropical não destruída (saiba mais em "Seu hambúrguer servido 50 bilhões de vezes", na página 100.)

Proteção da biodiversidade

Ironicamente, os cerca de 56 bilhões de animais criados anualmente para alimentação humana são também uma das principais causas da extinção de espécies selvagens. Se as tendências atuais se mantiverem, o número de cabeças de gado deverá duplicar até 2050.[88] A enorme extensão de terra transformada para a produção de ração animal acarreta não só uma mudança no uso dos solos, mas também a destruição dos *habitat* naturais e uma enorme perda de biodiversidade.

Minha filha Claire sempre adorou lobos. Na MUSE, todas as crianças são incentivadas a desenvolverem um interesse ou uma paixão pela investigação, que depois poderão estudar da forma que mais lhes interessar. Durante quatro anos, a paixão da Claire foram os lobos, que fez questão de estudar a fundo. Em dado momento, ela me mostrou um vídeo no YouTube, sobre a reintrodução de lobos no parque nacional de Yellowstone, de onde tinham desaparecido há 70 anos, e a consequente revitalização de todo o ecossistema (veja o vídeo sobre cascatas tróficas, intitulado *How wolves change rivers*, publicado no YouTube, para ter uma ideia do seu impacto).[89]

Dada a importância dos lobos para o ecossistema, talvez você se pergunte por que foram expulsos de lá. Eu explico: foram erradicados, pois atacavam o gado bovino das fazendas circunvizinhas. Ou seja, o todo-poderoso hambúrguer foi o responsável pelo desaparecimento dos lobos de Yellowstone e pelo resultante colapso ambiental. Os lobos são um exemplo claro de como a agropecuária é um dos principais impulsionadores da perda de biodiversidade e da extinção de espécies. Além de promover a conversão indiscriminada de terras e florestas em terrenos agrícolas – cerca de 30% da superfície terrestre é atualmente dedicada à criação de animais –,[90] também conduz ao extermínio sistemático de espécies carnívoras importantes, em todo o mundo, que possam ameaçar o gado.[91] Um estudo também descobriu que 30% da perda de biodiversidade terrestre está ligada à agropecuária.[92] Uma vez que ocupa 20 vezes mais terra por grama de proteína de carne do que os legumes,[93] a agropecuária consome muito mais recursos, e a transformação das florestas em pastagens resulta na redução e destruição de diversos ecossistemas de flora e fauna nativas. Além disso, as monoculturas – como as de soja e milho – implicam uma utilização intensiva de pesticidas e fertilizantes.[94] Tragicamente, todos os dias, perdemos mais de 32.375 hectares de floresta tropical e, consequentemente, cerca de 135 espécies de plantas, animais e insetos. Isso acontece *todos os dias* e equivale ao desaparecimento de 50 mil espécies por ano.[95]

O Plano OMD pode ajudar. Reduzindo nosso consumo de carne em um terço, já reduzimos a demanda. É caro criar gado, por isso, se as pessoas não comprarem carne de vaca, se forem inteligentes, os criadores irão procurar alternativas, como a produção de leguminosas ou outras proteínas vegetais. Essa tendência desencorajará novos fornecedores de investirem em gado. Já vemos os primeiros sinais dessa dinâmica na indústria dos laticínios, em que a diminuição da procura por leite está começando a direcionar os produtores de laticínios inteligentes para as bebidas vegetais (para mais informações, consulte "Menor demanda, menor produção", na página 102.)

Oceanos limpos

Por todo o mundo, vemos cada vez mais inundações, proliferação de algas e perda da zona costeira e dos *habitat* naturais. O escoamento dos fertilizantes pulverizados nas plantações de milho e soja gera zonas mortas, tanto nos sistemas de água doce como nos sistemas de água salgada, e provoca um crescimento excessivo de algas, que impede a oxigenação das plantas nativas e da vida aquática. A água torna-se hipóxica, com uma concentração de oxigênio tão baixa, que as plantas e os peixes sufocam e morrem, ou migram para outras áreas.

Segundo um estudo de 2008, publicado na revista *Science*, as zonas mortas do mundo inteiro aumentaram exponencialmente em número e tamanho, desde a década de 1960.[96] Os cientistas identificaram zonas mortas em mais de 400 sistemas, numa extensão somada de 245.000 km^2, mas isso foi há uma década – desde então, esse número continuou a aumentar. Em agosto de 2017, o golfo do México já tinha uma zona morta do tamanho de New Jersey, o que representava um aumento médio de cerca de 40% só nos últimos cinco anos.[97]

Uma vez mais, frear a agropecuária pode ser uma grande parte da solução. Desde 1960 que se observava o crescimento de uma zona morta no norte do mar Negro. Entretanto, o colapso da União Soviética, em 1989, e o consequente colapso econômico na Europa Central e no Leste levou a uma redução drástica da utilização de fertilizantes e da pecuária na bacia do rio Danúbio. Em apenas alguns anos, em meados da década de 1990, o tamanho da zona morta do mar Negro fora drasticamente reduzido e, em 2007, já tinha praticamente desaparecido.[98]

Mas não é preciso esperar por um colapso econômico para fazer a mudança. A redução coletiva do consumo de carne e laticínios reduzirá a utilização de fertilizantes nocivos e o escoamento de resíduos de origem animal, permitindo a recuperação das zonas mortas e dos ecossistemas aquáticos. Nossas escolhas *podem* efetivamente fazer a diferença.

Conservação da água doce

A produção de carne exige grandes quantidades de água e ao tempo a polui. Quase um terço da água doce utilizada na agricultura vai para a criação de animais. Além de necessária para a produção de rações, a água também é utilizada para consumo dos animais, preparação da sua alimentação e manutenção das fazendas. Por exemplo, antes de chegar ao nosso estômago, um hambúrguer de 125 g já consumiu cerca de 7.538 l (o equivalente a cerca de 28 banheiras cheias de água preciosa!). No que toca aos produtos de origem animal, contudo, a produção de carne de vaca não é a única a exigir um consumo astronômico de água. Para se produzir um só ovo são necessários 163 l de água e 250 ml de leite (e cada 250 ml de leite exigem 163 l de água).

Quer saber uma coisa ainda mais incrível? Uma só *colher de sopa* de manteiga exige quase 83 l de água.

Imagine agora o leite concentrado em um queijo – 57 g exigem 284 l de água. Cada pedacinho de queijo espetado em palitos num *cocktail* representa 284 l de água doce. É o mesmo que ligar o chuveiro no máximo durante meia hora. Tudo isso por um cubinho de queijo.

Considere agora o impacto imediato do Plano OMD na sua pegada hídrica. Embora os alimentos vegetais precisem de água para crescerem, a diferença é impressionante. Cada 500 g de carne de vaca substituída por "carne vegetal" poupa 7.241 l de água. Para obter os mesmos 15 g de proteína fornecidos por um único hambúrguer, basta fazer um *smoothie* e adicionar três colheres de sopa de proteína de ervilha – e, assim, poupar 2.146 l de água num único copo.

IMAGINE SEU IMPACTO

Ninguém acorda e pensa: "Ai que vontade de destruir o planeta, poluir os rios, envenenar os mares e derrubar florestas". Claro que não. A maioria de nós tem boas intenções, mas não sabe por onde começar, nem faz a menor ideia de como nossas escolhas alimentares podem contribuir para as alterações climáticas – eu que o diga!

As alterações climáticas resultaram, em grande medida, de decisões tomadas no passado e completamente fora do nosso controle. Por outro lado, nosso percurso desde então foi produto de uma lenta e constante acumulação de escolhas diárias individuais: pulverizar as ervas daninhas com pesticidas, em vez de as arrancar à mão; escolher um SUV, em vez de um carro compacto; preferir o plástico ao papel; comprar garrafas de água, em vez de saciar a sede numa fonte; consumir carne e/ou laticínios em todas as refeições; e, pura e simplesmente, consumir qualquer coisa desenfreadamente.

Essas escolhas individuais se acumularam e se tornaram problemas maiores. No entanto, se seguirmos exatamente o mesmo princípio

– a repetição de pequenas escolhas diárias –, poderemos ter nossa melhor oportunidade para mudar as coisas. Se todos começarem a fazer uma escolha um pouco diferente por dia, causaremos um enorme impacto.

Um estudo da University of Oxford concluiu que a maioria dos consumidores de carne do Reino Unido é responsável pela emissão diária de cerca de 7 kg de CO_2, enquanto os vegetarianos e os consumidores de peixe são responsáveis pela emissão de apenas cerca de 3,5 kg. Os consumidores que fazem uma alimentação estritamente vegana são responsáveis pela emissão de pouco mais de 2,7 kg de CO_2 – 60% menos do que os típicos consumidores de carne.[99] Assim, com sua primeira OMD, já irá eliminar praticamente 20% da sua pegada diária de carbono e água. É tão fácil! Tudo isso antes de desligar o ar-condicionado, instalar painéis solares ou andar com uma garrafa de água reutilizável. Ao fazer uma alimentação à base de vegetais, você impulsiona todas as suas boas escolhas de cidadania ambiental.

SEU HAMBÚRGUER SERVIDO 50 BILHÕES DE VEZES

Quando falamos do impacto potencial do Plano OMD de uma pessoa, os hambúrgueres são um ótimo ponto de partida. Não é à toa que são o prato preferido de fast food: permitem ter uma refeição completa numa mão e utilizar a outra para conduzir o automóvel. Neste momento, cada cidadão dos Estados Unidos consome, em média, três hambúrgueres por semana, o que equivale a uma impressionante soma de 50 bilhões de hambúrgueres por ano. Em termos de produção, cada cheeseburger exige 6.814 l de água e cada hambúrguer produz a mesma taxa de emissões que um automóvel conduzido por 25 km.[100]

Considere que, em todo o mundo, já existem praticamente 7,5 bilhões de bocas para alimentar, e todos os anos são acrescentadas mais 75 milhões (praticamente a população da Alemanha). Nesse ritmo, prevê-se que alcancemos 9,7 bilhões de habitantes até 2050.

Cada uma dessas bocas precisará de milhares de calorias por dia para sobreviver. Considere agora que os recursos necessários para alimentar uma ou duas pessoas com uma alimentação à base de carne seriam suficientes para alimentar dez pessoas com uma alimentação vegana[101] – ou seja, cada vez que você opta por um hambúrguer à base de vegetais, em vez de um hambúrguer de carne de vaca, (hipoteticamente) alimenta nove pessoas famintas, que, de outra forma, não teriam o que comer.

CAPÍTULO 3 • OMD PELO PLANETA

Subitamente, nossa preferência por um humilde sanduíche nos oferece uma incrível oportunidade de proteger o clima, economizar recursos e alimentar mais pessoas – algo que se renova diariamente.

Se você e seu cônjuge, ou um amigo, abdicam de 225 g de carne de vaca *uma vez por semana*, no final do ano, terão poupado:

1.455 km de circulação de automóvel;

3.035 m² de terra;

182.078 l de água consumidos pela vaca (e não, não é erro de digitação – impressionante, não acha?)

Digamos que ambos abdiquem desses mesmos 225 g de carne de vaca *uma vez por dia*. No final do ano, terão poupado:

10.211 km de circulação de automóvel (mais do que o trajeto de ida e volta entre o Oiapoque e o Chuí!);

2 hectares de terra (mais de quatro campos de futebol);

1.276.062 l de água (meia piscina olímpica).

Basta você e seu cônjuge ou amigo abdicarem de carne de vaca *numa só refeição por dia*. Sem contar os outros produtos de origem animal da refeição: a manteiga, o leite ou o molho da salada.

Não é incrível?

Digamos agora que conseguimos convencer sua família, de quatro pessoas que consomem cerca de 500 g de carne no jantar. Todos decidem que o Plano OMD não é difícil e que conseguem abdicar facilmente daquela única porção de carne, todos os dias.

No final do primeiro ano, tendo abdicado de apenas *uma porção de carne por dia*, sua família terá poupado:

20.422 km de circulação automóvel (quase cinco vezes o trajeto entre o Oiapoque e o Chuí!);

4 hectares de terra (mais de oito campos de futebol);

2.556.099 l de água (uma piscina olímpica cheia).

Além disso, os recursos que sua família terá poupado, com uma refeição à base de vegetais por dia, poderão alimentar cerca de 13.140 pessoas.

Repito: abdicando de *uma só porção de carne por dia*. Mais nada. Basta abdicar de um bife, e optar por uma feijoada vegetariana, ou pedir um *shawarma* de faláfel em vez de um *shawarma* de carne.

Se todas as famílias norte-americanas fizessem isso, conseguiríamos – só com esse gesto – mudar o curso do futuro. Percebe por que estou tão entusiasmada? Você se dá conta da diferença que podemos fazer? Do impacto que essa pequena mudança pode ter?

Pense naquelas histórias avassaladoras que vê na televisão: imagens de seca, tornados, refugiados ambientais, plantações sedentas, bairros destruídos por tempestades tropicais ou incêndios descontrolados, ilhas desaparecendo debaixo das ondas e daí por diante.

Agora pense em como parece ser impossível fazer com que as autoridades públicas reconheçam as alterações climáticas, quanto mais que façam algo a respeito. Pense em como deixaram de apoiar as agências que protegem o ar, os rios e lagos e a terra da poluição (quem diria que ar puro e água potável para nossos filhos fosse uma questão política?).

Se cada um de nós tem o poder de fazer uma diferença tão grande – de, com uma pequena mudança, dar um passo enorme para salvar o planeta –, imagine só o impacto que poderíamos ter, se nos uníssemos!

Muito tempo depois de termos partido deste mundo, nossos filhos adultos talvez olhem à sua volta e se questionem porque é que não fizemos tudo o que podíamos para reverter essa rota de destruição. Esse pensamento e essa imagem me perseguem. Não consigo viver com isso. Você consegue? Somos responsáveis perante nossos filhos e todas as gerações vindouras. Hoje em dia, não há hambúrguer que possa compensar esse sentimento.

MENOR DEMANDA, MENOR PRODUÇÃO

Bem ou mal, são os norte-americanos que lideram as tendências alimentares. Em muitos países em desenvolvimento, o aumento da prosperidade tem sido acompanhado por um aumento do consumo de carne. Outros, embora industrializados há décadas, simplesmente seguiram nosso exemplo, aumentando o consumo de carne em 5, 10 ou até 15 vezes, nos últimos quarenta anos[102] (e, infelizmente, desenvolvendo níveis épicos de obesidade). Felizmente, o maior desses países – a China – reconheceu o quanto a agropecuária contribui para as alterações climáticas e a deterioração da saúde humana e está já tomando medidas para inverter essa tendência. Nas suas mais recentes orientações alimentares, o governo chinês recomendava uma redução média de 50% no consumo de carne e laticínios – o que equivaleria a retirar de circulação 93 milhões de automóveis.[103]

CAPÍTULO 3 • OMD PELO PLANETA

Em contrapartida, nos Estados Unidos, a máquina política estimula cada vez mais a compra e o consumo de hambúrgueres e leite, por meio de subsídios, de representantes de grupos de interesses, dos cardápios nos almoços escolares, dos menus de restaurantes, dos contratos públicos e assim por diante. As indústrias norte-americanas da carne e dos laticínios gastam bilhões de dólares, todos os anos, na promoção dos seus produtos – alguns milhões para influenciar os legisladores. As empresas de agropecuária (e as empresas cerealíferas que as abastecem) obtêm subsídios astronômicos, que são pagos com nossos impostos.

E nós, o que é que ganhamos?

Pizza de *pepperoni* por apenas 5 dólares. Campanhas como a famosa "Got milk?", que incentivam o consumo de leite. Distribuição obrigatória de leite nos almoços das escolas públicas. Os lobistas da carne e dos laticínios gastam quantias exorbitantes para nos convencer a comprar o hambúrguer do McDonald's e a pizza de quatro queijos da Pizza Hut. Com subsídios literal e figurativamente geradores de "vacas gordas", as empresas agropecuárias produzem em excesso. Por exemplo, em 2016, a fartura de leite foi tal que o setor leiteiro até teve que jogar fora 163.000.000 l – o suficiente para encher 66 piscinas olímpicas. Depois, o USDA* interveio para comprar mais de 20 milhões de dólares de queijo *cheddar* em excesso, alegadamente, com o intuito de prover os bancos alimentares e a assistência alimentar. A indústria dos laticínios também opera nos bastidores, junto com o governo e outras empresas do setor alimentar, para infiltrar o excedente em produtos já carregados de produtos lácteos (por exemplo, manteiga a mais no *Egg McMuffin* ou queijo em dobro num Taco Bell). Pense em todos os anúncios de pizzas de três queijos, bordas recheadas e tudo o mais com queijo – se houver uma forma de acrescentar mais queijo em um produto, o grupo de marketing Dairy Management Inc.,** patrocinado pelo governo, vai encontrá-la![104, 105]

Além disso, a publicidade da carne e dos laticínios é um grande negócio.

Em 2011, o McDonald's gastou 1,37 bilhão de dólares em publicidade, aproximadamente o mesmo que a General Motors, a Google ou a Apple.[106] Se pensamos no jantar sempre que alguém diz "carne", provavelmente

---

* Sigla da United States Department of Agriculture, a agência governamental norte-americana responsável por desenvolver e aplicar as políticas relativas à agricultura. [N. T.]

** Associação comercial norte-americana, sob a alçada do USDA, com o objetivo de promover a venda de laticínios produzidos nos Estados Unidos. [N. T.]

é porque a National Cattlemen's Beef Association* gastou 42 milhões de dólares para que isso acontecesse.[107, 108] Só em 2013 – nos preparativos de um ano eleitoral importante –, a indústria da carne contribuiu com 17,5 milhões de dólares para as campanhas de candidatos federais – gentileza essa que será certamente recompensada com muitos favores políticos.[109]

Alguma vez você já se perguntou por que a salada do McDonald's custa 25 reais e um hambúrguer custa 6 reais? Qual é o verdadeiro custo? E quem é que paga a conta?

Entretanto, o McDonald's está testando o hambúrguer *McVegan* na Finlândia e na Suécia. No Reino Unido, desde a crise das vacas loucas, no final dos anos 1980 e nos anos 1990, o McDonald's serve o *Vegetable Deluxe*, que consiste num hambúrguer de grão-de-bico temperado com coentro e cominho.

Tudo isso leva a um acréscimo do consumo. Os norte-americanos consomem atualmente cerca de 82 kg de carne, *per capita*, por ano.[110] Como disse Raj Patel, professor e pesquisador da LBJ School of Public Affairs, da University of Texas, em Austin, e autor de *Stuffed and starved*: "Se o resto do mundo consumisse tanta carne como se consome nos Estados Unidos, precisaríamos de pelo menos mais quatro planetas".

Nós simplesmente não precisamos de tanta proteína animal. Aliás, os dados indicam que nosso atual nível de consumo está nos deixando doentes. Ingerimos muito mais proteína do que nosso corpo consegue utilizar – mas a questão não é só a proteína. A melhor coisa que podemos fazer para causar um impacto positivo e em grande escala na nossa saúde e no meio ambiente é reduzir a demanda por carne e laticínios.

Qual é a melhor forma de fazê-lo? Mudar nossos hábitos alimentares: o que compramos, encomendamos e consumimos. Cada dólar gasto com comida passa a mensagem à indústria: "Continuem o que estão fazendo. Façam mais, por favor". Cada dólar gasto num hambúrguer barato, num sanduíche de carne assada ou num bife passa a mensagem à indústria de que queremos continuar contribuindo para a perda da biodiversidade, a extinção das espécies, a produção intensiva e a degradação ambiental. No entanto, a redução da demanda gera uma redução da produção.

---

* Associação comercial de produtores de carne de vaca norte-americana, fundada em 1898. [N. T.]

Cada vez que nos sentamos à mesa, temos mais uma oportunidade para tomar consciência tanto daquilo que nos une à Terra como do poder que temos para mudar seu futuro. Podemos produzir um impacto direto, positivo e duradouro sobre o meio ambiente, renunciando ao cheeseburguer e optando por nos deliciar com um belo Sanduíche de "frango" de churrasco com coleslaw (página 256) ou um Empadão de "carne" do King (página 262).

Sempre que escolhemos um peito de frango, em vez de um hambúrguer de carne de vaca, e sempre que escolhemos um hambúrguer vegetariano, em vez de um peito de frango, fazemos algo verdadeiramente revolucionário: dizemos às grandes empresas do mundo inteiro, ao gigante da agropecuária, aos grupos de interesses e ao governo que devem mudar, que as indústrias da carne e dos laticínios não são tão poderosas como julgam, que não podem controlar a política nem abater mais hectares de floresta tropical brasileira em nosso nome. Não podem retirar a água potável da população de Flint, em Michigan, para a dar de beber ao gado, em Oklahoma, em nosso nome.

Confie em mim quando digo que as indústrias da carne e dos laticínios estão prestando atenção. O consumo de laticínios diminuiu mais de 20%, entre 2000 e 2016,[111] e praticamente metade dos norte-americanos já prefere bebidas vegetais alternativas.[112] Com a diminuição da procura, após noventa anos, a Elmhurst Dairy, em Queens, Nova York, deixou finalmente de produzir leite e começou a produzir uma série de bebidas vegetais. Em 2016, a Tyson Foods, uma das maiores produtoras de carne de frango, vaca e porco dos Estados Unidos, comprou 5% das ações da Beyond Meat, uma empresa que desenvolveu substitutos de carne idênticos à versão real[113] (e ainda adquiriu mais ações no ano seguinte[114]). As empresas de agropecuária estão começando a perceber para onde tudo se encaminha. Nós, os consumidores, detemos o maior poder de todos, o poder da carteira, e podemos utilizá-lo para transmitir uma mensagem contundente e acelerar a evolução para a alimentação à base de vegetais.

Imagine o que aconteceria se cada vez mais pessoas reduzissem o consumo de carne e laticínios. Muitas das fazendas de produção industrial seriam forçadas a mudar. E quanto menos agricultores se dedicasssem a culturas destinadas à ração animal, mais terreno se poderia utilizar para diversificar a produção de vegetais e atender à demanda dos novos consumidores, que tanto apreciam variedade nos seus pratos. Além do milho, da soja e da alfafa, poderíamos ter também grão-de-bico, lentilhas e ervilhas. Em vez de gastarmos 10 calorias de recursos para produzir uma caloria de carne de vaca, poderíamos abdicar da vaca e alimentar dez pessoas. Estimulada pela demanda por esse arco-íris de alimentos vegetais, a biodiversidade começaria a voltar às terras, trazendo com ela espécies perdidas de vida selvagem, proporcionando solos mais ricos aos agricultores familiares locais e oferecendo mais saúde a todos – num círculo virtuoso sempre em movimento. Se apoiássemos práticas agrícolas mais ecológicas, poderíamos produzir diretamente uma mudança na paisagem rural e deixar a natureza regressar – desse modo, invertendo a enorme perda de vida selvagem, dizimada para a criação de terras agrícolas no século XX.

A verdadeira mudança, a mudança duradoura, não ocorre de cima para baixo. A liderança só muda quando as pessoas despertam e exigem essa mudança. Pense nisso: nós podemos influenciá-los – as grandes empresas, os grupos de interesses e os políticos. Podemos proteger o clima, preservar o ar puro, a água potável e as florestas tropicais, simplesmente por alterarmos o que colocamos no prato. Como diz a Dr.ª Vandana Shiva: "Se os governos não resolverem a crise climática, alimentar, da saúde e da democracia, então, serão as pessoas que vão resolvê-la".

É assim que a mudança acontece. É assim que podemos salvar o meio ambiente. Praticar o OMD e fazer uma alimentação à base de vegetais é uma vitória para todos – não interessa se você faz pela saúde, pelos animais ou pelo meio ambiente –, pois todos os seres vivos no planeta ganham.

SUA PRÓXIMA GARFADA PODE COMEÇAR A FAZER A DIFERENÇA

Uma noite, no verão passado, preparamos um banquete verde.

Meu filho mais velho, Jasper, e sua esposa, Solimar (Soli), tinham vindo nos visitar, a caminho da sua casa, na Nova Zelândia, depois de terem ido visitar a família dela na Guatemala. Foram à horta apanhar verduras para fazer uma grande salada de ervas aromáticas. Soli fez uma salada peruana com abacate, azeite, sal e pimenta. Minha filha mais nova, Rose, fez massa com ervas frescas, e Quinn fez um delicioso *pesto*. Colocamos toneladas de homus e molhos na mesa, bem como um monte de vegetais cortados, para experimentarmos juntos os diferentes sabores. Para completar, requentamos as sobras de uma massa com queijo vegano.

Ao ver meus filhos cozinhando e partilhando a comida, senti um amor muito forte por eles. Lembrei da minha infância, na cidade natal da minha mãe, Oakdale, Louisiana, para onde ia com a mãe dela, a minha avó, e minha família nas nossas férias de verão anuais. Foi lá que desenvolvemos o gosto por creme de milho e feijão-fradinho. Por volta do quinto dia das férias anuais, íamos todos para a cozinha para preparar um lanche para o jantar. Pegávamos o molho Pickapeppa* e misturávamos com um naco de cream cheese Philadelphia, e então espalhávamos sobre bolachas Ritz. Comíamos ostras e sardinhas defumadas, fatias de tomate com maionese, sal e pimenta e pegávamos todas as sobras que havia na geladeira para completar a refeição.

Foi muito bom recriar aquele lanche de jantar numa versão mais pura e verde, com todos os meus filhos. Quando temos tempo, este é nosso tipo de jantar favorito – todos contribuem com algo e todos experimentam vários sabores e combinações diferentes. De certa forma, refeições como essa também funcionam como uma reverência. Elas nos permitem apreciar todas as recompensas da natureza que nos tornam mais fortes e saudáveis e nos dão energia para mais um dia, além de protegerem o planeta que nos acolhe.

A memória daquela refeição ficou comigo. Talvez tenha sido a variedade de cores ou o fato de ter todos os meus filhos reunidos, incluindo o Jasper e a Soli, que vivem a 11.000 km de distância.

Nosso momento sagrado em família é o jantar de domingo. Se algo interferir com essa tradição semanal, Jim e eu ouvimos poucas e boas dos nossos filhos. Todos adoramos essa tradição.

Adoro o fato de que o Plano OMD se resume, na sua essência, a viver a vida uma refeição de cada vez. As refeições são o meio mais primário de aproximação entre as pessoas. Criamos laços com nossa família enquanto consumimos alimentos que nos conectam aos animais, à comunidade e à terra, tanto em nível local como global. Nossa vida pode ser alucinante, mas o Plano OMD pode ser um remédio simples e elegante – uma forma de me concentrar e de dar atenção a tudo o que é importante para mim.

Nosso futuro sempre foi a soma total das decisões tomadas em cada momento e, para concretizar os benefícios maravilhosos do programa OMD, podemos começar a tomar decisões simples, um passo de cada vez: pedir bebida de aveia ou de oleaginosas, deixar o frango fora da salada, duplicar o consumo de nozes e abacate e optar por um sanduíche de manteiga de amêndoa e geleia, em vez de presunto.

---

* Nome comercial de um molho jamaicano, produzido pela empresa com o mesmo nome. Agridoce e ligeiramente picante, é tradicionalmente acrescentado a biscoitos de água e sal cobertos com cream cheese. [N. T.]

Quando facilitamos estas mudanças, elas tornam-se instintivas e automáticas. Quando tomamos a decisão, percebemos como a alimentação à base de vegetais é saborosa, variada, nutritiva e satisfatória – e raramente chegamos a sentir falta da tão badalada carne. Quando finalmente experimentamos a comida e compreendemos o quanto ela pode ser gratificante e satisfatória, começamos a nos sentir melhor, mais saudáveis e mais profundamente ligados à terra, a cada refeição. Desenvolvemos um reconhecimento anímico de que cada refeição e cada garfada envolve algo maior que nós próprios.

Qualquer movimento que consigamos fazer na direção dessa transição pode nos aproximar de um planeta belo, fértil e exuberante, e afastar-nos de um planeta seco, frágil e cinzento.

Adoro o trecho inspirador do livro *Coming Back to Life*,[115] da Joanna Macy e Molly Brown:

> Nós podemos escolher a vida. Mesmo enfrentando a destruição do clima, no nível global [...] podemos agir em prol de um mundo habitável. É crucial perceber que podemos satisfazer nossas necessidades sem destruir o próprio sistema que nos sustenta. Temos o conhecimento científico e os meios técnicos para isso. Temos a experiência e os recursos para cultivar quantidades suficientes de comida verdadeira e não modificada. Sabemos como proteger o ar puro e a água limpa. Podemos gerar a energia de que necessitamos, recorrendo ao sol, ao vento, às marés, às algas e aos fungos. Podemos exercitar nossa imaginação moral para harmonizar nosso estilo de vida e nosso consumo com todos os sistemas vivos da Terra. Só precisamos da vontade coletiva.

Ao escolhermos alimentos puros, seguros e limpos, podemos viver tranquilamente, conscientes de que estamos fazendo o melhor por nós próprios, por nossa família e por nosso futuro. Quer sejamos pessoas espirituais ou profundamente éticas, não deixaremos de sentir um grande consolo, se fizermos o mais correto em relação à comida. A ideia de podermos olhar para trás e nos sentir bem com nossas escolhas, sejam elas quais forem, faz nossa bússola moral encontrar o norte bem rapidamente.

Como mãe, sei como pode ser difícil gerir todos os aspectos da vida – equilibrar o tempo para ser a melhor mãe, irmã, filha, amiga, mulher, artista e profissional possível, e achar tempo para mim mesma. Testemunhei em primeira mão que a inclusão de alimentos vegetais na nossa vida permite investir em nós – aprendendo novas técnicas culinárias, passando mais tempo no corredor do hortifrúti, provando frutas e vegetais novos, fazendo perguntas na feira – e, ao mesmo tempo, dar voz àquela nossa faceta que, por vezes, é abafada pelas idas e vindas de um dia a dia ocupado.

O Plano OMD permite que você volte a se debruçar sobre aquilo que come, para realmente aprofundar, sentir e experimentar uma vez mais os alimentos, reconhecer que cada garfada está repleta de moléculas da terra e pedaços de poeira estelar, que percorrem seu corpo, antes de serem novamente expelidos para o universo e darem mais uma volta ao Sol. O Plano OMD pode ajudá-lo a entrar nesse ciclo e a reconhecer seu papel de hospedeiro, anfitrião e veículo de conhecimento para as próximas gerações, durante nosso curto tempo na Terra.

E, com alguma esperança, daqui a 10, 20, 30 ou 40 anos, ao fazermos um balanço do nosso percurso, saber que na hora H – quando realmente foi importante perceber que teríamos de fazer uma mudança para não perdermos tudo – tomamos a decisão certa. Escolhemos proteger o mundo, seu futuro e todos os seres vivos – abdicando simplesmente do nosso cheeseburguer.

E funcionou.

Talvez possamos morrer mais tranquilos. Quando olharmos para trás, para nossa vida, veremos mais coisas de que podemos nos orgulhar e saberemos que nossas ações fizeram a diferença.

Com a alimentação à base de vegetais no centro da minha flor, o Plano OMD é a solução simples e elegante que reúne todas as facetas da minha vida. É uma técnica de planejamento das refeições, um caminho para uma saúde radiante e um jogo que ajuda as crianças a se entusiasmarem com a salvação do planeta. É um convite a fazermos a diferença por meio da ação coletiva. Com essa mudança, sei que posso cuidar da Terra, dos animais, das pessoas, dos meus e de mim.

Uma vitória absoluta!

ACEITE O COMPROMISSO

Todos os anos, no início do ano escolar, na MUSE, conversamos sobre o Plano OMD e pedimos às crianças e aos pais que considerem seu nível de compromisso – estão prontos para se juntarem a outros elementos da comunidade escolar, prometer pensar na Terra e dedicar uma refeição por dia ao planeta? Que tal um juramento com o mindinho? Ajude a si mesmo e à sua família a interiorizar este compromisso para com sua saúde e para com a ligação com o planeta, seguindo esta prática simples que permite vivê-lo, todos os dias.

Compromisso OMD
Junto com minha família, irei ingerir uma refeição por dia pelo planeta – ou duas, ou três.

Quanto quero poupar?

FAZER 1
REFEIÇÃO À BASE DE VEGETAIS POR DIA
Poupa 736.895 l de água e 350 kg de carbono

FAZER 2
REFEIÇÕES À BASE DE VEGETAIS POR DIA
Poupa 1.473.827 l de água e 700 kg de carbono

FAZER 3
REFEIÇÕES À BASE DE VEGETAIS POR DIA
Poupa 2.210.684 l de água e 1.050 kg de carbono.

SEGUNDA PARTE
A VIA MD

Capítulo 4

Prepare-se para o Plano OMD

Muito bem, acha que está pronto para experimentar?

Lembre-se: trata-se apenas de uma refeição por dia. Comece devagar, exatamente de onde está e planeje a sua primeira refeição. Não precisa pensar muito, basta dar início ao plano e já estará na via OMD.

Comer mais vegetais é a via mais fácil, menos desgastante e mais prática de produzir um impacto significativo global – sem gastar um centavo a mais. Tal como diz o Dr. Katz, "podemos colocar painéis solares em nosso telhado, mas precisamos de outras pessoas para desenvolverem essa tecnologia. Não precisamos da ajuda de ninguém para comer mais feijões e lentilhas e menos carne".

O Plano OMD torna possível que você alcance muitos objetivos simultaneamente:

- 🌍 Proporciona uma oportunidade diária para contribuirmos no combate a alterações climáticas.
- 🌍 Cria uma estrutura fácil de seguir, no sentido de aumentar o seu consumo (e da sua família) de frutas e vegetais.
- 🌍 Diminui a ingestão de carne e laticínios em 30%.
- 🌍 Diminui o seu risco (e da sua família) de desenvolver doenças cardíacas, diabetes e câncer, além de prolongar a sua longevidade.
- 🌍 Torna viável – e divertido –, para toda a família, comer bem e cuidar do planeta.
- 🌍 Permite-lhe que cuide da sua família, amigos, companheiro e de você, tudo ao mesmo tempo.

O meu objetivo neste capítulo é ajudá-lo a perceber que sim, você realmente *consegue* incorporá-lo à sua rotina. E vou tornar essa transição muito divertida, fácil e deliciosa.

A vantagem do Plano OMD é que não demanda uma preparação muito grande, mas vou compartilhar com você algumas orientações gerais para ajudá-lo a começar imediatamente. Neste capítulo, apresentarei os recursos de que necessita para abastecer-se de provisões em sua casa e preparar-se para pôr em prática o seu Plano OMD sem nenhuma dificuldade. No Capítulo 5, "Uma refeição por dia", irei ajudá-lo a ter uma base e um ponto de partida, com orientações passo a passo para fazer a transição para uma refeição todos os dias. (Quer ir mais longe? No Capítulo 6, "Compromisso Total", explico como fazer a transição para uma dieta à base de vegetais, de um dia para o outro, tal como o Jim e eu fizemos.) No Capítulo 7, "Receitas OMD", incluo receitas infalíveis que seguramente vão agradar a toda a família, de tal forma que garanto que não sentirão falta da carne e dos laticínios. Muitas dessas receitas são dos meus filhos, dos meus irmãos, da minha mãe e da minha sogra ou dos meus amigos. A maioria baseia-se em pratos que são tipicamente preparados com carne ou laticínios. Você vai ver como é fácil fazer algumas trocas, possibilitando desfrutar os seus pratos e refeições favoritos de uma forma nova e compatível com o Plano OMD.

Depois de alguns dias seguindo o Plano OMD, é possível que se sinta diferente – provavelmente, não se sentirá inchado, com flatulência ou apático depois de comer. Se acrescentar mais algumas refeições à base de vegetais, é possível que se sinta ainda mais leve, e com um pouco mais de energia. Mesmo quando comer muito, não terá aquela indigestão alimentar pós-refeições, não se sentirá como se tivesse sido atropelado por um caminhão. Mais algumas refeições veganas e seu coração e seus pulmões trabalharão mais facilmente. Um pouco mais, e começará a pensar com mais clareza e terá mais resistência mental, e seu corpo irá recuperar mais rapidamente após praticar exercício físico. E se realmente se tornar um adepto e perceber que está fazendo em média duas ou mais refeições à base de vegetais, começará a ter aquele "brilho" de que todos falam – a pele fica mais clara, mais suave, mais jovem. O seu corpo irá deixar de envelhecer muito rapidamente. Provavelmente, perderá alguns anos no rosto. Começará a controlar o seu peso sem esforço, perdendo facilmente quaisquer quilos a mais ou mantendo automaticamente um peso saudável.

À medida que progride, gostaria de saber mais sobre as suas experiências e que as compartilhasse com outros que também estão na jornada OMD. Por isso, por favor, visite www.facebook.com/OMD4thePlanet/ e compartilhe-as conosco.

QUATRO FATORES DE MOTIVAÇÃO OMD

Sei que pode ser um pouco difícil saber por onde começar e como reunir coragem para experimentar algo novo. Quero ajudá-lo a esquecer noções ultrapassadas que possam atrapalhá-lo e a fornecer a informação de que precisa para enfrentar esse desafio com toda a alma.

Em 2014, o conceituado instituto britânico Chatham House publicou um artigo de pesquisa detalhado, intitulado *Livestock – Climate Change's Forgotten Sector: Global Public Opinion on Meat and Dairy Consumption*.[*][116] Fizeram um questionário com mais de 12 mil pessoas em 12 países e descobriram que a maioria delas estava aberta a experimentar mais refeições à base de vegetais quando tomavam conhecimento das questões que envolvem a agropecuária. Descobriram também que, transversalmente a todas as culturas, a atitude das pessoas em relação à alimentação vegana poderá mudar se forem contemplados quatro fatores essenciais: preço, sabor, segurança alimentar e preocupações ambientais. A seguir, apresentamos cada um deles.

Sabor

Inicialmente, as pessoas ficam um pouco preocupadas com a hipótese de não gostarem dos sabores de uma dieta à base de vegetais, mas isso pode ser um grande impulso. Assim que começar a ingerir mais alimentos veganos, o seu paladar irá se expandir muito rapidamente.

Você começará a notar as diferenças sutis entre diferentes variedades. Terá mais prazer ao ingerir frutas e vegetais frescos. O contundente instrumento culinário que é a gordura animal deixará de ser tão atraente, pois irá começar a associá-lo à sensação de cansaço e sonolência. Manteiga, creme de leite e queijo vão parecer os homens das cavernas dos ingredientes culinários.

Quando as pessoas dizem coisas como "não gosto de comida vegana", lembro-me sempre das recusas do Joey às ofertas do Sam-Eu-Sou, no livro *Ovos verdes e presunto*, repetindo teimosamente "eu não gosto deste assunto/dos ovos verdes e presunto. Não gosto e pronto, Sam-Eu-Sou". Tenho vontade de perguntar a essas pessoas: "Vocês comem salada, burritos de feijão? Gostam de manteiga de amendoim e geleia? É comida vegana!".

---

[*] Em português, *Pecuária – setor esquecido das alterações climáticas: opinião pública global sobre o consumo de carne e laticínios*. [N. T.]

Informação completa: estou ciente de que poderá ser difícil abdicar do queijo, por uma razão muito simples – funciona mais como droga do que como alimento. O queijo tem a maior concentração de caseína, uma proteína láctea que se decompõe em casomorfinas, também conhecidas como opiáceos lácteos. O nosso leite materno tem uma versão delas para ajudar os nossos bebês a crescerem de 3 kg a 8 kg; o leite de vaca tem essas casomorfinas para ajudar o vitelo a crescer de 30 kg para 300 kg. Logo, quando concentramos esse leite em iogurte ou, mais ainda, em queijo, a travessa de queijos da festa de Natal torna-se um buffet de cubos de morfina.

Assim, se você sente que é viciado em queijo, a probabilidade de sê-lo é grande. No entanto, não tenha medo: o Plano OMD pode ajudá-lo a liberar-se disso. O livro do Dr. Neal Barnard, *The cheese trap*, é uma ótima leitura para quem luta contra a dependência dos laticínios. Não se esqueça de que os laticínios são muito inflamatórios e que têm sido associados a osteoporose, diabetes, doença cardíaca, doenças autoimunes, alergias, doenças neurológicas e inclusive câncer. Em *The China study*, o Dr. Campbell partilha uma experiência extremamente interessante, revelando a correlação direta entre o consumo de caseína e o câncer do fígado. É tempo de dizer adeus!

Oleoginosas: a sua arma secreta OMD

Quando estiver fazendo a transição OMD, evitando consumir carne em todas as refeições, não tema as oleoginosas. Você verá todo o tipo de oleoginosas nas receitas do Capítulo 7. As oleoginosas são realmente um alimento maravilhoso. Com o seu rico e delicioso sabor, proteína e gorduras muito nutritivas, as oleoginosas são um ótimo substituto de todos os produtos de origem animal durante a transição. Aproveite-os! (No entanto, lembre-se, devagar se vai mais longe. Não é boa ideia comer 0,5 kg de oleoginosas de uma vez.)

Num estudo de 2017, realizado pela equipe de pesquisa da T. H. Chan School of Public Health, de Harvard, publicado no Journal of American College of Cardiology, os pesquisadores analisaram os registros alimentares de mais de 200 mil pessoas, ao longo de 32 anos, e descobriram que o consumo total de oleoginosas é inversamente proporcional ao risco de doença cardiovascular.[117] Em outras palavras, quanto mais oleoginosas consumimos, menor é

(*cont.*)

> a possibilidade de desenvolvermos esse tipo de doença. Em comparação com as pessoas que não comiam muitas (ou nenhuma) oleoginosas, aquelas que comiam amendoins e oleoginosas, pelo menos cinco vezes por semana, tinham o risco de doença arterial coronariana reduzido em pelo menos 20%.
>
> Quando aderi à dieta à base de vegetais, comia muita manteiga de caju. Também costumava consumir manteiga de sementes de girassol, que comia às colheradas. Descobri que meus desejos por essas quantidades de gordura diminuíram, passado algum tempo. Agora, quando como homus com *tahine*, acho uma delícia!
>
> É tempo de apresentar os sabores dos alimentos vegetais às suas papilas gustativas. A certa altura, as suas papilas gustativas mudam, as coisas se equilibram e é possível que comece a desejar menos alimentos com gordura. As oleoginosas são uma boa ferramenta de transição para o estilo de vida vegano e integral. Além disso, ao seguir a via OMD, está automaticamente diminuindo o consumo dos produtos de origem animal ricos em gordura saturada, que normalmente fazem subir um pouco as calorias.

Preço

Ao seguir o Plano OMD, estará automaticamente comprando menos produtos de origem animal ricos em gordura saturada, que normalmente fazem subir o custo da comida. No entanto, é possível ingerir uma refeição de origem vegetal extremamente saudável e saborosa a um preço acessível. Como? Consumindo arroz e feijão, a refeição mais barata e praticamente a mais nutritiva do mundo. Podemos ir a um supermercado e comprar um saco de arroz de 5 kg e um saco de feijão-preto de 5 kg por 50 reais e ter nossa base de proteína coberta por 100 refeições diferentes. Pois bem, dependendo da estação do ano e do lugar onde vive, por vezes, produtos orgânicos frescos podem ser um pouco mais caros, mas se a base de proteína da sua refeição custa no máximo 50 reais, você pode se dar ao luxo de gastar um pouco mais em fruta e vegetais frescos para acompanhar. *Eat vegan on $4.00 a day: a game plan for the budget conscious cook*, de Ellen Jaffe Jones, é uma boa leitura para os veganos mais frugais.

E lembre-se: você não é obrigado a comprar produtos frescos. Sim, produtos orgânicos frescos são os melhores. (A prioridade máxima é evitar os produtos da lista *Dirty dozen*, do Environmental Working Group,* produtos convencionais que têm os níveis de pesticidas mais elevados – encontre a lista, atualizada anualmente, em www.ewg.org/foodnews.) Se os produtos convencionais não são a melhor escolha, recorrer a vegetais congelados é uma opção ótima e conveniente, especialmente se viver em um lugar onde não consegue adquirir fruta e vegetais frescos todo o ano – para mais sugestões de compra, consulte "Compre fresco (sempre que puder)", na página 147).

Assim, qual é sem dúvida o item mais caro em qualquer supermercado? A carne! Mesmo que o produto em si não seja assim tão caro, por conta dos muitos subsídios e políticas que mantêm o preço baixo, ainda o pagamos de muitas outras formas. Os norte-americanos praticam subsídios para a carne e os laticínios, permitindo que a terra e as pessoas sem nome nem rosto que trabalham ou vivem em zonas agrícolas absorvam há anos todos os efeitos secundários negativos da nossa carne barata. Eis uma boa regra de ouro: quando olhar para qualquer pedaço de carne no supermercado, multiplique o preço em cerca de 10 vezes[118] – esse é o verdadeiro custo suportado pelas comunidades agrícolas, pela poluição industrial, pelas mudanças climáticas, pelo sistema de saúde e pelos nossos impostos (para subsídios), mas que nunca aparece no preço.

Em vez de alimentar esse sistema insalubre, utilize esse dinheiro diretamente da fonte e compre os seus produtos numa feira ou inscreva-se numa CSA (comunidade que sustenta a agricultura).** O seu dinheiro irá diretamente para o bolso do agricultor que produziu a sua comida, e o leitor receberá alimentos frescos, dias ou semanas antes do que aconteceria se os tivesse comprado por meio de uma cadeia industrial. (Para obter dicas sobre como comprar os melhores produtos e os manter frescos durante mais tempo, consulte o "Guia de compras e armazenamento de frutas e vegetais", na página 150.) Depois, crie o hábito de escolher um dia da semana para fazer uma grande panela de sopa, de modo a utilizar todos os vegetais que sobraram, antes de ser preciso jogá-los no lixo.

---

* Organização norte-americana sem fins lucrativos, fundada em 1993 e sediada em Washington, DC, que tem por missão proteger a saúde humana e o ambiente. [*N. T.*]
** Trata-se de um sistema de produção e distribuição que visa pôr em contato direto produtores e consumidores. Estes últimos compram uma parte da colheita com antecedência e recebem-na à medida que a colheita é realizada. [*N. T.*]

Leve o Plano OMD para o mercado

Ao recorrer a uma feira, os benefícios são ainda maiores. Você investe diretamente na sua economia local, eliminando o intermediário corporativo e ajudando os agricultores a ficarem com uma parte maior dos lucros das vendas dos alimentos que cultivam. Diminui a quantidade de combustíveis fósseis necessária para colocar esses produtos nas suas mãos (porque está comprando localmente) e melhora a qualidade do ar que a sua família respira, ao serem reduzidas as emissões no seu ambiente local. Comprando alimentos orgânicos, manterá os produtos químicos longe do solo, da água e do ar – e do seu corpo. Os alimentos são mais frescos, têm uma maior densidade de fitonutrientes e pólen local, que "informa" o seu sistema imunológico sobre o ambiente do entorno e ajuda a prevenir alergias sazonais. Está protegendo, assim, a longo prazo, a herança e a estabilidade dos agricultores locais, assegurando que tenham um fluxo seguro de receita e que consigam resistir a contratempos – como cheias, secas e variações de temperatura –, que já ocorrem em razão de mudanças climáticas. Um ganho para todos.

Segurança

Um relatório do CDC, datado de 2013, destacou que, embora a contaminação seja encontrada numa ampla gama de produtos alimentares (de origem animal e vegetal), as mortes causadas por intoxicação alimentar eram mais prováveis de ocorrer em virtude de produtos de origem animal.[119] Os estudos demonstraram que, quando vegetais como o espinafre ou a alface provocam surtos de *E. coli*, a agropecuária é a causa: os fertilizantes à base de estrume tendem a ser a fonte de contaminação.[120]

E os riscos não vêm apenas da *E. coli*. Um relatório de março de 2017, da European Public Health Alliance, cita a resistência aos antibióticos "como um dos maiores desafios que o mundo enfrenta atualmente" e atribui a culpa à agropecuária, como uma das maiores responsáveis pela resistência aos antibióticos em todo o mundo.[121] (O mesmo relatório afirma que "uma alimentação pouco saudável é o maior fator de risco individual para a totalidade das doenças crônicas na Europa", apontando para os níveis elevados de consumo de carne processada e de carne vermelha como uma das principais causas.)

Embora o estudo da Chatham House (consulte a página 117) tenha descoberto que temos a tendência de esperar que o governo proteja o nosso fornecimento alimentar, em razão da enorme onda de desregulamentação que varre Washington, talvez seja o momento de começarmos a prestar mais atenção. Talvez seja preferível procurar formas alternativas de nos protegermos da contaminação alimentar, começando por minimizar a nossa exposição a alimentos com maior probabilidade de causar grande dano.

A indústria agropecuária se regozija perante a ideia de regulamentação mais permissiva. Em setembro de 2017, o National Chicken Council* solicitou que o USDA abandonasse todos os limites de velocidade nas linhas de evisceração de frangos (onde os animais são abertos e os órgãos removidos). Nota: o limite é, neste momento, de 140 aves por minuto – claramente, dois ou três frangos *por segundo* é muito pouco.

E lembre-se de que qualquer toxina ambiental ou metal pesado consumido por um animal permanece na sua carne e continua a concentrar-se ao longo da vida do animal. Em cada dentada de carne ou gole de um laticínio, você absorve todos os pesticidas presentes na alimentação do animal, todos os antibióticos utilizados para o engordar mais rapidamente, todas as infecções ignoradas por uma inspeção de segurança menos vigilante – todas as condições miseráveis que são perpetuadas quando as pessoas recorrem a atalhos em avaliações de saúde e segurança. *Fuja da carne barata.* A cada dentada, está engolindo essas negociações obscuras.

Por outro lado, na dieta à base de vegetais, existe o aspecto da segurança relacionado à preservação da nossa vida. De acordo com o CDC, apenas 1 em cada 10 adultos ingere por dia o número recomendado de frutas e vegetais. Quando você faz refeições à base de vegetais, ao menos que esteja seguindo uma abordagem vegana à base de pão e batatas fritas, está automaticamente ingerindo uma percentagem maior de alimentos de origem vegetal a cada dentada. Mesmo que os vegetais orgânicos excedam o seu orçamento, saiba que qualquer fruta ou vegetal não orgânico (fresco ou congelado) é muito mais saudável do que qualquer tipo de produto de origem animal.

---

* Associação comercial sem fins lucrativos, cujo objetivo é representar e defender a indústria avícola dos EUA em Washington, DC. [*N. T.*]

Preocupações ambientais locais

Uma pesquisa recente da University of Yale, realizada junto a 18 mil americanos, descobriu que, embora 70% dos norte-americanos acreditem que as mudanças climáticas estejam ocorrendo, apenas 40% acredita que isso irá prejudicá-los pessoalmente. No entanto, se entrar em qualquer restaurante na América do Norte, aposto que consegue começar uma conversa sobre que estranho ou anormal tem estado o clima nos últimos anos – tão seco! tão chuvoso! tão quente! tão frio! Observamos as provas à nossa volta – vivemos de acordo com elas –, mas às vezes é difícil estabelecermos a ligação visceral entre as mudanças climáticas e a nossa vida diária, a nossa cidade, o nosso lar.

O que é preciso para fazer...

Todos os alimentos que comemos, todos os produtos que compramos têm uma pegada ambiental única na terra. A carne existe num *continuum*, assim como os vegetais, a fruta, as oleoginosas e as sementes. Por vezes, deparamo-nos com um artigo muito elogiado, alegando que a alface tem um impacto ambiental maior do que a carne. Para conhecer a verdadeira história, recue e observe o ciclo de vida completo do alimento, do solo à sua mesa. (Não se esqueça de que para obter uma caloria de carne precisa-se de 10 calorias de vegetais. Deixemos à parte os animais intermédios.) Verifique as diferenças nos consumos de ração e água para cada um destes tipos de proteína:

PARA FAZER 100 CALORIAS DE...	É PRECISO...
Carne de vaca	3.600 calorias de ração
Carne de porco	1.130 calorias de ração
Frango ou peru	880 calorias de ração
Ovo	630 calorias de ração
Leite	590 calorias de ração
Brócolis	0 calorias de ração

(*cont.*)

PARA FAZER 100 CALORIAS DE...	É PRECISO...
Carne de vaca	164 l de água
Carne de porco	18,5 l de água
Leite	17 l de água
Frango ou peru	14 l de água
Ovos	10,5 l de água
Brócolis	10 l de água
PARA FAZER 1 GRAMA DE PROTEÍNA DE...	**É PRECISO...**
Carne de porco	mais de 3,8 l de água
Carne de vaca	3,8 l de água
Leite	2,5 l de água
Frango ou peru	2,5 l de água
Ovos	2,5 l de água
Brócolis	1,2 l de água

Ao comprar produtos diretamente de um agricultor local, você não só obtém os sabores mais frescos e sustenta a economia local, como também contribui de várias formas para um ecossistema saudável na sua zona. É queimado menos combustível para trazer comida para a sua cidade. A compra de alimentos vegetais dentro da própria comunidade sustenta esses agricultores e incentiva práticas saudáveis relativamente à utilização dos solos. Até as abelhas ficarão mais contentes, com mais comida para as sustentar, enquanto prosseguem em sua jornada de polinização.

O CONTADOR DE ALIMENTAÇÃO VERDE

À medida que avança rumo a uma dieta à base de vegetais, pode ser benéfico e motivador dar prioridade às suas decisões considerando o que pode ter maior impacto imediato. *Qualquer* redução no consumo de carne e de laticínios e substituição por proteínas vegetais pode causar uma diferença tremenda, logo, você não precisa ser 100% vegano para perceber um grande impacto. Tal como Brian Kateman, da Reducetarian Foundation,*

---

* Organização sem fins lucrativos, fundada em 2015, que visa melhorar a saúde humana, proteger o meio ambiente e poupar os animais da crueldade, diminuindo o consumo de produtos de origem animal. [N. T.]

indicou, passar de duas porções de carne para uma tem tanto impacto como passar de uma porção para nenhuma.

A variação desses itens pode ser tão vasta que precisamos recorrer aos cientistas para nos ajudarem a responder algumas perguntas incômodas: qual é o bem que estamos realmente fazendo quando abdicamos da carne de vaca em favor de frango, em favor de ovos? Ouvimos dizer que as amêndoas demandam realmente muita água, é mesmo assim? A estação de rádio NPR transmitiu uma história para desmistificar essa ideia, intitulada "Como as amêndoas se tornaram um bode expiatório para a seca na Califórnia", tal como a história do One Green Planet,* "Produtores de laticínios inteligentes estão cultivando amêndoa, pois até eles já sabem que ninguém quer leite de vaca". Os vários tipos de método agrícola, as diversas necessidades dos próprios animais e vegetais, o transporte de alimentos frescos para o mercado são fatores complexos que podem afetar radicalmente o impacto ambiental de um alimento. Como é que se pode saber o que é melhor?

Da seguinte forma: utilizando um Contador de Alimentação Verde.

Trabalhamos com o Dr. Maximino Alfredo Mejia, do grupo de Nutrição Ambiental da Andrews University, para responder a essas perguntas e nos ajudar a desenvolver o Contador de Alimentação Verde OMD. O Dr. Mejia reuniu dezenas de fatores, do combustível às emissões, passando pela ração e pela água, e processou os números para obter uma pontuação composta pela economia ambiental para cada receita do livro. Também calculamos a quantidade de água que se economizou, a quantidade de terra que se poupou de ser desflorestada, o equivalente à quantidade de carros que se tirou da estrada e por quantos quilômetros, ao ter-se optado por aquela refeição à base de vegetais, em lugar de uma constituída por carne e laticínios.

Agora, é preciso saber que o Contador de Alimentação Verde apenas mede o que foi poupado, ou seja, um prato tradicionalmente vegano, como o molho *salsa* ou o guacamole, teria uma pontuação zero no Contador de Alimentação Verde. No entanto, um prato como o Creme de milho da mama Amis (página 251), em que são substituídos creme de leite, leite e manteiga, tem uma pontuação de 689 no Contador de Alimentação Verde, pois poupa mais de 3 km de combustível, 1 m² de terra e 685 l de água,

---

*Plataforma dirigida a uma geração ecologicamente mais consciente, que visa contribuir para a promoção de alimentos e produtos que proporcionam o máximo benefício com o mínimo impacto sobre o planeta. [N. T.]

tudo sem sacrificar o sabor. (Você pode ver as economias básicas de ar, terra e água para alguns dos alimentos mais comuns em "Calcule o quanto você poupa com o Contador de Alimentação Verde", na página 313, ou consulte a folha de cálculo completa em https://omdfortheplanet.com/why-it-matters/planet/).

A MINHA HISTÓRIA OMD

Jenny Briesch

Comecei a dar aulas na MUSE no ano em que implementaram o Plano OMD. Inicialmente, muitos pais pensaram que faríamos com que os seus filhos passassem fome, mas, nos últimos três anos, a diferença é simplesmente incrível, todos os pais apoiaram, pois veem os benefícios. Agora, os filhos comem legumes, quando antes não o faziam. Não há como descrever o contraste com a escola em que estive antes, na qual as crianças só ingeriam alimentos processados, logo, era só isso que queriam comer. Aqui, fico sempre impressionada com a vontade que as crianças têm de experimentar qualquer coisa que seja colocada no prato. Também são muito motivadas pelas economias de água que escrevemos no quadro para todos os alunos. O número de crianças que fazem uma dieta à base de vegetais em casa e na escola tem aumentado a cada dia. Conversamos a esse respeito: desligar a água enquanto se escova os dentes, não dar descarga a cada uso do vaso sanitário, tomar banhos mais curtos e, no entanto, o impacto não é igual a consumir uma refeição à base de vegetais por dia.

Ainda assim, para mim, a OMD foi uma surpresa e uma transição. Quando vim para a MUSE, ainda comia carne – era uma adepta ferrenha da carne. Estava convencida de que tinha de ingerir toneladas de proteína para ter energia. Precisei de cerca de dois anos com o Plano OMD para eliminar progressivamente a carne, até me sentir preparada para excluí-la de vez da alimentação. Fui diminuindo sempre o tamanho das minhas porções e procurando alternar as refeições sempre que possível, até que substituí a carne por completo.

Melissa Pampanin, minha colega na escola, encorajou-me a um desafio de 30 dias durante o verão; aceitei e não olhei mais para trás. Para superar os desejos, Melissa fez uma sugestão que me manteve à risca:

comer apenas frutas e vegetais. Em quantidade. Sem limites. Assim, quando tinha realmente vontade de comer um bife ou um pedaço de frango, ia à cozinha e comia quaisquer vegetais que estivessem à mão – e funcionou! Jamais me esquecerei da imagem da Melissa comendo uma grande tigela de melancia – percebi que não precisava ficar receosa: o açúcar da fruta está envolto em fibra e é saudável.

Agora, ainda tenho desejos e não consigo abdicar do queijo, mas chegarei lá. Um dia de cada vez. E tudo começou com o Plano OMD.

••

Ao ver esses números escritos, preto no branco, você poderá imaginar as suas economias ambientais graduais, em vez de uma proposta de tudo ou nada. Assim, poderá ver a sua poupança ambiental crescer e se acumular. Pouco a pouco, dentada a dentada, as suas escolhas irão recuperar o coração verde do seu planeta.

Se desejar manter um saldo atualizado da sua poupança, poderá imprimir uma folha de registro em https://omdfortheplanet.com/why-it-matters/planet/. Nessa página, encontrará também uma forma de calcular a sua poupança a longo prazo, prevista para 5, 10, 50 e 100 anos (para abrandar as mudanças climáticas, proteger os glaciares, interromper a elevação do nível do mar, promover a regeneração do oceano/floresta/biodiversidade, entre outros).

Para ter uma noção da diferença de impacto ambiental causada pelos mais variados alimentos, consulte "O que é preciso para fazer...", na página 123, e a tabela a seguir.

EMISSÃO DE GASES DE EFEITO DE ESTUFA
(por quilo de comida, do valor mais baixo ao mais alto)[122]

Cebola	0,17
Aipo	0,18
Batata	0,18
Cenoura	0,20
Abobrinha	0,21
Pepino	0,23
Beterraba	0,24
Abóbora	0,25
Melão cantaloupe	0,25

(cont.)

Limão e lima	0,26
Cogumelo	0,27
Maçã	0,29
Pera	0,31
Feijão-verde	0,31
Melancia	0,32
Tâmara	0,32
Laranja	0,33
Kiwi	0,36
Couve-flor	0,36
Uva	0,37
Aveia	0,38
Ervilha	0,38
Cereja	0,39
Bebida de amêndoa/coco	0,42
Pêssego/nectarina	0,43
Figo	0,43
Damasco	0,43
Castanha	0,43
Tomate	0,45
Milho	0,47
Alcachofra	0,48
Soja	0,49
Abacaxi	0,50
Toranja	0,51
Espinafre	0,54
Alho	0,57
Morango	0,58
Brócolis	0,60
Azeitona	0,63
Feijão-carioca	0,73
Bebida de soja	0,75
Grão-de-bico	0,77
Aspargo	0,83
Amendoim	0,83

(*cont.*)

CAPÍTULO 4 • PREPARE-SE PARA O PLANO OMD

Framboesa	0,84
Semente de gergelim	0,88
Gengibre	0,88
Mirtilo	0,92
Avelã	0,97
Lentilha	1,03
Arenque	1,16
Leite (média mundial)	1,29
Abacate	1,30
Iogurte	1,31
Berinjela	1,35
Sementes de girassol	1,41
Castanha-de-caju	1,44
Noz	1,51
Pistache	1,53
Amêndoa	1,54
Atum	2,15
Arroz	2,55
Ovo	3,46
Salmão	3,47
Bacalhau	3,51
Frango	3,65
Alface	3,70
Creme de leite	5,64
Porco	5,77
Peru	7,17
Camarão	7,80
Queijo	8,55
Manteiga	9,25
Mexilhão	9,51
Peixe-espada	12,84
Carneiro	25,58
Vaca	26,61
Lagosta	27,80
Búfalo	60

Invista! Você merece ingredientes de boa qualidade

Investir em bons ingredientes é sempre importante quando cozinhamos, mas é talvez ainda mais importante quando cozinhamos pratos veganos, já que não são utilizados manteiga, queijo ou carne, que têm frequentemente sabores e texturas dominantes. Investir num azeite, vinagre, sal marinho de boa qualidade e num bom moedor de pimenta fará uma grande diferença no paladar.

- **Azeite extravirgem**. Requer um pouco de tentativa e erro; quando provar um de que goste num restaurante ou na casa de um amigo, anote o nome, e, se fizer compras numa loja com uma equipe especializada em alimentação gourmet, peça recomendações. O azeite deve possuir um caráter próprio e distinto, por exemplo, frutado, um pouco apimentado (que queima na parte de trás da garganta) ou com um sabor de azeitona triturada. Não tenha receio de mergulhar em azeite pratos que vão ao forno quando se tratar de azeites com um sabor mais suave – o azeite extravirgem empresta uma densidade de sabor à maioria dos produtos assados, sem os alterarem.

- **Vinagres**. Todas as cozinhas precisam de cinco vinagres para cobrir a gama completa de pratos: vinagre de vinho tinto, vinagre balsâmico, vinagre de maçã, vinagre de arroz e vinagre branco. Com esses cinco, não tem como errar. Os vinagres balsâmicos artesanais são os melhores!

- **Sal marinho**. O sal marinho não se limita a acrescentar sabor; graças à sua forma desigual, áspera, acrescenta também textura. Uma pitada de sal marinho eleva qualquer salada ou prato de legumes.

- **Um bom moedor de pimenta**. Nada consegue competir com o perfil de sabor da pimenta moída na hora. Se nunca teve esse utensílio na sua cozinha, vá por mim, não voltará ao simples pimenteiro.

- **Vegetais da estação de boa qualidade**. Na cozinha vegana, os vegetais não são atores secundários que servem

(cont.)

> de acompanhamento, mas, sim, protagonistas que ocupam o palco principal; logo, optar por ingredientes frescos e de boa qualidade é realmente essencial.

COBRIR TODAS AS BASES NUTRICIONAIS

À medida que progride rumo a um estilo de vida vegano e integral, é possível que você se questione acerca dos nutrientes – ao ingerir menos carne, irá obter tudo aquilo de que precisa? Pois bem, sabemos de fato que uma dieta à base de vegetais integrais traz imensos benefícios à saúde, começando por um almejado por muitos: a perda de peso. Num estudo com os Adventistas do Sétimo Dia da América do Norte, um grupo religioso que defende o veganismo, os pesquisadores descobriram que o IMC médio do consumidor de produtos de origem vegetal era de 23,6 enquanto aqueles que resistiam às tradições religiosas e ingeriam carne tinham um IMC médio de 28,8.[123] (Para alguém que meça 1,80 m, é a diferença entre pesar 72,5 kg ou pesar 88 kg.) Sabemos também que os consumidores de produtos de origem vegetal têm uma pressão arterial mais baixa, menos colesterol e um risco menor de desenvolverem diabetes tipo II e vários tipos de câncer, sem mencionar doenças graves do trato digestivo.[124, 125, 126] Assim, algo devem estar fazendo bem!

Todavia, a ênfase aqui deveria estar no termo "integral" da dieta à base de vegetal integral – ser um vegano à base de arroz, massa e pão (ou pior, um vegano à base de Coca-Cola Diet e batatas fritas), certamente não trará nenhum desses benefícios a você. O Plano OMD é focado no consumo de muitas frutas e vegetais, oleaginosas e sementes, alguns cereais integrais e gorduras saudáveis. À medida que progride, preste uma atenção especial aos nutrientes apresentados a seguir. Alguns consumidores de produtos de origem vegetal podem vir a ter falta desses nutrientes, mas há algumas sugestões que podem ajudá-lo a garantir que isso não acontecerá com você. (Informação completa: eu tomo B12, complexo B, D3 e magnésio, bem como um óleo de algas para o ômega-3, para garantir que as minhas bases nutricionais estão cobertas.)

B12

DDR para adultos: 2,4 µg diariamente; 2,6 µg durante a gravidez; 2,8 µg durante a amamentação[127]

É imprescindível consumir suplementos dessa vitamina, pois a B12 é encontrada em alimentos de origem animal. Os animais obtêm-na de bactérias que vivem na terra, mas como nós lavamos excessivamente os nossos produtos, não a obtemos em quantidade suficiente, por isso estudos podem apontar deficiência em vitamina B12 nos consumidores de produtos de origem vegetal.[128]

Embora certos alimentos fermentados, como o *tempeh* e o chucrute, contenham bactérias que produzem B12, não são suficientes para cobrir a diferença. Você poderá obter a dose recomendada em cereais e outros alimentos fortificados com B12, mas se não os ingerir com frequência, os seus níveis de B12 poderão diminuir. É por isso que os especialistas em saúde recomendam um suplemento dessa vitamina.[129] Isso se torna especialmente importante depois dos 50 anos, quando a diminuição do ácido gástrico e de uma substância denominada fator intrínseco poderão dificultar, em qualquer pessoa – não apenas em quem só consome produtos de origem vegetal –, a absorção de B12.

E a B12 é uma daquelas vitaminas com as quais você não quer ter problemas. Entre as suas muitas funções, ajuda a produzir DNA, ou seja, o alicerce de nossas células, incluindo as nossas células nervosas e os glóbulos vermelhos. Uma deficiência em B12 poderá causar fraqueza, dormência nos pés e nas mãos, depressão, confusão e até demência. Detectada a tempo, os complementos poderão reverter os sintomas, mas uma deficiência a longo prazo poderá conduzir a danos irreversíveis, incluindo danos cerebrais.

Os suplementos tendem a conter níveis acima da dose recomendada, o que não faz mal, pois quantidades maiores dessa vitamina não afetam o organismo. Consulte o seu médico acerca da dose adequada.

Ômega-3

Dose recomendada de ALA (ácido alfa-linolênico) para homens: 1,6 g; para mulheres: 1,1 g

Eis uma questão importante sobre esses ácidos graxos: os que são considerados mais eficazes no combate à inflamação, proteção do cérebro e coração, prevenindo todos os tipos de doença crônica, são o EPA e o DHA, normalmente encontrados no peixe, mas também em microalgas

CAPÍTULO 4 • PREPARE-SE PARA O PLANO OMD

veganas.[130] Aquele que está presente nos vegetais que normalmente ingerimos – nozes, sementes de linhaça e de chia – é o ALA. O nosso organismo converte algum ALA em EPA e DHA, mas às vezes não em quantidade suficiente, motivo pelo qual os consumidores de produtos à base de vegetais tendem a ter níveis inferiores de EPA e DHA no sangue. Isso representa um problema? As pesquisas ainda não foram conclusivas.

O que sabemos de fato é que os suplementos de óleo de peixe também não são uma aposta segura, já que meta-análises repetidas dos dados disponíveis, envolvendo centenas de milhares de pacientes com doença cardíaca, artrite e outras doenças crônicas, revelam resultados discrepantes. Alguns estudos demonstraram benefícios, outros não,[131] e se tivermos presente que os suplementos de óleo de peixe podem estar contaminados com metais pesados e poluentes tóxicos persistentes, como os PCB, seu consumo pode ser prejudicial.

Por segurança, a recomendação mais recente da Academy of Nutrition and Dietetics* é de que quem faça uma dieta à base de vegetais obtenha um pouco mais de ALA do que a dose recomendada, o que é fácil de conseguir com um suplemento de ALA. Você pode considerar um suplemento de microalgas que forneça de 200 mg a 300 mg de DHA e EPA, em caso de gravidez, amamentação ou no caso de se tratar de uma pessoa idosa com diabetes ou outra doença crônica, de acordo com um estudo de 2013, publicado no *Medical Journal of Australia*[132] (esses grupos têm necessidades maiores de ômega-3).

FONTES VEGETAIS DE ÔMEGA-3

Um dos erros possíveis durante a transição para uma dieta à base de vegetais é a ingestão de muito poucas gorduras saudáveis. O nosso organismo precisa de gordura suficiente para a formação das membranas celulares, para assegurar uma boa oxigenação e uma boa circulação sanguínea. O objetivo diário de ômega-3 deve ser de no mínimo 1,1 g para mulheres e 1,6 g para homens.

---

* Organização norte-americana de alimentação e nutrição que congrega mais de 100 mil profissionais da área, na sua maioria nutricionistas, sendo a maior organização deste tipo existente nos Estados Unidos. [*N. T.*]

O ácido graxo essencial ALA é comum a muitos produtos de origem vegetal; o nosso corpo utiliza-o para sintetizar EPA e DHA, que são importantes para a saúde do cérebro e do coração, e para diminuir a inflamação. Suplementos veganos de DHA, produzidos com microalgas de cultura, também estão disponíveis on-line e nas lojas de suplementos da sua localidade.

Óleo de canola

Sementes de chia

Couve

Edamame (soja verde)

Sementes de linhaça (óleo ou sementes moídas na hora)*

Feijão-vermelho

Missô (atenção, pois alguns missôs são preparados com molho de peixe)

Feijão-da-índia (também conhecido como urad dal ou lentilha negra)

Feijão-carioca

Sementes de papoula

Sementes de abóbora

Alface-romana

Sementes de gergelim (*tahine*)

Substitutos de carne à base de soja (torrada)

Bebida de soja

Espinafre

Tempeh

Tofu

Nozes (óleo ou fruto)*

Óleo de gérmen de trigo

Abóbora

---

* as melhores fontes

O missô é fantástico

O missô, uma pasta de soja fermentada, é fantástico e um ingrediente tradicional da comida japonesa, contendo todo o tipo de vitaminas, minerais e isoflavonas benéficas. Os estudos demonstraram que consegue proteger o organismo contra tumores do colón, mama, fígado e estômago e diminuir o risco de AVC, e o seu ácido dipicolínico pode inclusive proteger contra lesões por radiação. (Um grupo de pessoas que vivia a cerca de 1,5 km do lugar onde foi lançada a bomba de Nagasaki não desenvolveu nenhuma doença aguda de radiação e, posteriormente, os médicos associaram isso ao consumo de missô.) As bactérias benéficas do missô também contribuem para alimentar o revestimento intestinal e manter o microbioma abastecido de bactérias "boas". Se não é fã de soja, também é possível encontrar missô de grão-de-bico.[133] Faço uma sopa rápida em que utilizo missô de grão-de-bico como base, a que junto vegetais e algumas colheres de sopa de tomate seco ou homus de batata-doce. Muito bom!

Iodo

DDR: 150 μg; 220 μg durante a gravidez; 290 μg durante a amamentação

Se você consome regularmente algas marinhas ou usa sal iodado, provavelmente as suas necessidades desse mineral estão cobertas. A deficiência de iodo poderá causar problemas de tireoide, o que poderá representar um problema para quem faz uma alimentação de origem vegetal. Tendemos a fazer uma grande ingestão de alimentos como sementes de linhaça, amendoins, peras, espinafres, vegetais crucíferos, batata-doce e morangos, que são todos goitrogênicos (dificultam a absorção do iodo, podendo desencadear bócio, se você não obtiver iodo suficiente). O complemento com iodo deverá sempre ser feito sob a supervisão de um médico.

Cálcio

DDR para mulheres de até 50 anos (incluindo grávidas e mulheres que estejam amamentando) e homens de até 70 anos: 1.000 mg; para mulheres de 51 anos ou mais e homens de 71 anos ou mais: 1.200 mg

Tomar suplementos de cálcio tornou-se controverso, pois vários estudos associaram-nos à demência (em mulheres)[134] e à doença cardíaca (em homens), na presença de alguma doença cardiovascular preexistente. Alguns especialistas, como o Dr. Dean Ornish, alegam que os suplementos de cálcio e produtos de origem animal dão origem a um pH sanguíneo ácido, que dissolve o cálcio dos ossos e conduz à osteoporose, o que significa que os laticínios não produzem ossos fortes, mas, na verdade, os enfraquecem. Boas fontes vegetais incluem o tofu, a soja enriquecida com cálcio, a bebida vegetal de amêndoa e outras bebidas vegetais, os figos secos, as sementes de gergelim e *tahine*, e *tempeh*. O cálcio de algumas hortaliças, como a couve, as folhas da mostarda e do nabo, o repolho chinês e o *bok choy*, é bem absorvido. O cálcio de outros vegetais, como os espinafres, as folhas de beterraba e acelga, não é tão bem absorvido. Tenha o cuidado de garantir que obtém vitamina D3 suficiente, pois esta também ajuda o organismo a absorver o cálcio.

D3

DDR para homens e mulheres até os 70 anos (incluindo grávidas e mulheres que estão amamentando): 15 μg (600 IU); homens e mulheres de 71 anos ou mais: 20 μg (800 IU)

Todos – consumidores de produtos de origem animal e vegetal – têm dificuldade em obter essa vitamina, produzida quando a luz solar atinge a pele. Fontes de origem vegetal são escassas, por isso utilizar um suplemento provavelmente será a melhor aposta. Você pode verificar os seus níveis de vitamina D num exame de sangue. Se estiverem aquém, siga as instruções do seu médico para repor a vitamina; se os seus níveis forem bons, procure suplementos de vitamina D3 que forneçam entre 500 e 1.000 UI por dia.

A QUESTÃO DA PROTEÍNA

Esta é a pergunta feita aos veganos diariamente ou mesmo várias vezes ao dia: "O que você consome para repor proteínas?".

Que angústia já testemunhei por conta dessa questão. Eis o segredo a respeito disso: não precisamos de uma tonelada de proteína e estamos até ingerindo quantidades em demasia atualmente. Os homens precisam de cerca de 56 g de proteína por dia e as mulheres precisam de 46 g. Hoje, os homens consomem cerca do dobro de suas necessidades (100 g) e as mulheres praticamente o mesmo (70 g). Diria que temos muita margem em torno dessa exigência.

Você já conheceu alguém diagnosticado com deficiência de proteína? E refiro-me a um diagnóstico médico genuíno, e não de um intrometido bem-intencionado. A verdadeira deficiência de proteína (denominada kwashiorkor) é rara em países desenvolvidos, porque a deficiência de proteína realmente só ocorre quando uma pessoa está morrendo de fome e tem déficit de praticamente todos os nutrientes.

A proteína é necessária para um corpo saudável, pois fornece certos aminoácidos que o nosso organismo não produz naturalmente. Esses aminoácidos contribuem para tudo, desde a resposta do sistema imunológico à transmissão de nutrientes para todo o corpo, passando pelo fornecimento de alguns dos elementos constitutivos da nossa pele, músculos e órgãos, inclusive dos nossos dentes e cabelo. Mas a quantidade de proteína de que precisamos para sermos funcionais é muito, muito menor do que se pensa normalmente.

Então, como é que nos tornamos tão obcecados com a obtenção de proteína? Aposto que consegue adivinhar. Isso mesmo: o *lobby* da carne. Tal como todos os profissionais de marketing experientes, a indústria agropecuária dos animais de grande porte certificou-se de que, não havendo benefícios para exaltar, criariam virtudes com base no que havia. A carne oferece uma grande quantidade de proteína, logo, estipulou-se que a proteína era a melhor – inclusive a única – forma de criar músculos e ter força, e quem não ingerisse proteína suficiente (que é praticamente sempre associada à carne, da mesma forma que o "cálcio" é vinculado frequentemente ao "leite") seria provavelmente anêmico, fraco e frágil. Uma alimentação rica em carne é, portanto, para pessoas "normais", que querem ser fortes e saudáveis, e uma alimentação de origem vegetal ou vegana é para os "fracos".

O grande segredo que os profissionais de marketing da carne não querem que se saiba é que podemos obter tudo aquilo de que precisamos (incluindo a proteína e, sim, até mesmo o cálcio) com uma alimentação totalmente livre de produtos de origem animal. A proteína pode ser encontrada em todos os tipos de legumes e oleoginosas, bem como em certos vegetais. Vegetarianos e veganos não são anêmicos magros; podem ser tão fortes e capazes como qualquer consumidor de carne, e atletas veganos estão agora provando que seus níveis de desempenho são ainda mais elevados adotando-se uma alimentação estritamente vegana – como produtora executiva do documentário, sei que sou suspeita, mas assista ao *The game changers* se quiser provas – e motivação!

A OBTENÇÃO DE PROTEÍNA VEGETAL

A proteína é composta de subunidades denominadas aminoácidos. A qualidade de uma proteína baseia-se no seu perfil de aminoácidos "essenciais", ou seja, aqueles que o nosso organismo não consegue produzir. Assim, tal como a proteína animal, os produtos de soja (como o tofu, o *tempeh* e o edamame) e a quinoa contêm todos os aminoácidos essenciais em quantidades suficientes. (Ainda assim, é preciso muita quinoa para obter a mesma quantidade de proteína total que a soja, pois, como é muito rica em carboidratos, a proteína acaba sendo diluída.) Outros alimentos ricos em proteína, como o trigo, a aveia e as leguminosas, são ricos em alguns aminoácidos essenciais e pobres em outros. Felizmente, ao ter uma variedade de proteínas vegetais ao longo do dia, você obtém todos os aminoácidos essenciais em quantidades suficientes. Certifique-se de que consome algumas porções de pelo menos um alimento de cada grupo de aminoácidos essenciais, para que o seu organismo possa produzir adequadamente a proteína.

Rico em metionina/ pobre em lisina[135, 136]	Rico em lisina/ pobre em metionina
Trigo	Feijão-preto, grão-de-bico
Arroz	Aveia
Milho	Soja
	Lentilhas
	Batatas
	Ervilhas

Lembre-se: não é preciso de ter esses "alimentos proteicos complementares" na mesma refeição, mas ao longo do dia. Eis como isso se traduz no seu prato:

 Salpique a sua salada com edamame, grão-de-bico, feijão-branco ou outro feijão qualquer (½ a 1 xícara).
 Espalhe homus (cerca de ⅓ de uma xícara) em seu sanduíche.
 Consuma bebida de soja ou bebidas vegetais (cerca de uma xícara).
 Faça *pilafs* de arroz e feijão.
 Sirva chili de feijão-preto sobre o arroz.
 Utilize tofu e *tempeh*.

DESMISTIFICAÇÃO DA SOJA: COZINHAR COM TOFU E *TEMPEH*

A soja tem atualmente uma reputação contraditória, cuja narrativa se tornou negativa. Eu costumava ter imenso receio da soja, mas toda a controvérsia sobre os efeitos estrogênicos da soja aumentarem os riscos de câncer de mama ou próstata foi desacreditado. "Os produtos de soja orgânicos são seguros e benéficos", afirma o Dr. Dean Ornish. Os produtos de soja orgânicos contêm fitoestrogênios que se assemelham ao estrogênio normal e que se ligam aos receptores de estrogênio, mas estimulam-nos muito pouco. "É como pôr uma chave que não abre a fechadura na fechadura, mas que impede a chave certa de a abrir", diz o Dr. Ornish. "O efeito da soja é reduzir a produção total de estrogênio." Uma vez que o estrogênio está associado ao aumento do crescimento e proliferação celular – especialmente no câncer de mama e da próstata –, esse efeito fitoestrogênico impede essa proliferação, contribuindo assim para diminuir as taxas desses cânceres. O Dr. Ornish afirma que, embora seja possível ingerir soja em quantidades que fariam aumentar a produção de estrogênio, "geralmente são quantidades maiores do que a maior parte das pessoas consome".

Uma investigação publicada no *JAMA* constatou que as mulheres que consumiam soja depois de terem tido câncer de mama tinham 32% menos possibilidade de ter uma reincidência e menos 28% de probabilidade de morrer, quando comparadas com aquelas que evitavam a soja.[137] A soja também pode ajudar a diminuir o risco de câncer da próstata.[138] Seja como for, o que está claro é que os produtos de soja menos processados – tofu, *tempeh* e bebida de soja – são provavelmente muito mais saudáveis do que os produtos de soja que são altamente processados (como hambúrgueres e cachorros-quentes de tofu e concentrados de soja isolados).

A soja consegue ser uma das fontes de proteína vegetal mais saudáveis e satisfatórias, mas se nunca cozinhou com tofu ou *tempeh*, pode haver uma pequena curva de aprendizagem. Eis algumas dicas para simplificar.

Dicas para o tofu

O tofu é a tela em branco das proteínas vegetais, extremamente versátil e capaz de adquirir praticamente qualquer sabor. Pode experimentar friccionar especiarias secas (mais indicado para assados), marinar (dependendo do quanto o tofu é poroso, mais ou menos a marinada será absorvida) ou simplesmente deixar o tofu absorver os sabores daquilo em que é cozinhado. Quer se trate de bananas e morangos num *smoothie* ou temperos num curry, o tofu é um excelente colaborador de ingredientes. Não espere que os sabores se entranhem completamente no tofu intacto – não é assim tão poroso –, mas quanto mais cortado ou desfeito for, mais sabor irá absorver.

O tofu tem várias consistências. No extremo mais delicado e úmido da gama, está o tofu "suave"; na extremidade mais seca e firme, está o "extrafirme", com níveis intermediários entre esses extremos. Como escolhê-los? Pense no resultado final – na textura e nível de umidade do prato que irá preparar – e obterá a resposta.

- **Suave ou sedoso:** úmido, ideal para molhos e *smoothies*, poderá inclusive ser utilizado para substituir o ovo em receitas (veja a Musse de chocolate da Pagie Poo, na página 298).
  Por exemplo: junte de ⅓ a ½ xícara de tofu suave às suas receitas favoritas de *smoothies*.
- **Firmeza média:** escorra-o antes de utilizá-lo. Sendo também delicado e suave, parte-se facilmente, por isso, utilize-o em pratos em que não seja preciso um manuseamento agitado ou brusco.
  Por exemplo: utilize-o na sopa de missô.
- **Firme:** suficientemente sólido para resistir a uma fritura suave (ainda se partirá um pouco) e poderá ser cozinhado em molhos de tomate, curry e outros pratos. O tofu firme também pode ser desfeito e utilizado como queijo ricota em guisados ou como substituto dos ovos mexidos (veja o Tofu mexido, na página 224).
  Por exemplo: tire o tofu da embalagem e utilize as mãos para desfazê-lo em pedaços do tamanho de ervilhas. Tempere-o com azeite, sal e pimenta e cozinhe-o numa frigideira de fundo espesso, em fogo médio, mexendo até dourar, ou cozinhe-o com caldo de galinha. Utilize-o imediatamente ou mantenha-o na geladeira durante alguns dias. Junte-o a qualquer receita no lugar de carne picada ou ao seu refogado favorito.
- **Muito firme e extrafirme:** sendo as variedades mais sólidas e secas, esses tipos de tofu são também os mais concentrados em proteína. Devem ser utilizados em refogados vigorosos ou para pôr na frigideira. Você também poderá assá-los (veja a Lasanha de tomate seco e aspargos do Brad e da Sandy, na página 270).

Por exemplo: para levar ao forno, corte um bloco de tofu extrafirme, em fatias de 1 cm de espessura, tempere com molho de soja ou azeite, sal e pimenta, e coloque no forno preaquecido a 200 °C, até dourar.

Dicas para o *tempeh*

O *tempeh* são grãos de soja integrais, comprimidos e fermentados, frequentemente misturados com cevada ou outros cereais integrais. O *tempeh* é muito mais firme e mais oleaginoso do que o tofu. Uma vez que os grãos de soja são apenas parcialmente cozinhados, é preciso cozinhar o *tempeh*, para torná-lo mais fácil de digerir. O *tempeh* é delicioso fatiado, polvilhado com um pouco de molho de soja com baixo teor de sódio e refogado em azeite. As fatias poderão ser utilizadas em saladas, estufados e curry ou comidas simplesmente assim, com sal, pimenta e ervas aromáticas – da mesma forma que comeria um pedaço de galinha ou peixe.

Tal como o tofu, o *tempeh* também poderá ser desfeito, bastando utilizar as mãos para desfazê-lo em pedaços do tamanho de ervilhas. Tempere-o com azeite, sal e pimenta e cozinhe-o numa frigideira de fundo espesso em fogo médio, mexendo até dourar. Utilize-o imediatamente ou mantenha-o na geladeira durante alguns dias. Junte-o a qualquer receita em lugar de carne picada ou ao seu refogado favorito.

O *tempeh* também pode ser marinado e assado. Corte-o em fatias ou cubos, deixe-o marinar na sua marinada preferida, à temperatura ambiente, durante 15 minutos a 2 horas, e leve-o ao forno preaquecido a 190 °C, por cerca de 20 minutos, até dourar. Junte-o à sua salada favorita ou sirva-o como acompanhamento de quaisquer vegetais.

DISPENSE OS LATICÍNIOS: A MELHOR BEBIDA VEGETAL

Trata-se de uma boa época para as bebidas vegetais: mais da metade – 58% – de todos os clientes de supermercado bebe algum tipo de bebida vegetal. Após décadas de bebida de soja, arroz e amêndoa, começou a surgir recentemente bebida de proteína de ervilha e de castanha-de-caju. (A bebida de proteína de ervilha é particularmente saborosa, proporcionando uma sensação cremosa e agradável na boca.) Poderão todas ser utilizadas em *smoothies*, com café, e bebidas quentes, para cozinhar e na confecção de bolos, com café e cereais.

Muitos pais estão preocupados com a ideia de os filhos não usufruírem do leite de vaca, por ser uma fonte muito sólida de proteína. Não há nenhum problema. Basta que procurem bebidas vegetais com mais proteína, as quais existem em abundância.

- **Bebida de amêndoa.** Presente em muitas lojas cuja especialidade é servir café, a bebida de amêndoa tem se tornado cada vez mais comum hoje em dia. O sabor da bebida de amêndoa faz dela um produto que se adora ou odeia, mas a maioria das pessoas a considera uma opção agradável (e amplamente disponível). A amêndoa também está presente em algumas bebidas que combinam várias oleaginosas, disfarçando o sabor oleaginoso se isso for um problema.
- **Bebida de soja.** A soja é uma das poucas proteínas de origem vegetal que é completa, por isso, em termos nutricionais, a bebida de soja é um bom substituto do leite de vaca. Seu sabor não agrada a todos, mas num *smoothie* com fruta e outros sabores, produz uma bebida mais saborosa do que se tivesse sido utilizado leite de vaca.
- **Bebida de proteína de ervilha.** Produzida com as ervilhas secas, a bebida da proteína de ervilha também é muito rica e cremosa, e o seu sabor neutro torna-a muito versátil. Embora seja rica em proteína, esta não possui um aminoácido essencial, por isso não é considerada "completa". No entanto, conforme abordamos em "A obtenção de proteína vegetal" (página 138), combinada com outra proteína vegetal, a proteína de ervilha atende a grande parte das nossas necessidades de proteína.
- **Bebida de coco.** A cremosidade da bebida de coco faz dela uma boa bebida de transição para as crianças e uma ótima troca para o seu café. O leite de coco em lata também confere uma riqueza aos pratos em que é costume utilizar cremes de leite, como a nossa Sopa de espinafre e batata-doce (página 235). (Nota: por favor, leia as precauções relativamente ao coco, a seguir.)

Conclusão: você não precisa de laticínios para ter ossos fortes; de fato, algumas pesquisas preliminares indicam que a ingestão de laticínios durante toda a vida pode *enfraquecer* os nossos ossos.[139] Num estudo sueco de 2014, com mais de 60 mil mulheres e 45 mil homens, publicado no *British Medical Journal*, os pesquisadores descobriram que a ingestão de leite não somente estava associada a um risco maior de fraturas (especialmente, fraturas no quadril), como quanto maior a quantidade de leite ingerido, maior o risco de mortalidade. Em subamostras de outro grupo, os pesquisadores descobriram que os consumidores de leite tinham níveis mais elevados de biomarcadores de estresse oxidativo na urina e biomarcadores de inflamação no sangue.

Mas, ainda que tenha despejado leite sobre os seus cereais durante anos, nem tudo está perdido. "Fazer uma dieta à base de vegetais poderá ajudar a reverter a progressão da osteoporose em muitas pessoas", afirma o Dr. Dean Ornish, "especialmente quando combinada com exercícios aeróbicos, treino de resistência, técnicas de controle da pressão, pouco sódio (o sódio promove a perda de cálcio na urina), pouca cafeína (causa acidez, que também promove a perda de cálcio na urina e diminui a absorção do cálcio) e luz solar/vitamina D3". Dispense os laticínios e os seus ossos irão agradecer.

Cautela com o coco

Por mais tentador que seja adicionar um pouco de bebida, cremes de leite ou óleo de coco a todos os pratos, pense no coco como um prazer ocasional, como um bolo de aniversário. O óleo de coco tem mais de 90% de gordura saturada! Mesmo que acredite nas teorias ainda não comprovadas referentes aos supostos poderes antimicrobianos e estimulantes do sistema imunológico dos ácidos graxos de cadeia média do coco (AGCM), se retirarmos esses AGCM, permanecem ainda 45% de gordura saturada – com impressionantes 2% a mais do que a banha. É preciso utilizá-lo com cautela!

ALGUMAS MARCAS RECOMENDADAS DE BEBIDAS VEGETAIS

A bebida vegetal é uma preferência muito pessoal. O que é demasiadamente magro para uns, é refrescante para outros; o que é rico e cremoso para alguns, é gelatinoso para outros. O melhor a fazer durante a transição é simplesmente entrar de cabeça e experimentar. Por que não juntar alguns amigos para uma prova em grupo, para não arcar com a despesa toda? Fizemos uma prova às cegas com atribuição de pontos que as crianças adoraram. Outra alternativa é experimentar uma nova bebida a cada semana até encontrar a sua preferida.

Eis algumas marcas que são recomendadas frequentemente em comunidades veganas on-line. É provável que encontre aqui algumas opções atraentes.

À BASE DE SOJA

- Bebida de soja orgânica sem adição de açúcar *365 (Whole Foods)*
- Bebida de soja orgânica sem adição de açúcar *Alpro*
- Bebida de soja sem adição de açúcar *Eden Foods*
- Bebida de soja orgânica sem adição de açúcar *Natur-a*
- Bebida de soja sem adição de açúcar *Simple Truth (Meijer/Kroger)*
- Bebida de soja orgânica sem adição de açúcar *Vitasoy Protein Plus*
- Bebida de soja orgânica sem adição de açúcar *WestSoy*

OUTRAS

- Bebida de amêndoa orgânica sem adição de açúcar, sabor baunilha, *Aldi*
- Bebida de amêndoa e coco *Almond Coconut Breeze*, da *Blue Diamond*
- Bebida de amêndoa original sem adição de açúcar *Almond Breeze*, da *Blue Diamond*
- Bebida de amêndoa sem adição de açúcar *Califia*
- Bebida de amêndoa orgânica sem adição de açúcar, sabor baunilha, *Kirkland*
- Bebida de amêndoa sem adição de açúcar *MALK*
- Bebida de amêndoa e castanha-de-caju sem adição de açúcar *Silk*
- Bebida de amêndoa sem adição de açúcar *Simple Truth (Meijer/Kroger)*
- Bebida de linhaça sem adição de açúcar *Good Karma*
- Bebida de aveia *Oatly!*
- Bebida de ervilha sem adição de açúcar *Ripple*

Faça a sua própria bebida vegetal

O que poderia dar-nos mais poder do que produzir a nossa própria bebida vegetal, em nossa própria casa? A bebida de castanha-de-caju é substancial e cremosa e a versão caseira possui 6 g de proteína por xícara, sem quaisquer ingredientes ou conservantes. Uma ressalva: não o experimente com um liquidificador comum, porque vai precisar de um com muita potência, como o Vitamix, ou um Thermomix para conseguir desfazer todos os pedaços.

Para fazer uma bebida de avelã e castanha-de-caju: coloque 1 xícara de castanhas-de-caju cruas e ½ xícara de avelãs cruas numa tigela, junte água até cobrir e deixe de molho durante 8 horas. Escorra a água e transfira o conteúdo para um liquidificador, junto com 4 xícaras de água filtrada, 5 tâmaras sem caroço (e/ou 1 colher de chá de extrato de baunilha) e uma pitada de sal. Misture até ficar homogênea e, a seguir, coe o conteúdo com um pano de musselina ou um coador dentro de um frasco Mason Jar ou outro recipiente que vede bem. Guarde na geladeira por até dois dias.

FRASCOS MASON JAR: O MELHOR RECIPIENTE PORTÁTIL DO MUNDO

Os frascos Mason Jar são um recipiente perfeito para armazenamento e transporte. Os melhores! Existem em praticamente todos os tamanhos, de 60 ml a 125 ml, atingindo mesmo os 3,5 l. O seu preço é imbatível, é possível encontrar frascos de 550 ml por menos de R$ 30,00. Você pode usá-los para conservar compotas, chucrute e até o Molho chili da mama Cameron (p. 281), e transportá-los para o trabalho, basta tirar a tampa e colocar no micro-ondas. Você também pode congelar sopas ou molhos em frascos maiores e transportar chá frio ou café em frascos menores. Existe inclusive uma tampa de aço inoxidável concebida pela EcoJarz para enroscar na parte superior do frasco e beber nele (encontre-a em https://ecojarz.com/). Ou seja, você não precisa mais beber em copos de plástico, com um cheiro desagradável, produto da destilação química – o que pode ser melhor do que beber água limpa e filtrada num recipiente de vidro?

Por vezes, também guardo aqueles frascos pequeninos de mel ou compota que servem nos restaurantes ou em hotéis – são perfeitos para homus ou para tempero da salada. O que mais gosto de fazer quando viajo é levar uma salada num frasco de boca larga e vários desses pequenos frascos de 30 ml (dimensão adequada para o controle de bagagens) com os meus molhos. Depois, é desfrutar deles durante o voo (e tentar lembrar-me de lavá-los antes de passar pela alfândega!).

ABASTECER A SUA DESPENSA OMD

A nossa lista de compras semanal, quinzenal e mensal depende da estação, das atividades das crianças e dos projetos em que o Jim e eu estamos trabalhando, entre muitos outros fatores. No entanto, percebi que ter alguns alimentos armazenados em casa garante que consigamos sempre improvisar uma refeição à base de vegetais. Temos um grande congelador no qual armazenamos a comida, pelo que tentamos abastecê-lo com certos itens de que gostamos mais; se puder ter um, conseguirá gerar grandes poupanças em alimentação a longo prazo. Além disso, a compra por atacado ou em caixas renderá geralmente 10% a 20% em algumas cooperativas, no Thrivemarket.com e até na Amazon.

Encomendamos pão e bagels on-line na Sami's Bakery, na Flórida, e os armazenamos no congelador. Isso nos permite fazer compras uma vez a cada um mês e meio a dois meses ou mais. Os produtos frescos e outros alimentos perecíveis (frutas, legumes, bebida de amêndoa sem conservantes, iogurte, queijos, purês, etc.) são comprados semanalmente ou quinzenalmente. Os itens de despensa, como feijão, molhos, óleos, chás, etc., são comprados como e quando é necessário, mantendo sempre à disposição certos alimentos em quantidade. Por exemplo:

 Feijão-vermelho – pelo menos seis latas ou mais na despensa.
 Pacotes de sopa (tomate ou caldo de vegetais sem frango) – pelo menos quatro pacotes de cada.
 Azeite e vinagre – pelo menos duas garrafas ou mais.
 Bebida vegetal – duas embalagens de reserva de amêndoa, coco, soja, proteína de ervilha e mistura de oleaginosas.

(Consulte a "Lista essencial para a despensa OMD", na página 317.)

COMPRE FRESCO (SEMPRE QUE PUDER)

Como já mencionei, não há nenhum problema em recorrer a vegetais congelados – ou mesmo enlatados – se isso tornar o Plano OMD mais fácil para você. Especialmente quando se trata de leguminosas, algumas pessoas preferem a facilidade proporcionada pelos enlatados. No entanto, de forma geral, quanto mais frescos forem as frutas e os vegetais, mais nutrientes conterão. As frutas e os vegetais mais saborosos e nutritivos são:

- da estação e da sua localidade;
- colhidos no auge da sua maturação ou num estado de maturação suficiente para amadurecerem à perfeição na bancada da cozinha.

Embora somente ao colher as frutas e os vegetais que consumimos possamos saber se realmente são frescos, os produtos provenientes estritamente de agricultores de feiras locais ou CSA também podem ser incrivelmente frescos (pergunte ao agricultor quando os alimentos foram colhidos).

No entanto, a maioria de nós obtém os produtos que consome em supermercados, sendo necessário pesquisar um pouco para escolher os alimentos mais frescos.

- Opte por produtos locais. Mesmo os supermercados convencionais podem comercializar frutas e vegetais locais – pergunte, busque mais informações. No entanto, o simples fato de serem produtos locais não lhes garante frescura; avalie-os cuidadosamente (o "Guia de compras e armazenamento de frutas e vegetais", na página 150, destaca os principais pontos de atenção).
- Escolha produtos da estação e da região à sua volta. Mesmo que os produtos não sejam locais, se forem da estação e vierem de uma zona da sua região, é provável que não tenham viajado durante muitos dias. É claro que você poderá sentir o desejo de comer pêssegos em janeiro e pagar bem pelos pêssegos provenientes da América do Sul, mas está se arriscando quanto ao frescor da fruta (e, de certa forma, indo contra o propósito ambiental).
- Utilize olhos, nariz e mãos – e conheça seus produtos. Uma manga mole e enrugada? Provavelmente passou do ponto (corte-a e coloque-a na geladeira para a utilizar mais tarde num *smoothie*). Se souber

reconhecer produtos hortícolas e frutícolas de boa qualidade, voltará do mercado cheio de ótimos produtos. O nosso "Guia de compras e armazenamento de frutas e vegetais" (página 150) informa sobre os produtos hortícolas e frutícolas mais populares. A maioria dos produtos deve ceder um pouco ao toque – somente as maçãs devem ser realmente rijas. Não devem existir perfurações, mas as manchas podem ou não ser um problema. Por exemplo, pequenas manchas em laranjas não são um problema, mas pontos moles são.

🌍 Não custa repetir: não descarte os congelados. Em estudos comparativos entre frutas e vegetais frescos e congelados comercializados em supermercados, geralmente não se verifica entre eles nenhuma diferença no conteúdo de vitaminas e minerais, porque a maioria dos vegetais congelados passa por congelamento imediatamente após à sua colheita, o que contribui para que retenham seus nutrientes.[140, 141]

FAÇA DURAR

É possível fazer compras apenas uma vez por semana e ainda assim ter produtos nutritivos e saborosos, seguindo estas dicas:

🌍 Compre frutas maduras e que ainda não amadureceram (incluindo tomates). Dessa forma, poderá utilizar as frutas maduras nos primeiros dias após às compras, enquanto as outras frutas amadurecem na bancada da cozinha.

🌍 Há frutas que são sempre vendidas maduras, como as maçãs, todo o tipo de frutas vermelhas, limões, laranjas, uvas e melancias. Se quiser ingeri-las no espaço de um dia, não faz mal deixá-las na bancada da cozinha; caso contrário, coloque-as na geladeira.

🌍 Você pode comprar em diferentes fases de maturação as seguintes frutas: bananas, melão cantaloupe, melão, kiwi, manga, papaia, peras e tomates. Deixe-as amadurecer, destampadas, em cima da bancada; para acelerar o processo, coloque-as dentro de um saco de papel (não use plástico, fará com que apodreçam). Assim que tiverem amadurecido, consuma-as imediatamente ou coloque-as na geladeira, num recipiente de vidro, à exceção do tomate, que perde sabor se for refrigerado.[142]

🌍 Armazene frutas e legumes de longa duração: maçãs, cenouras, aipos, laranjas, limões, cebolas e rabanetes. Mantenha esses produtos embrulhados e refrigerados, devendo ainda estar próprios para consumo uma semana (possivelmente, semanas) mais tarde. As batatas também têm longevidade se forem mantidas num lugar fresco e escuro, mas não as refrigere ou os seus amidos começarão a se converter em açúcares.

Recuse os cinco grandes vilões

As pequenas coisas vão se somando. Pensamos que não faz mal se utilizamos este único saco/canudo/copo de isopor/garrafa de plástico. O que temos realmente de pensar é que há 100, 100 mil ou 100 milhões de pessoas no mundo pensando o mesmo. Considere o seguinte:

- 380 bilhões de sacos, embalagens e películas aderentes são utilizados anualmente nos Estados Unidos.
- 3 milhões de garrafas de plástico são utilizadas a cada hora nos Estados Unidos. Menos de 30% são recicladas.
- 500 milhões de canudos são utilizados todos os dias nos Estados Unidos.
- 25 bilhões de copos de isopor são utilizados anualmente nos Estados Unidos.
- Até 2050, o plástico presente nos oceanos ultrapassará a quantidade de peixes.

Tudo vai se somando, e todos os pequenos gestos que pudermos fazer e mostrar aos outros contribuirão para o meio ambiente.

Mas o que está ao alcance de todos nós? Podemos começar recusando educadamente o uso dos cinco grandes vilões:

1. Sacos plásticos
2. Garrafas de água de plástico
3. Copos descartáveis
4. Recipientes descartáveis
5. Canudos e talheres de plástico

GUIA DE COMPRAS E ARMAZENAMENTO DE FRUTAS E VEGETAIS

Esta lista vai ajudá-lo, destacando alguns dos produtos consumidos mais comumente. Os sites da University of Pennsylvania, da University of Maine, entre muitas outras universidades, são boas fontes de informação sobre o tema.

Dicas gerais para o armazenamento de frutas e legumes na geladeira:[143]

- 🌎 Certifique-se de que estão secos antes de guardá-los na geladeira; caso contrário, apodrecerão por causa da umidade; lave-os imediatamente antes de os comer ou cozinhar.
- 🌎 Guarde-os inteiros; corte-os ou fatie-os imediatamente antes de os cozinhar ou servir – caso contrário, perderão nutrientes e deteriorar-se-ão mais rapidamente.
- 🌎 Guarde-os em sua embalagem original – por exemplo, mantenha os espinafres no saco ou pacote onde vêm, as frutas vermelhas em sua embalagem, etc. Estes recipientes são concebidos para ajudar os produtos a durarem. (Nota: embora prolonguem a vida dos produtos, ainda assim prefiro, sempre que possível, utilizar recipientes de vidro e reciclar as embalagens originais.)
- 🌎 Se não existir uma embalagem para esses produtos, ou seja, se comprou-os numa feira, siga as indicações da tabela na página seguinte. Utilize recipientes de vidro.

Se comer frutas ou legumes frios, que tenham acabado de serem retirados da geladeira, eles irão perder um pouco do sabor. Tire-os da geladeira e deixe-os à temperatura ambiente uma hora antes do consumo.

De modo geral, procuramos nos manter afastados do plástico, sempre que possível, para evitar os xenoestrogênios que contém, bem como o excesso de resíduos que produz. Para reduzir o desperdício, compramos espinafres em grandes embalagens, que reutilizamos constantemente. Se formos a uma loja que venda espinafres a granel, levamos uma bolsa reciclável. Em seguida, lavamos, secamos e guardamos os espinafres num recipiente de vidro.

Uma ideia do passado que precisa de ser recuperada: os sacos de pano, 100% algodão, que eram usados para guardar a farinha. Antes de existirem escorredores de salada, a minha mãe lavava a alface e deixava-a secar numa toalha, depois embrulhava-a delicadamente em sacos de pano e colocava-a na gaveta dos legumes. Na nossa casa, lavo a alface, escorro-a e coloco-a em recipientes de vidro para guardar na geladeira, onde se mantém fresca durante uma semana ou mais.

	FRUTAS
Maçãs[144]	**Devem ser...** Muito firmes, com casca lisa, sem pontos moles ou escuros. **Armazenar...** Numa tigela de vidro, na gaveta de legumes da sua geladeira. **Para uma qualidade ótima, coma em...** Duas semanas.
Mirtilos[145]	**Devem ser...** Firmes, de um azul-escuro/roxo profundo com um acabamento meio prateado, denominado pruína (o seu revestimento protetor natural). **Armazenar...** Na sua própria embalagem ou num recipiente de vidro. **Para uma qualidade ótima, coma em...** Cinco dias.
Melões cantaloupe	**Devem ser...** Ligeiramente moles nas extremidades, que também devem exalar aroma. **Armazenar...** Na bancada, se os melões precisarem amadurecer (se exalarem pouco aroma e praticamente não cederem ao toque nas extremidades). Refrigere-os quando estivem maduros, tampados ou destampados, ou corte-os ao meio e guarde-os num recipiente hermético; guarde-os na gaveta de legumes. **Para uma qualidade ótima, coma em...** Cinco dias.
Uvas	**Devem ser...** Firmes, mas não rijas, lisas, idealmente com uma pruína esbranquiçada (o seu revestimento protetor natural). **Armazenar...** Numa tigela de vidro, forrada com papel, para absorver a umidade. **Para uma qualidade ótima, coma em...** Uma semana.

(cont.)

FRUTAS	
Laranjas e toranjas[146, 147, 148]	**Devem ser...** Pesadas para o seu tamanho, lisas no topo (ou em outro lado qualquer). As laranjas podem "voltar a ficar verdes" – elas desenvolvem zonas verdes por conta de uma reação ao tempo quente, quando estão na árvore –, o que não faz mal; isso não significa que não estejam maduras. As toranjas deverão ter uma forma ligeiramente oval, com uma parte superior achatada e uma casca brilhante – quanto mais fina, melhor. **Armazenar...** Na gaveta de legumes da geladeira ou num saco de pano aberto (não o feche ou apodrecerão). **Para uma qualidade ótima, coma em...** Três semanas.
Pêssegos[149]	**Devem ser...** Ligeiramente moles, especialmente na "costura", pesados, com um ligeiro aroma (quando maduros). Os pêssegos amarelos deverão ser amarelos, os pêssegos brancos deverão ser brancos – ambos poderão ter um rubor vermelho. Evite aqueles com um tom verde, pois não estão maduros e talvez não amadureçam. **Armazenar...** Na bancada, se precisarem amadurecer; deixe-os destapados ou coloque-os num saco de papel (nunca de plástico). Refrigere os pêssegos maduros na gaveta de legumes, em uma tigela de vidro ou em um saco de pano. **Para uma qualidade ótima, coma em...** Dois dias.
Morangos[150]	**Devem ser...** Firmes, de um vermelho brilhante, sem – ou apenas com um ligeiro toque de – branco ou verde (caso contrário, não serão doces). As hastes deverão ser muito úmidas. **Armazenar...** Na bancada, num local fresco, se pretender comê-los em 24 horas. Por volta dos 15 °C, os níveis de vitamina C antioxidante e das antocianinas (que lhes conferem a sua cor vermelha) aumentam, segundo um estudo da Universidade de São Paulo. Caso contrário, guarde-os na gaveta de legumes da geladeira, em um recipiente de vidro; se forem vendidos num recipiente de papel, retire-os e coloque-os numa tigela forrada com papel para absorver a umidade. Você pode cobri-los folgadamente, com uma toalha de papel, de forma não hermética. **Para uma qualidade ótima, coma em...** Dois ou três dias.

CAPÍTULO 4 • PREPARE-SE PARA O PLANO OMD

	VEGETAIS
Aspargos	**Devem ser...** Firmes, com talos médios a espessos, quase completamente verdes; as pontas devem estar fechadas, e não murchas.
	Armazenar... Corte cerca de 0,5 cm da extremidade da haste. Lave-os em água morna algumas vezes. Seque-os cuidadosamente. Coloque as hastes num frasco ou num copo de fundo grosso com 5 cm de água fria, cubra folgadamente a parte de cima com uma toalha de papel e coloque-os na gaveta de legumes da geladeira. Ou basta enrolar as extremidades das hastes numa toalha de papel úmida, colocá-los num recipiente de vidro e guardá-los na gaveta de legumes da geladeira.
	Para uma qualidade ótima, coma em... Um ou dois dias.
Beterrabas, cenouras e rabanetes[151]	**Devem ser...** Firmes, algo uniformes e tenros. Se vierem com as folhas, estas não devem estar murchas, mas antes ter um aspecto fresco.
	Armazenar... Na gaveta de legumes da geladeira, em um saco de pano. Retire as folhas antes de os armazenar. Guarde as folhas de beterraba num saco à parte.
	Para uma qualidade ótima, coma em... Duas semanas, possivelmente durará mais.
Brócolis[152]	**Devem ser...** Verde-escuros, inclusive com um tom azulado, com botões firmes e apertados. Evite botões amarelos – significa que os brócolis já passaram do ponto ideal para consumo.
	Armazenar... Num saco de pano, na gaveta de legumes da geladeira. Também costumamos cortar os brócolis e a couve-flor e guardá-los em recipientes de vidro, para facilitar sua rápida utilização na preparação dos pratos.
	Para uma qualidade ótima, coma em... Cerca de quatro dias.
Couves--flores[153]	**Devem ser...** Pesadas para o seu tamanho, brancas ou esbranquiçadas (ou, em variedades pigmentadas, verde--claras ou roxo-claras), sem manchas ou espaços entre os botões. As folhas devem apresentar aspecto tenso e fresco.
	Armazenar... Num saco de pano, na gaveta de legumes da geladeira.
	Para uma qualidade ótima, coma em... Cerca de quatro dias.

(cont.)

VEGETAIS	
Couves[154, 155]	**Devem ser...** Folhas bem verdes, firmes e úmidas – não amareladas nem acastanhadas. Independentemente da variedade, as folhas pequenas e médias são as mais tenras. **Armazenar...** Num saco de pano, na gaveta de legumes da geladeira. **Para uma qualidade ótima, coma em...** Cinco dias.
Cogumelos	**Devem ser...** De tamanho pequeno a médio, conforme a variedade (os pequenos portobellos serão muito maiores do que os pequenos champignons, por exemplo). A cabeça deverá ser bastante uniforme em termos de cor e estar completamente selada ou apenas ligeiramente aberta em volta do caule. **Armazenar...** Num saco de papel, na gaveta de legumes da geladeira. **Para uma qualidade ótima, coma em...** Cinco dias.
Folhas verdes utilizadas em salada (alface, espinafre)	**Devem ser...** Firmes, tenras, úmidas, sem amarelamento ou viscosidade. **Armazenar...** Alface: envolta num saco de pano, na gaveta de legumes da geladeira. Espinafres e outras folhas verdes: lave-os e seque-os; guarde-os num recipiente de vidro ou envoltos num saco de pano, na gaveta de legumes da geladeira. **Para uma qualidade ótima, coma em...** Alface: até duas semanas. Alface romana: 10 dias. Espinafres: três a cinco dias. Outras folhas verdes utilizadas em salada: um a três dias.
Tomates	**Devem ser...** Maduros: firmes, mas não rijos como pedra, com uma cor viva (ou seja, os tomates vermelhos deverão ser bem vermelhos; os tomates amarelos, de um amarelo-alaranjado, porém, alguns tomates amarelos mais pálidos manterão essa cor e algumas variedades de tomate verde amadurecem nessa cor). Não estão bem maduros quando... muito firmes, com um tom verde que geralmente desaparece à medida que amadurecem. Evite tomates moles e/ou com manchas e perfurações. **Armazenar...** Na bancada; não os coloque na geladeira ou perderão sabor. **Para uma qualidade ótima, coma em...** Se maduros, coma-os imediatamente; caso contrário, em um ou mais dias, dependendo de quando amadurecerem.

COMECE A EMPILHAR OS SACOS DE AREIA

O Dr. David Katz utiliza uma ótima imagem para descrever a luta contra as mudanças climáticas: imagine uma comunidade inteira que se junta para construir um dique antes de uma tempestade. "Ninguém constrói o dique sozinho (...), mas empilhar um saco de areia faz parte da solução", diz ele. "E se um número suficiente de pessoas empilhar sacos de areia, antes que nos dermos conta teremos um dique construído e os fatores que conspiram contra o destino do planeta começarão a retroceder."

"É realmente *tudo* o que se precisa fazer – empilhar um saco de areia", diz ele. Eis alguns "sacos de areia" sugeridos pelo Dr. Katz, os quais poderemos facilmente concretizar com o Plano OMD:

- Coma mais vegetais e menos alimentos de origem animal.
- Ensine aos seus filhos as razões pelas quais isso é importante.
- Apoie os produtores locais e coma de acordo com a estação do ano, sempre que possível.
- Divulgue a mensagem em escolas (por exemplo, participe de um comitê de saúde e bem-estar; acesse ao site do OMD, https://omdfortheplanet.com/take-action/schools/, e obtenha o nosso kit de ferramentas para um almoço escolar saudável).
- Fale sobre o programa para seus amigos e nas redes sociais.
- Incentive seus restaurantes favoritos a acrescentarem ao cardápio mais pratos de origem vegetal e descubra como fazê-los, como recurso ao kit de ferramentas para restauração, no site do OMD, https://omdfortheplanet.com/take-action/.
- Contribua para uma organização ambiental que reconheça a ligação entre a proteção do ambiente e a alimentação vegana.
- Crie uma boa receita vegana (ou muitas) e compartilhe-a nas redes sociais.

"A tarefa parece avassaladora, quando pensamos que temos de realizá-la sozinhos", diz o Dr. Katz, "mas não estamos sós. Esse é o nosso maior desafio e, ao mesmo tempo, a nossa maior oportunidade". Ao manter o Plano OMD como prioridade em sua mente, você poderá começar a influenciar as pessoas à sua volta e, juntos, poderemos ficar todos mais em sintonia quanto à forma como a nossa alimentação poderá desempenhar um papel enorme na proteção do nosso belo planeta.

Agora que você tem todas as informações necessárias para praticar o Plano OMD, é hora de avançar. Vamos começar!

Capítulo 5

Uma refeição por dia

Começa agora sua jornada OMD! À medida que for ficando mais à vontade com a cozinha vegana, poderá começar a fazer lanches, bolos e sobremesas à base de vegetais, ou até mesmo experimentar, vez por outra, um fim de semana totalmente à base de vegetais.

Numa análise de 2017, publicada na revista *Climatic Change*, pesquisadores de três universidades determinaram que bastaria trocar carne de vaca por feijão apenas uma vez, para nos ajudar a alcançar até 75% das metas do Acordo de Paris.[156]

Isso antes de adotarmos quaisquer outras mudanças, inclusive as que se referem aos combustíveis fósseis, ou seja, antes de mudarmos os padrões de uso de combustível, aumentarmos a produção de energia solar ou eólica ou diminuirmos o excesso populacional.

Três quartos da meta seriam concretizados com essa única mudança!

Podemos fazer a diferença. O Plano OMD constitui a forma concreta e quantificável pela qual sua família pode salvar o mundo.

Vamos abordar todas as formas de incorporar o Plano OMD na sua vida.

A VANTAGEM DE COMEÇAR DEVAGAR

Kathy Freston, autora do best-seller *The Lean*, é uma boa amiga e membro do quadro de especialistas do Plano OMD, que veio falar com a comunidade MUSE quando estávamos fazendo a transição para os almoços à base de vegetais. Eu estava na plateia, completamente estupefata, ouvindo sua história. Kathy é uma mulher linda, uma ex-modelo que se tornou autora, tendo escrito vários livros sobre a alimentação à base de vegetais. Sua jornada individual teve início depois de ter visto um panfleto sobre a tortura a que eram submetidas as vacas durante o abate, pouco antes da morte do seu pai aos 64 anos. O pai dela era um grande fã de carne, que Kathy logo percebeu ser extremamente cancerígena. A conjunção daqueles dois eventos traumatizantes a levou a uma epifania: "Não quero mais comer carne", ela decidiu imediatamente, mas precisou de três anos para se tornar completamente vegana. "Foi muito difícil", disse Kathy, falando à nossa comunidade, e sua honestidade foi revigorante. Enquanto algumas pessoas ligam um interruptor e se comprometem por inteiro, a maioria sente alguma dificuldade na transição e precisam trabalhar um pouco – tal como Kathy.

Olhando agora para Kathy, você pensa que ela segue uma alimentação à base de vegetais desde que nasceu. A mulher *brilha* por dentro. Durante os anos em que foi modelo, lutou sempre contra o excesso de peso, mas esse tipo de dificuldade acabou desde que adotou uma alimentação à base de vegetais. Alguém que estava na plateia da MUSE perguntou como tinha começado. "Comecei apenas com uma refeição aos sábados. A seguir, com outra às terças-feiras e, ao longo do tempo, fui fazendo cada vez mais refeições", respondeu Kathy. "Não precisamos mudar da noite para o dia. Algumas pessoas fazem isso, mas é difícil."

"Temos vontade de comer certos alimentos e, quando estamos com outras pessoas, olham para nós como se fôssemos esquisitos", recordou ela. "Temos de encontrar alguns amigos que queiram mudar conosco e ter um sistema de apoio. E vamos avançando devagar. Experimentamos algo hoje e, na semana seguinte, experimentamos outra coisa."

Até aquela altura, estava convencida de que devíamos dar um grande salto para a alimentação à base de vegetais – não havia tempo a perder, quando se tratava do planeta e da nossa saúde. Todavia, percebi que essa abordagem estava causando grandes inconvenientes na minha vida, gerando uma grande resistência por parte dos meus filhos e dos meus irmãos. E ali estava Kathy, que levara três anos para fazer a mesma transição, sendo honesta e aberta em relação às dificuldades – as pessoas absortas em cada palavra que ela proferia –, e que era agora uma porta-voz. Sua compreensão e empatia eram palpáveis e inspiradoras.

A história da Kathy foi ótima para me fazer lembrar de que todos nós aprendemos e mudamos de forma diferente, e que a perfeição é inimiga do progresso. Toda pessoa pode adaptar o Plano OMD à sua própria vida – a ênfase está *naquilo que funciona*. O que funciona melhor para você, para seus desejos, para sua família, para o seu horário de trabalho – para tudo. Apresento aqui algumas opções; escolha uma delas ou crie sua própria abordagem ao Plano OMD. Não há respostas erradas (se pretender seguir uma abordagem mais definida, consulte o "Plano de transição OMD de 14 dias", na página 183).

Encontre um parceiro

Isso é muito importante. Quando Jim e eu começamos esta jornada, tínhamos um ao outro – o que ajudou bastante. Ter alguém que nos ajuda a encontrar comida local à base de vegetais, a pensar em soluções, a manter-se motivado – que compartilha receitas e cupons de desconto –, pode ser muito útil quando se está começando a fazer a transição. O ideal é que seja um companheiro ou alguém que viva com você, ou um amigo próximo. Todavia, mesmo que não consiga encontrar ninguém próximo fisicamente, poderá sempre encontrar almas gêmeas on-line (acesse www.facebook.com/OMD4thePlanet/ para obter meu apoio e o apoio da minha equipe, e entrar em contato com outras pessoas, famílias e até escolas que praticam o Plano OMD).

Regra dos cinco segundos

No verão em que estava trabalhando no livro, deparei-me com o TED Talk de Mel Robbins, *Como parar de se sabotar*.* Um ótimo título, que se aplica muito bem ao que fazemos quando estamos tentando concretizar uma grande mudança. A regra dos cinco segundos de Mel é uma ótima forma de nos mantermos no caminho certo, de acabarmos com hábitos inconscientes e de abdicarmos do queijo. Em resumo, de que se trata? "Se tiver o impulso de agir com um objetivo, é preciso tomar uma ação física em cinco segundos, caso contrário, seu cérebro aniquilará a ideia."

Basta largar o queijo e fechar a porta da geladeira, ou pegar algo na fruteira, ou então pegar o pote de homus – qualquer que seja a ação positiva que conseguir realizar em cinco segundos. Experimente. Descobri que é realmente eficaz para me manter focada nos meus objetivos (assista à palestra da Mel em https://melrobbins.com/blog/the-5-second-rule/. O seu livro, *A regra dos 5 segundos*, é ótimo).

Evite os seus preferidos

No início, quando adotamos a alimentação à base de vegetais, pensamos que seria uma boa ideia pedir uma pizza vegana. Mas não foi legal. Na verdade, acho que o termo usado pelas crianças foi "repugnante". Todavia, as coisas mudaram muito em cinco anos, incluindo nosso paladar. Se for um amante de pizza, não passe imediatamente da pizza de *pepperoni* com queijo extra para uma de legumes e queijo vegano *Daiya*, pois isso poderá desmotivá-lo.

Não vou mentir: a questão do queijo não é fácil. Trata-se de um sabor e textura muito difíceis de replicar com uma alternativa vegetal. No entanto, tem havido enorme progresso nos últimos anos e existem atualmente alguns queijos veganos que são surpreendentes. À medida que seu paladar for se ajustando, recomendo os queijos da Kite Hill, Follow Your Heart e da linha Creamery da Miyoko's, que podem ser adquiridos na maioria dos supermercados das cadeias Whole Foods e Wegmans, nos Estados Unidos. No entanto, supermercados locais e cadeias como o Walmart já começam a oferecer diversas opções à base de vegetais. A Miyoko's tem cerca de 15 sabores, realiza promoções especiais durante as festas e envia os produtos diretamente ao consumidor. Pode misturar diretamente o Miyoko's na massa quente para fazer um delicioso macarrão com queijo. Alguns destes queijos são ótimos para derreter na grelha, outros são ótimos para comer puros (consulte a lista com outras das nossas marcas favoritas na página 317).

Todavia, antes de mergulhar diretamente em qualquer queijo vegano, sugiro que faça uma ou duas receitas do Capítulo 7. A forma como são preparados e os alimentos que os acompanham têm frequentemente um grande impacto no sabor final.

Vá em frente e escolha um substituto

Algumas pessoas não têm nenhuma dificuldade em fazer a transição, especialmente com a ajuda de algumas "carnes" veganas processadas, como os empanados de "frango" ou os frios – a consistência dos produtos originais é tão sintética, que os substitutos não ficam muito aquém na imitação.

Seu amigo, o delivery

Enquanto estiver fazendo a transição OMD, entregue-se ao prazer de pedir um delivery. Opte por restaurantes étnicos – indiano, japonês, chinês, mexicano, italiano e grego –, todos têm opções à base de vegetais maravilhosas. Os restaurantes da cadeia Chipotle, nos Estados Unidos, são uma escolha óbvia, com bastantes opções veganas à disposição, especialmente as *sofritas* (tofu sem OGM, refogado num caldo picante de chili *chipotle*, pimentões *poblanos* assados e uma mistura de especiarias mexicanas). Outras opções de delivery nos Estados Unidos: aveia com mirtilos e castanhas do Starbucks; sopa de feijão-preto do Panera; sanduíches veganos e sopa *minestrone* do Subway. Pode até comer qualquer prato à base de feijão do Taco Bell, pedindo "fresco" – sem queijo, e *pico de gallo* no lugar do *sour cream*.

Abandone a carne moída

Uma vez entrei em casa e senti um cheiro intenso de carne grelhada. *Oh, que porcaria, estão fazendo hambúrgueres*, pensei. No fim, era um hambúrguer vegano da Beyond Burger, meticulosamente concebido para ter o aspecto, o sabor e o cheiro da carne de vaca!

Outra vez, num domingo de Páscoa, entrei em casa e senti novamente o cheiro de hambúrgueres. Eu carregava um grande cesto de Páscoa e Jim me disse "larga isso, querida, e prova isto". Perguntei-me *o que ele estava fazendo. Por que tudo aquilo?* Vi um grande monte de carne moída "sangrando" em cima da bancada, e uma pilha de pequenos hambúrgueres dispostos numa bandeja. Fiquei estupefata.

No fim, eram os Impossible Burgers.* Tínhamos recebido carne "crua" do Tal Ronnen, o extraordinário *chef* vegano do restaurante Crossroads Kitchen, em Los Angeles, para prepararmos em casa. Na verdade, não consigo comê-los, pois o sabor é muito parecido com o da carne verdadeira, mas o resto da família adora.

A carne de vaca moída é uma das carnes mais fáceis de imitar, o que é uma ótima notícia, pois ela é uma das maiores responsáveis pelos danos ambientais em geral, desde a emissão de gases do efeito estufa à utilização de terras, passando pelo consuco de água. Preparar chili, lasanha e tacos com carne vegetal moída é muito fácil. De vez em quando, nossos amigos Sandy e Brad, responsáveis pelo buffet no *set* de filmagens do *Avatar*, utilizam um pouco de Beyond Beef ** na lasanha (consulte a página 270). É uma forma saudável de fazer a transição, afastando-se da carne de vaca.

Se sua família tiver um paladar delicado e você acha que vão perceber a troca, comece substituindo um quarto da carne que compõe a receita pela alternativa à base de vegetais. Mais adiante, substitua metade e depois três quartos da carne, até utilizar exclusivamente a alternativa vegetal. Veja se conseguem perceber. Se não forem muito exigentes, substitua por completo

---

* Primeiro produto substituto de carne da Impossible Foods, 100% à base de vegetais, que imita perfeitamente a carne de vaca, graças a uma tecnologia desenvolvida pela marca. [*N. T.*]
** Substituto de carne de vaca moída, 100% vegetal, da marca Beyond Meat. [*N. T.*]

nas receitas em que a troca seja fácil de aplicar. Provavelmente nunca irão perceber.

Mudança gradual de proteína

Se tem em casa alguém relutante ao Plano OMD e que não queira ceder, experimente um passo ainda menor em direção a uma proteína com pegada ambiental menor do que a carne de vaca (ressalto que não é algo difícil de concretizar). Qualquer movimento em direção ao menor impacto é um passo na direção certa (mudar da carne de vaca para a de frango diminui 80% da utilização dos solos e 90% das emissões de gases do efeito estufa).

Por exemplo, sua mudança gradual de proteína pode ser algo assim:

Vaca → porco → galinha → ovo → salmão → tofu → feijão

Caldo de carne de vaca → caldo de galinha → caldo de legumes ou substituto de caldo de galinha (como os caldos veganos sem galinha da Imagine Foods)

Bacon → bacon de peru → substituto de bacon

Salsichas → salsichas de peru → salsichas veganas

Não se deixe apanhar na armadilha de julgar que a carne de vaca de pastagem orgânica é melhor do que a carne industrializada. Na verdade, é muito pior para o meio ambiente. O metano da fermentação ocorrida no estômago das vacas de pastagem é um terço mais acentuado do que o da fermentação ocorrida no estômago das vacas de criação intensiva. Além disso, lembra-se daqueles testes Rigiscan a que os atletas universitários foram submetidos? (Olhe na página 63 se precisar reavivar a memória.) As refeições à base de carne e laticínios tinham sido preparadas com produtos de origem animal da mais alta qualidade, e mesmo essa carne de primeira qualidade fez uma tremenda diferença na sua circulação peniana *após uma única refeição!*

Além disso, pense em formas diferentes de *acrescentar* frutas e vegetais às refeições. Se alguém da sua família insistir num omelete vegetariano, acrescente mais brócolis, espinafre, cogumelos, cebola e tomate. Diminua a proporção de produtos de origem animal, em relação aos produtos vegetarianos, e utilize um ovo a menos cada vez que cozinhar um omelete.

Triplique o lanche

Duplique ou triplique a quantidade de frutas e/ou vegetais que coloca diariamente na lancheira dos seus filhos, mesmo que de início não sejam consumidos. Mude lentamente o padrão de "normalidade" do lanche deles. Corte os vegetais em pedaços e faça espetinhos veganos, acompanhados com um molho vegano, molho de soja ou molho *aminos* (uma versão não processada de molho de soja, constituída apenas por soja e água; a Bragg é uma boa marca). Prepare uma salada de frutas vermelhas acompanhada com iogurte ou um pouco de calda de framboesa ou de bordo. Coloque na lancheira um par de *hashi* (que também são bons para estimular o tato e a motricidade fina dos pequenos!).

NOSSA HISTÓRIA OMD

Chrissy e Stuart Bullard

Somos uma família de cinco, e cada um tem uma maneira diferente de comer. Francamente, corpos diferentes querem comida diferente! Nossos dois filhos mais novos nunca gostaram muito de carne, então seguir o Plano OMD não representa nenhuma dificuldade para eles. Quando o Plano OMD chegou à MUSE, meu filho mais velho estava no primeiro ano e sempre tinha comido carne (e ainda come de vez em quando). Inicialmente, copiei algumas receitas da escola para que ele se habituasse à comida. O programa escolar da semente até à mesa ajudou-o a perceber de onde vem a comida e como ela é feita. Agora, ele está apenas no quarto ano, mas desde muito cedo já adquiriu a consciência do que estava colocando no próprio corpo e de quais as consequências. Vejo que ele está despertando para questões de saúde. Faz perguntas como: "O que leva as pessoas a fumarem?".

No início, questionava o motivo pelo qual a escola estava fazendo a mudança, mas quando tomei conhecimento da razão, compreendi. Mais tarde, vi o resultado que teve nas crianças. Quanto mais nossos filhos se envolviam, mais vontade sentíamos de também sermos saudáveis. Stuart foi criado em Pittsburgh; o pai dele era dono de uma churrascaria. Quando somos criados comendo certos alimentos, normalmente, ensinamos nossos filhos a comerem esses mesmos alimentos. O Plano OMD trouxe coisas novas para dentro de nossa casa. Nosso filho chegava da escola e dizia: "Quero fazer *chips* de couve!". Queríamos apoiá-lo, então íamos comprar os ingredientes e ele nos ensinava a preparar. Um dia, ele disse: "Quero rabanete, adoro rabanete". Pensamos: "Que criança gosta de rabanetes?". No entanto, é isso que o Plano OMD faz: expõe nossos filhos a alimentos que julgávamos que não gostavam. Mas como poderíamos saber? Ao serem expostos a uma maior variedade de alimentos (especialmente se puderem cultivá-los), nossos filhos ampliam seu horizonte. A saúde de todos melhorou. Stuart perdeu peso e sente mais disposição e energia; agora, quando come carne, consegue perceber como fica mais letárgico. Provavelmente, sentiu-se assim durante anos, mas não percebia que era por causa da carne. Chrissy se sente mais atenta e já não *precisa* tomar café (se bem que ainda gosta). A melhor parte é que são crianças que indicam o caminho – elas nos mostram como é boa a alimentação à base de vegetais.

Sanduíche de manteiga de amendoim com geleia

Nos Estados Unidos, as crianças adoram manteiga de amendoim e geleia, e você pode dar um toque mais adulto a essa combinação. Não se limite à manteiga de amendoim, considere as diversas manteigas de oleaginosas que estão disponíveis: amêndoa, castanha-de-caju e a mistura de sete oleaginosas e sementes da NuttZo. O mesmo vale para as geleias – seja criativo. Use frutas em calda, compotas ou até calda de cranberry! Misture sementes de gergelim na manteiga de amendoim. Passe manteiga de amendoim em biscoitos cream cracker e cubra com frutas vermelhas. Misture a manteiga de amendoim com mel e espalhe em cima de fatias de maçã (ou espalhe um pouco de manteiga de amêndoa ou castanha-de-caju). Por vezes, faço sanduíches abertos sobrepondo camadas de maçã, manteiga de amendoim, frutas vermelhas e banana no topo (consulte o Molho chili da mama Cameron na página 281 para uma variação interessante).

Experimentações com manteigas de oleaginosas

Depois dos sanduíches com manteigas de oleaginosas, diversifique. As manteigas de amêndoa, de castanha-de-caju e de amendoim, assim como o *tahine* (feito de sementes de gergelim moídas), são muito versáteis.

- *Smoothie* **reforçado.** Acrescente uma ou duas colheres de sopa de manteiga de oleaginosa a um *smoothie* – as calorias a mais, a gordura saudável e outros nutrientes transformam o *smoothie* numa refeição revigorante.
- **Lanche rápido.** Acrescente às frutas (banana, maçã, pera, damasco seco), vegetais crus (aipo, cenoura) ou biscoitos cream cracker para um lanche rápido.
- **Molho ou tempero.** Eis a fórmula do nosso molho básico: misture três partes de manteiga de oleaginosa, duas partes de vinagre de cidra, uma parte de água e tempere com sal e pimenta. E outro molho que confere textura e cremosidade a qualquer salada ou vegetal cozido é o seguinte: junte duas partes de *tahine* com uma parte de vinagre de arroz ou suco de limão espremido na hora. Acrescente água, um pouco de cada vez, até o molho alcançar a consistência desejada (é impossível indicar uma quantidade exata de água, uma vez que a espessura do *tahine* varia muito). Tempere com sal e pimenta e, se preferir, acrescente um dente de alho pequeno esmagado. É ótimo com couve-flor assada, qualquer salada de folhas verdes ou chucrute.

Faça amizade com sua faca

Uma alimentação à base de vegetais pode dar errado se você ingerir muita comida processada (salsichas veganas, batatas fritas, entre outros). Todavia, se os vegetais forem sempre proeminentes na sua refeição – seja no prato principal, ou como acompanhamentos –, estará no caminho certo. Uma queixa recorrente sobre a alimentação à base de vegetais é de que requer mais tempo de preparo do que um pedaço de carne jogado em cima da grelha. Uma das melhores formas de diminuir o tempo de preparação dos vegetais é utilizar uma faca adequada e afiada.

Faca do *chef*: 20 cm de comprimento; adequada para cortar, fatiar e picar.

Faca de cozinha: entre 10 e 15 cm de comprimento; mais fácil de manusear com frutas e vegetais menores.

Faca de legumes: utilizada para descascar e tirar sementes.

(cont.)

> O ideal é que, ao comprá-las, pegue as facas para avaliar se são confortáveis. De forma geral, o que mais vai fazer é cortar, então invista numa tábua de cortar carne (se for vegano, não precisa se preocupar com contaminação cruzada) ou simplesmente compre um conjunto de tábuas de corte baratas no IKEA.

Trate a carne como o cigarro

Pense em diminuir o consuco de carne da mesma maneira que algumas pessoas pensam em diminuir o número de cigarros que fumam: comece por eliminá-la de uma refeição em que de fato não precisa dessa carne. Talvez a fatia de salame na festa da empresa, ou a fatia extra de queijo no sanduíche do lanche. A seguir, pense em trocar opções principais, talvez primeiro o cheeseburguer (é claro!), mas em vez de ir diretamente para a opção vegana, vá primeiro para o peito de galinha ou o hambúrguer de peru, e só *depois* para o hambúrguer vegano. E lembre-se sempre de que qualquer produto de origem animal não contribuirá para a sua saúde, de forma nenhuma.

O que você gosta

Seja benevolente consigo próprio quando começar. Se encontrar alguma receita de que goste imediatamente, ótimo. Integre-a na sua rotina normal e fique atento para acrescentar outras. Todos nós gravitamos em direção a coisas de que gostamos. Prepare-se para acrescentar refeições novas, à medida que ganha mais confiança no Plano OMD.

CHILI: O ÚLTIMO REFÚGIO

O chili da página 250 é tão apetitoso que nem se configura como OMD. Faço-o desde que estou com Jim. Meus filhos sempre perguntam: "Mãe, quando vai fazer chili outra vez?". O mais curioso é que nem sequer o como, pois tenho um problema com cebolas (e ele leva seis cebolas). Uso luvas e óculos de sol quando as corto, e utilizaria um traje de descontaminação se tivesse um. É definitivamente um trabalho feito por amor.

A mãe do Jim foi quem concebeu a receita original. Estava no Canadá, houve uma tempestade de neve e ela não tinha caldo de tomate, mas tinha uma lata de sopa de tomate da Campbell's, que misturou com carne moída, cebola e feijão-vermelho. A família disse que era o melhor chili que ela já tinha feito, então continuou a prepará-lo dessa maneira.

Quando Jim e eu nos juntamos, ele disse: "Querida, você tem que fazer a receita de chili da minha mãe". De bom grado! Peguei a receita, preparei o chili e depois substituí a lata de *Campbell's* por sopa de tomate orgânica. Mais tarde, eliminamos a carne moída e começamos a utilizar carne de peru moída. Quando nos tornamos veganos, houve um momento de: "*E agora? Como fazemos com o nosso adorado chili?*".

Experimentei com quinoa, que ficava muito bom. Depois, experimentamos com arroz, até que encontramos a "carne" moída da Beyond Meat, e não é possível perceber nenhuma diferença. Quem não faz uma alimentação à base de vegetais experimenta e não percebe nada. Desde então, já fiz muitas vezes. Em geral, preparo uma receita dobrada, pois desaparece em pouco tempo. Jim adora comer as sobras, e as crianças até comem no café da manhã. É um prato OMD que todo mundo gosta.

Use a panela elétrica

As panelas elétricas revolucionaram a preparação de alimentos. Elas conseguem esconder os erros dos piores cozinheiros do mundo.

Para começar, você precisa obviamente de uma panela elétrica. Embora qualquer uma sirva, a Instant Pot é muito popular e é, certamente, uma das mais versáteis e eficazes, pois não só cozinha a baixas temperaturas, mas permite cozinhar à pressão, saltear e executar outras funções (consulte as "Cinco soluções fantásticas com a panela de pressão elétrica", na página 253, para aprender a utilizá-la na preparação de produtos vegetais, como *applesauce*, feijão, arroz, iogurte e tomates pelados).

Se tiver espaço suficiente na geladeira, pode preparar várias refeições de uma vez só. Em vez de armazená-las em sacos zip, que podem liberar plástico na comida, invista em recipientes de vidro (utilizamos recipientes Anchor Hocking Bake 'N Take) ou em frascos de vidro com tampa de rosca (estilo Mason Jar), com dimensões e formatos fáceis de empilhar. Conte com a ajuda de parceiros de culinária – filhos, companheiro, colega de quarto –, reserve uma tarde de fim de semana, crie uma linha de montagem e mande ver (lembre-se de identificar os recipientes quanto ao conteúdo e data, de modo a manter o seu inventário atualizado).

> ## Leve o Plano OMD para a escola
>
> No início de cada ano letivo – ou mesmo ao longo de todo o ano –, levante a bandeira... seja aquela engrenagem que não para de ranger. Pergunte que tipo de opções vegetarianas a escola oferece aos alunos. As crianças que não consomem carne frequentemente ficam apenas com os pratos de acompanhamento, que não são muito saudáveis nem fornecem uma nutrição equilibrada. Pergunte que tipo de proteína alternativa oferecem às crianças que não consomem carne. Sugira que a carne seja servida separada das saladas ou dos burritos, constituindo um suplemento opcional, em vez de uma inclusão obrigatória. Será que poderiam servir tofu ou *tempeh*? (Algumas escolas norte-americanas estão começando a implementar opções veganas. Consulte o site www.healthyschoolfood.org para se inspirar.)

Abuse dos temperos

Não há nada como o manjericão fresco, a cebolinha, o coentro, o endro, a hortelã, o orégano, a salsa, o alecrim e outras ervas frescas para enriquecer o sabor dos seus pratos à base de vegetais. As ervas colhidas podem ser caras e estragar rapidamente, então, considere cultivá-las. Precisa apenas de uma janela ensolarada. Mesmo que não durem muito tempo, é geralmente a opção mais econômica.

Não tem ervas frescas em casa? Mantenha uma reserva de ervas secas, repondo-as regularmente para um sabor mais vibrante (nota: a cebolinha, o endro e a salsa não são ideais para secar, é melhor usá-los frescos). Se tiver acesso a uma loja que venda ervas secas a granel, pode comprá-las em pequena quantidade, para evitar o desperdício.

Opções para ter à mão

O mundo está começando a se atualizar em relação aos produtos vegetais que podem ser consumidos na hora do lanche. Facilite sua vida e tenha à mão algumas das seguintes opções: uma combinação de comida caseira e alimentos preparados a que você pode recorrer rapidamente:

CASEIRA:

- Maçã, pera ou outra fruta qualquer com manteiga de oleaginosa.
- Palitos de aipo ou cenoura com manteiga de oleaginosa ou homus.
- Alface-romana recheada de homus.
- Biscoitos cream cracker integrais com manteiga de amêndoa e geleia.
- Massa integral com feijão-branco, tomate fresco picado e manjericão.
- *Chai latte* de soja (infusão de chá *chai* em bebida de soja quente).
- Tortilha com purê de abacate e molho *salsa*.
- Torradas com abacate – puro ou com tomate.
- *Frijoles refritos* com azeite e ervas.
- Torradas com cream cheese vegano e tomates-cereja fatiados, sal e pimenta.
- Pão bagel com cream cheese vegano e fruta em calda sem açúcar, cortado em pequenos pedaços (para partilhar).
- *Smoothie* (bebida ou iogurte vegetal, banana, outra fruta; consulte as receitas do Jasper nas páginas 220 e 221).
- Uma caneca de granola com bebida vegetal.
- Figos secos recheados com manteiga de amêndoa.
- Pão pita de trigo integral com azeite e *za'atar* ou tapenade.

(cont.)

- Bolinhos de arroz com cream cheese vegano e pimentão.
- Tortilha com queijo vegano derretido e tomate fatiado.
- Tiras de *tempeh* salteadas, com o Molho de amendoim do Jasper (consulte a página 279 ou utilize um molho pronto de manteiga de amendoim).
- Hambúrguer vegano congelado (de cogumelos, feijão, quinoa ou outro alimento integral).

PREPARADOS (CONGELADOS OU DELIVERY, MAS TAMBÉM PODEM SER PREPARADOS EM CASA):

- Pizza vegana congelada (ou caseira, com queijo vegano Miyoko's Creamery e molho de pizza).
- Burrito de feijão pequeno.
- Sushi de abacate e pepino.
- Edamame cozido no vapor com sal.
- Soja em grãos torrada.
- Grão-de-bico torrado, industrializado ou feito em casa.
- *Mix* de frutas secas (comprado ou feito em casa: três partes de amêndoa, duas partes de nozes e uma parte de passas, ou meia de passas e meia de damascos secos).
- Uma xícara de sopa instantânea de feijão ou lentilhas.
- Sopa de missô com tofu.
- *Latte* de soja.
- Barra de castanhas e frutas, ou outra barra energética vegetal (como as da KIND).
- Iogurte vegetal (soja, amêndoa, castanha-de-caju).
- Petisco de algas.

Não esqueça o *umami*

Além do doce, azedo, amargo e salgado, conseguimos sentir um quinto sabor – o *umami*. Esse sabor confere riqueza e complexidade à comida, mas infelizmente está presente principalmente em produtos de origem animal, como a carne, o queijo e o peixe. Para suprimir seu desejo de *umami*, à medida que elimina a carne, acrescente fontes de origem vegetal desde o início. Boas fontes incluem substitutos de carne (como os hambúrgueres da Beyond Meat ou da Impossible Foods), alimentos fermentados (chucrute, *kimchi*, molho de soja, *aminos* líquidos, vinagre balsâmico e *tempeh*), algas *kelp*, cogumelos *shiitake* e *porcini*, ketchup e oleaginosas e sementes torradas. A levedura nutricional, a melhor amiga do consumidor de vegetais, também é ótima (veja a seguir, Abuse da levedura).

ABUSE DA LEVEDURA

Quando aderi à alimentação à base de vegetais, uma coisa de que senti falta, além do leite no chá, foi o queijo – comia colheradas de "queijo" vegano depois do jantar. Foi então que descobri a levedura nutricional e comecei a polvilhá-la em tudo.

A levedura nutricional é um fermento inativo que, contrariando a crença popular, nem sempre contém vitamina B12, então é preciso verificar. A levedura é um ótimo suplemento em muitas receitas, contendo 9 g de proteína completa por dose e conferindo um toque rico e cremoso que, para muitas pessoas, se assemelha ao queijo. Você pode polvilhá-la na pipoca, em massas, sopas e molhos – a levedura acrescenta corpo, complexidade e aquele sabor *umami* do qual você provavelmente sente falta sem o queijo.

Certa noite, tinha acabado de abrir uma nova embalagem de levedura e comi cinco colheres de sopa. Aí você imagina o que aconteceu: cerca de 10 minutos mais tarde, Rose aproximou-se de mim e disse, "mãe, seu rosto está todo vermelho, e seus dedos estão manchados". Ela tinha razão. Os meus pulsos também estavam vermelhos, assim como meus joelhos e meus tornozelos. Corri para o banheiro: minha cara estava toda manchada, e minhas orelhas coçavam e ardiam. Que raio era aquilo?

Acontece que a levedura tem um nível muito alto de niacina, então eu estava tendo aquilo que é conhecido como *flush* de niacina (quando consumimos niacina em excesso, os pequenos vasos sanguíneos do nosso rosto dilatam tanto que a pele fica vermelha). Por isso, agora, quando como levedura, fico só com uma colherada.

Quanto custa de verdade?

Nos Estados Unidos, somos constantemente incentivados a consumir os alimentos que o governo subsidia, pois tais alimentos têm preços artificiais, de modo que são mais acessíveis. Perceba como é a distribuição de subsídios do USDA e de outras indústrias pelo governo norte-americano:

- carne e laticínios: 63%;
- cereais: 20%;
- açúcar: 15%;
- oleaginosas e legumes: 2%;
- frutas e vegetais: 1%.

AUMENTAR A PROPORÇÃO DE PRODUTOS

Até agora, focalizei bastante na substituição da proteína animal por alternativas à base de vegetais. Isso porque, quando fazemos a transição, a tendência é focar nossa atenção naquilo que ficou faltando. Contudo, para mim, a verdadeira magia e encanto da alimentação à base de vegetais foi sempre o que *está lá*: o arco-íris de frutas e vegetais. Quando subtraímos os alimentos de origem animal, surgem no centro do prato milhares de novos vegetais, frutas, frutas secas, sementes, legumes e cereais integrais. As possibilidades são infinitas!

Como o OMD ajuda a Terra

Em 2016, o World Resources Institute* realizou um estudo sobre como a transição estável para uma alimentação à base de vegetais poderia ajudar o planeta. Foram analisados seis cenários diferentes e eis o que foi descoberto:

PADRÃO ALIMENTAR	SE NÓS…	IREMOS…
Diminuição significativa do consuco de proteína animal.	Consumirmos metade da quantidade de carne, laticínios, ovos e peixes que consumimos atualmente.	Proteger 45% mais solos. Produzir 43% menos gases do efeito estufa com origem na produção alimentar.

Se todos fizéssemos isso, salvaríamos… Um território duas vezes o tamanho da Índia.

E eliminaríamos… O triplo do total de gases do efeito estufa emitidos desde 2009.

Dieta mediterrânea tradicional	Consumirmos mais frutas, legumes, leguminosas, cereais integrais, peixe e aves; e consumirmos menos carne vermelha, açúcar e laticínios.	Proteger 11% mais solos. Produzir 11% menos gases do efeito estufa com origem na produção alimentar.
Alimentação vegetariana	Consumirmos mais frutas, legumes, leguminosas, cereais integrais; não consumirmos carne ou peixe; e consumirmos menos ovos e laticínios.	Proteger 48% mais solos. Produzir 56% menos gases do efeito estufa com origem na produção alimentar.

(*cont.*)

---

* Organização ambiental independente e sem fins lucrativos, fundada em 1982, com sede em Washington, nos EUA, conhecida pela publicação bienal do *World Resources*, que reúne dados e análises detalhadas sobre os problemas ambientais da atualidade. [*N. T.*]

MUDE DE ALIMENTAÇÃO E SALVE O PLANETA: O PLANO OMD

PADRÃO ALIMENTAR	SE NÓS...	IREMOS...
Diminuição significativa do consuco de carne de vaca	Consumirmos 70% menos carne de vaca do que consumimos atualmente.	Proteger 33% mais solos. Produzir 35% menos gases do efeito estufa com origem na produção alimentar.

Se todos fizéssemos isso, salvaríamos... Um território do tamanho da Índia.
E eliminaríamos... O dobro do total de gases do efeito estufa emitidos desde 2009.

Substituição da carne de vaca pela carne de porco e de aves	Consumirmos 33% menos carne de vaca e substituirmos por carne de porco e aves.	Proteger 13% mais solos. Produzir 14% menos gases do efeito estufa com origem na produção alimentar.
Substituição da carne de vaca por leguminosas	Consumirmos 33% menos carne de vaca e substituirmos por feijão e soja.	Proteger 15% mais solos. Produzir 16% menos gases do efeito estufa com origem na produção alimentar.

    Quero incentivá-lo a pensar em si próprio como se fosse uma criança, e olhar para essa transição para a alimentação à base de vegetais como se fosse uma brincadeira sem limite de tempo. Reaprender a cozinhar como um consumidor de produtos vegetais é uma experiência sem fim, um projeto artístico em progresso, uma investigação sobre suas preferências e seu paladar. A alimentação à base de vegetais é simplesmente maravilhosa. Corte um kiwi ao meio e observe o padrão das sementes. Maravilhe-se com o verde-azulado de uma cabeça fresca de brócolis. Deleite-se por um momento com o caleidoscópio de cores do corredor de frutas no mercado (compare com a imagem de frango cru ou carne de porco disposta no açougue – nada apetitosa!). Divirta-se com as receitas do Capítulo 7 e envolva a família inteira na seleção dos produtos, na procura por novos artigos de mercearia, nesta nova forma de preparar os alimentos – e tire fotos. Essas novas criações são pequenas obras-primas que você pode compartilhar conosco em www.facebook.com/OMD4thePlanet.

Provavelmente, um dos melhores benefícios da alimentação à base de vegetais é que você nunca terá aquele momento de ressaca alimentar, do tipo "não devia ter comido isso". Até a musse de chocolate mais decadente (consulte a página 298) é ultranutritiva e alimenta seu corpo em nível celular. Eis algumas sugestões para aumentar a proporção de vegetais durante a transição.

Comece com uma bandeja vegana ou uma grande salada. Um truque que aprendi é que as crianças comem o que estiver no prato quando estão com fome. Então, enquanto o prato principal está sendo preparado, coloco na mesa uma tigela de legumes cortados (pepinos, cenouras, tomates-cereja, etc.) e uma série de potinhos com molhos (guacamole, homus, molho vegano para salada). Enquanto esperam ansiosamente pelo jantar, mastigam os vegetais, e metade da responsabilidade nutricional que tenho por eles é satisfeita antes de o prato principal chegar à mesa.

Outra opção é uma grande salada Caesar. Perdi a conta de quantas vezes a coloquei na mesa e as crianças repetiam o prato, antes mesmo do prato principal. Se estiverem com fome, irão comer primeiro a salada. Isso funciona especialmente bem se acostumá-los desde pequenos!

Caça ao arco-íris. Ir na feira com os filhos é muito divertido. Admito que somos mimados na Califórnia, onde é possível encontrar vegetais que não se veem nos supermercados, como brócolis roxos ou couve-flor roxa. No auge da estação, uma banca na feira chega a ter 16 variedades diferentes de ameixas. Durante o outono, adoro contar os diferentes tons de cenoura que podemos encontrar e dispor na mesa um arco-íris de cenouras para comer com molhos. Quinn adora fazer purê de batata e, no verão passado, fizemos um de batata roxa – que delícia!

Coloque os vegetais no centro. Faça uma base de vegetais, depois acrescente outros ingredientes. Por exemplo, corte ao meio uma batata-doce assada ou cozida e cubra com legumes assados ou salteados. Faça espaguete de abóbora e junte um pouco de molho à bolonhesa (consulte a página 267). Utilize um espiralizador para fazer espaguete de abobrinha (uma forma divertida são os *Coodles** com molho de manga delicioso da Melissa, na página 239.

---

* Termo que surge da junção das palavras inglesas *noodle* (espaguete) e *cucumber* (pepino). [N. T.]

***Fiesta* mexicana.** Durante o verão, quando as crianças e eu temos muito mais flexibilidade de horários, fazemos um rodízio da preparação do jantar. Cada filho é responsável por um jantar, do princípio ao fim: vai às compras comigo, planeja a refeição, prepara todos os ingredientes e faz a comida. A seguir, sentamos para comer e partilhar a experiência.

A *fiesta* mexicana sempre é do Quinn, que tem uma receita de guacamole fenomenal (consulte a página 275). Ele corta todos os legumes e os coloca em pratos, com molhos, tacos e tortilhas, para que todos nós possamos montar nossos próprios tacos e burritos. Criamos um buffet de tacos com a "Carne" de oleaginosa para taco vegano cru da Ree (página 245) e o Creme de castanha-de-caju da Pagie Poo (página 278).

Como deixar o feijão de molho

O feijão é um alimento incrivelmente versátil e saudável, tanto em lata quanto cozido em casa. Se comprar enlatado, procure latas ou embalagens sem BPA e prefira sem sal ou com pouco sódio (abaixo dos 150 mg por meia xícara).

Apesar da conveniência do feijão em lata, recomendo o feijão seco. Em primeiro lugar, é barato! Um saco de 5 kg de feijão-preto orgânico equivale a 40 latas de feijão, e sai muito mais barato. O gosto do feijão seco cozido é melhor, e você pode deixá-lo mais firme (se quiser), além de ter controle absoluto sobre a quantidade de sódio e não precisar se preocupar com os químicos presentes no revestimento da lata.

Deixar de molho durante a noite: coloque o feijão na panela onde vai cozinhá-lo e acrescente água até cobri-lo, no mínimo 5 cm. Deixe de molho fora da geladeira por no mínimo 12 horas. No dia seguinte, escorra o feijão. Cubra-o com água nova e leve ao fogo até ferver. Diminua o fogo, mantendo a fervura, tampe e deixe-o cozinhar até ficar macio (cerca de 25 minutos para a lentilha e até duas horas para o feijão). Deixá-lo de molho durante a noite reduz o tempo de cozimento (pois os grãos ficam mais macios antes de serem cozidos) e, ao jogar fora a água da imersão, também joga fora alguns dos compostos do feijão que podem provocar flatulência.

(cont.)

Caso tenha esquecido de colocar o feijão de molho, não se preocupe! A maioria dos feijões (especialmente se não forem velhos) leva cerca de 30 minutos (as lentilhas até menos) a duas horas para cozinhar. Passe-os na água, coloque-os numa panela, cubra com bastante água, deixe ferver, diminua o fogo e deixe cozinhar até ficarem tenros. Ou, então, use uma panela de pressão elétrica (para obter instruções, consulte as "Cinco soluções fantásticas com a panela de pressão elétrica", na página 253).

A matriz de pizzas do Quinn

Um dos jantares especiais do Quinn é pizza, tanto que ele criou a matriz de pizzas para aperfeiçoar sua técnica. Depois de dispor sobre a mesa todos os ingredientes, nós compomos nossas pizzas individuais e o Quinn as assa para nós. A seguir, algumas das nossas combinações favoritas, ainda que as possibilidades sejam virtualmente infinitas. Asse em forno preaquecido a 230 °C, por cerca de 10 minutos, até que o queijo vegano derreta.

Massa	Base	Cobertura	Queijo vegano
Massa de pizza	Molho de tomate	Pimentões salteados, cebolas, brócolis	Queijo ralado Daiya
Tortilha	Frijoles refritos	Milho	Queijo vegano Miyoko's Creamery
Bagel	*Pesto* do Quinn (página 280)	Salsicha vegetal Hungry Planet fatiada ou "carne" moída Beyond Meat	Muçarela ralada Follow Your Heart

Monte um buffet de massas. Rose adora fazer massa; no verão, adoramos o seu molho de tomate caseiro. Fazemos três tipos de massa – *penne*, *fusilli* e espaguete – e três tipos de molho – o *Pesto* do Quinn, o molho de tomate da Rose e um à bolonhesa –, e todos têm três tigelas pequenas para personalizar as suas combinações.

Deixe os *chefs* assumirem. Às vezes, adoro sair da cozinha e observar o que as crianças inventam quando estão com fome. Um verão, Rose tinha trazido uma amiga para passar a noite e decidiu fazer uma salada. Foi à horta, colheu tomates e ervas, trouxe-os para a cozinha e começou a trabalhar, usando a gigantesca faca de *chef* como se fosse dona da cozinha. Outro dia, ofereci panquecas e ela respondeu: "Não, mãe, vou tomar um café da manhã da horta". Foi à horta e voltou com um pepino enorme numa mão e um tomate na outra, alternando mordidas em cada um, enquanto o suco escorria pelos braços, rosto e camisas – uma visão que faria qualquer mãe sorrir. Coisa mais fofa!

Linha de montagem de rolinhos primavera. Meu irmão Charlie é famoso pelos rolinhos primavera – roubamos a ideia dele e fazemos juntos muitas vezes (consulte a receita na página 264). Utilizamos burritos de arroz, que mergulhamos em água fria durante cinco segundos e em seguida recheamos com legumes frescos, brotos e hortelã, cobertos com o Molho de amendoim do Jasper (página 279). Este jantar é uma das ocasiões mais agradáveis, pois todos podem montar sua própria refeição da maneira que quiserem. Faz um sucesso enorme entre as crianças e seus amigos.

Chá das cinco do Ben. Um dos meus lanches favoritos feito pelo Ben, pela Rose e por uma de suas amigas foi um chá das cinco, composto por 12 pratos – cada um era um pequeno aperitivo feito de vegetais ou frutas. Ben fez aperitivos salgados, como bolinhos de arroz redondos com cream cheese vegano, metade de um tomate-cereja no topo e uma pitada de sal e pimenta, além de bolinhos doces de arroz, cortados em forma de animais, com manteiga de amendoim e geleia. Um dia, ele fez um jogo de xadrez de legumes: o tabuleiro, tecido com folhas de palmeira muito bonito e colorido, e os seguintes alimentos (em combinações engraçadas) servindo como as peças de xadrez:

- maçã;
- banana;
- mexerica;
- abacate;
- morango;
- castanhas-de-caju;
- pêssego.

CAPÍTULO 5 • UMA REFEIÇÃO POR DIA

Isso foi no início da nossa transição e, ao transformar o lanche da tarde num jogo, Ben ajudou Rose a se apaixonar por essa nova forma de comer (veja as fotos do jogo de xadrez e de outras atividades divertidas em www.omdfortheplanet.com/gallery).

Comece pelo doce. Quando sirvo frutas pela manhã, dou às crianças um palito ou um garfo elegante de *cocktail* para as espetarem, pois eles acham mais divertido do que com um garfo comum.

A MINHA HISTÓRIA OMD

Zoe Nachum

Estou no sétimo ano e comecei uma alimentação à base de vegetais em fevereiro de 2016. A minha mãe me explicou o que acontecia nos matadouros, pensei um pouco sobre o assunto e comecei a fazer a transição lentamente. No início, senti falta de algumas coisas que costumava comer, como frango e queijo, mas depois encontrei opções idênticas, então ficou mais fácil. Gosto realmente de "frango" de soja ou tofu. Minha mãe cozinha no mesmo forno em que costumava fazer o frango verdadeiro ou outra carne qualquer. Gosto das fatias de queijo vegano da *Follow Your Heart* – não como muito, mas são muito boas quando tenho vontade de comer queijo. Quando comecei, ainda comia ovos em bolos ou em pão. Mais tarde, minha mãe encontrou uma opção para o pão que não leva ovos: o pão *Dave's Killer*, que é muito bom.

Às terças-feiras, minha antiga escola recebia o carregamento de tacos. Eu não comia nada, pois o que não tinha carne tinha laticínios, então levava um sanduíche de casa. Gosto da variedade de alimentos que há para escolher na MUSE, com diferentes opções, todos os dias – não fico limitada a apenas uma coisa. Gosto muito da sopa de missô! Também gosto da tigela com arroz, cebolas e tofu. No balcão da comida, escolhemos legumes diferentes para acrescentar ao prato.

Se alguém da minha idade estiver pensando em aderir a uma alimentação à base de vegetais, sugiro que faça sua própria pesquisa para saber que tipos de alimentos são vegetais e quais não são, ou o que acontece dentro de um matadouro ou de uma fazenda leiteira. Tomar conhecimento dessas coisas foi algo que me tocou e me ajudou a tomar essa decisão. Além disso, consumir carne e laticínios também é muito negativo para o ambiente. Recomendo que as crianças experimentem – talvez gostem!

Dicas profissionais

Não se sente muito à vontade na cozinha? Não se preocupe. Aqui vão algumas regras de ouro para ajudá-lo a preparar os vegetais, quando o Plano OMD ainda for uma novidade.

Corte todos os vegetais do mesmo tamanho. Não precisa ser milimetricamente, mas se cortar e fatiar os vegetais de uma forma razoavelmente uniforme, irão cozinhar uniformemente, o que significa que o brócolis, a batata e os outros vegetais terão o mesmo grau de firmeza em todo o prato.

Acelere com cubos. Está com pressa? Quanto menores forem os cubos ou as fatias dos vegetais, mais rapidamente cozinharão. Isso é especialmente importante para vegetais que precisem de muito tempo para cozinhar, como as beterrabas e as batatas. Uma batata-doce ralada (ou cortada finamente) pode assar num forno a 200 °C em 10 a 15 minutos, mas leva 45 minutos se estiver inteira.

Rale batata-doce ou beterraba na sopa. Isso dá cremosidade e substância à sopa. Se não tiver tempo para ralar, pode comprar vegetais pré-ralados na maioria dos supermercados.

Rale vegetais na salada… e, em seguida, esprema uma laranja por cima, para que os vegetais não fiquem escuros. Um dos meus pratos favoritos em Paris era a *salade de crudités* – cenoura, beterraba e abobrinha raladas, regadas com um vinagrete simples. Tão bom que ainda me lembro da primeira vez que a comi.

Quesadillas e burritos para o café da manhã. Meus filhos sempre adoraram quesadillas. Trocamos as quesadillas de queijo, com um pouco de vegetais, para quesadillas com muitos vegetais salteados, um pouco de queijo vegano e *frijoles refritos*. O favorito da Claire consiste em misturar uma lata de *frijoles refritos* de feijão-carioca com uma lata de feijão-preto e utilizar essa mistura num burrito (só tenha cuidado com o queijo vegano – alguns são realmente bons, mas outros nem tanto. Consulte a página 317 para ver as minhas recomendações).

Costumava fazer burritos no café da manhã com feijão, molho salsa e ovos mexidos. Agora, fazemos com tofu mexido, feijão-carioca e feijão-preto, e salteamos quaisquer vegetais que tivermos à mão e cobrimos com molho *salsa*. A família inteira adora.

Jantar embrulhado no papel-alumínio. Tínhamos uma antiga banheira de ferro que ficava no quintal da nossa casa no Colorado, e as crianças adoravam utilizá-la para fazer uma fogueira e assar *s'mores** (com *marshmallows* veganos). Uma noite, elas disseram: "Devíamos fazer um jantar embrulhado no papel-alumínio!", um modo de cozinhar divertido que aprendi num acampamento. Então, pegamos papel-alumínio, pusemos em cima algumas batatas e batatas-doces, "carne" vegana moída, cebolas, pimentões vermelhos, alho, abóbora, queijo Daiya e cada um embrulhou o seu. Assim que o fogo ficou em brasa, deixamos os pacotes lá cozinhando. Depois, experimentamos as misturas uns dos outros. Também dá para fazer dentro de casa, na lareira, numa longa noite de inverno. Dá até para assar milho na espiga ou uma torta de maçã assim.

COMO CONVENCER SEUS FILHOS A COMER VEGETAIS?

Tenho uma amiga que ficava sempre incrédula quando vinha a minha casa: "Oh, meu Deus, como é que você convence seus filhos a comer vegetais?". Dizia que a filha só comia donuts e pizza. "É só isso que ela come, por isso nem damos outras coisas."

Sugeri que ela começasse devagar, que colocasse à disposição alguns molhos e cortasse um pepino. Basta dizer: "Hoje, vamos provar esse vegetal, depois você pode comer uma fatia de pizza". Em poucas semanas, as duas filhas estavam provando vegetais novos todas as noites.

Outra forma de incentivá-los a comer mais vegetais é ajudá-los a cultivar uma horta. Não é preciso um quintal. Você pode cultivar

---

* Popular nos Estados Unidos e Canadá, consiste num sanduíche de bolacha recheado de *marshmallow* assado na fogueira e um pedaço de chocolate. [*N. T.*]

tomates-cereja em vasos na varanda, no pátio dos fundos ou até no parapeito da janela. Havendo a possibilidade de seus filhos verem as plantas crescer e de ingerirem os vegetais colhidos na hora, não há melhor forma de aguçar sua curiosidade. Vale até participar de uma horta comunitária.

Precisamos acreditar que as crianças aceitarão o desafio, se confiarmos nelas. E se tudo falhar, aplique a antiga regra para criação de filhos: se estiverem com fome, uma hora vão comer.

Sim, somos veganos e criamos abelhas

Os veganos eticamente rigorosos não comem mel. Nós comemos, na verdade, criamos nossas próprias abelhas, por isso, sabemos que nosso mel tem uma origem ética e responsável. Além do que, nossas abelhas são muito felizes.

Todos os anos, aumentamos em um terço a população de abelhas na nossa casa na Nova Zelândia. Começamos com 100 colmeias e agora temos 450. Também vendemos as colmeias excedentes aos vizinhos, para que todos possamos contribuir para apoiar a população de polinizadores da Nova Zelândia.

Nos Estados Unidos, não temos colmeias, mas temos no jardim muitos arbustos de polinizadores e chorões-das-praias, de modo que as abelhas estão sempre por perto. Na verdade, quando as flores dos chorões-das-praias estão abertas, temos muito cuidado ao passar perto das plantas – o menor toque pode assustar uma nuvem inteira de abelhas escondidas. É bom saber que contribuímos para aumentar a população de abelhas em ambos os hemisférios do mundo, ao mesmo tempo que obtemos mel saboroso. Se você consome mel e quer ter certeza de que o que compra tem uma origem ética, adquira mel de apicultores locais que pratiquem "apicultura equilibrada". Se estiver nos Estados Unidos, procure no frasco o selo de certificação True Source Certified. Além disso, compre em pequenas quantidades e recorra ao mel apenas como uma guloseima, e não um ingrediente.

(*cont.*)

CAPÍTULO 5 • UMA REFEIÇÃO POR DIA

Plano de transição OMD de 14 dias

Se prefere uma forma mais estruturada de experimentar o Plano OMD, aqui está a solução. Escolhi uma série de receitas OMD para mostrar como pode ser fácil. Essas receitas para os dias da semana são versáteis, e muitas podem ser usadas em outras receitas, de modo que poderá utilizar as sobras para elaborar outro plano de refeições OMD. Além disso, são muito rápidas e geralmente fáceis de preparar.

DIA 1: Mistura MUSE-li (página 222)

Comece seu dia com uma deliciosa tigela de MUSE-li, o café da manhã perfeito. Combine uma xícara da mistura MUSE-li seca com cerca de ¼ quarto de maçã grosseiramente ralada e cerca de ¼ de xícara de bebida de amêndoa. Finalize com fruta fresca de sua preferência.

DICA: A bebida de amêndoa não é apenas para o MUSE-li: pode utilizá-la com seus cereais preferidos, numa versão OMD.

DIA 2: Feijão-preto básico (página 243)

O feijão em lata facilita a preparação dessa receita. Você pode utilizar este feijão-preto em praticamente tudo, desde burritos a um jantar de arroz com feijão.

DICA: Em vez de utilizar *frijoles refritos* pré-cozidos, que frequentemente contêm gorduras de origem animal, passe o feijão num robô de cozinha. Junte um pouco de molho de tomate se preferir uma consistência menos espessa.

DIA 3: Pasta de queijo vegano da Ree (página 275)

Esta pasta de queijo vegano repleta de proteína é muito agradável quando se sente vontade de comer algo mais encorpado. Além disso, é muito fácil de preparar. Basta passá-la sobre uma torrada integral e cobri-la com tomate e pepino para um lanche rápido.

DICA: Além de poder ser passado em torradas, este prato pode ser usado como molho para palitos de vegetais frescos. E você pode até duplicar a receita, já que dura cerca de uma semana na geladeira.

DIA 4: Sanduíche de "frango" de churrasco com coleslaw (página 256)

Adoramos as tiras congeladas de "frango" da Beyond Meat, pois são sempre uma opção fácil e rápida. Usar repolho pré-cortado também diminui consideravelmente o tempo de preparação. E o que me diz de uma maionese vegana em vez da maionese convencional? Prometo que você não notará nenhuma diferença (para obter uma lista das nossas marcas veganas favoritas, consulte a página 317).

DIA 5: Musse de chocolate da Pagie Poo (página 298)

É possível preparar essa musse de chocolate sublime em menos de 10 minutos. Guarde na geladeira e terá sempre à mão uma guloseima digna de compartilhar – mas ela é tão rica e saciável, que talvez você nem queira dividir.

DICA: Para um prato de tofu batido como este, enrole o tofu num pano de morim ou numa toalha de papel e comprima delicadamente para eliminar o excesso de umidade.

DIA 6: Tofu mexido (página 224)

As proteínas vegetais podem proporcionar um café da manhã muito saciável. Dobre a receita para ter à mão, caso precise fazer uma refeição a mais pela manhã.

DICA: Dica do Ben: salteie quaisquer vegetais que tenha disponíveis e, em seguida, disponha-os numa tortilha grande, junto com o tofu mexido, e enrole.

DIA 7: Molho de amendoim do Jasper (página 279)

Quando estiver com vontade de comida chinesa ou tailandesa, este molho será útil. Pode molhar pedaços de vegetais nele, usá-lo com massas ou para dar um toque interessante a um sanduíche carregado de vegetais.

DIA 8: "Carne" de oleaginosa para taco vegano cru da Ree (página 245)

Quem não tem vontade de comer um taco de vez em quando? A melhor parte de uma receita como essa é que a "carne" do taco é composta por uma mistura de tomates secos e oleaginosas que fica pronta em menos tempo do que é preciso para grelhar 500 g de hambúrguer. Todavia, recomendo que a prepare de manhã cedo e deixe descansar na geladeira; os sabores melhoram depois de 6 a 12 horas.

DICA: Por que deixar de comer tacos? Esta "carne" de oleaginosa também vai bem com saladas, dentro de uma quesadilla ou misturada com um pouco de arroz integral cozido (um prato de acompanhamento fácil de preparar).

DIA 9: *Scones* de coco, mirtilo e limão (página 230)

Esses *scones* requerem goma de linhaça (uma mistura de sementes de linhaça moídas e água, que assume o lugar de um ovo tradicional nesta receita). De fato, você pode utilizar goma de linhaça para substituir ovos de galinha em muitas receitas de panificação, embora possa ser necessário alguma experimentação.

DICA: As sementes de linhaça moídas podem ficar rançosas rapidamente, então o ideal é moer apenas a quantidade que precisa e utilizá-la imediatamente, ou guardá-la na geladeira até que precise utilizá-la.

DIA 10: Creme de milho da mama Amis (página 251)

Comida saciável, doce, cremosa e sublime; irá surpreender os seus amigos e familiares quando disser que é uma receita vegana.

DICA: Quando o milho estiver no auge da colheita, planeje com antecedência e congele alguns para este prato. Ao cozinhar o milho para um prato como este, não há necessidade de branqueá-lo previamente. Basta debulhar os grãos crus da espiga, raspar o "leite" da espiga e colocar o milho em sacos pequenos para congelar. Retire todo o ar possível do saco e desfrute dele daqui a dois ou três meses.

DIA 11: Faláfel fantástico (página 242)

Experimente fazer seu próprio faláfel num fim de semana em que tenha um pouco mais de tempo e em que possa envolver a família toda na preparação dos sanduíches.

DICA: Usar grão-de-bico em lata é muito prático; e se reservar o líquido da lata, poderá usá-lo no dia 12 para preparar o suspiro para a semana seguinte.

DIA 12: Merengues da Saranne (página 293)

Estes doces são tradicionalmente feitos com claras de ovos, mas você pode ter os mesmos resultados utilizando o líquido drenado de uma lata de grão--de-bico. Conhecido como *aquafaba*, fica notavelmente leve e fofo quando é batido.

DIA 13: Creme de castanha-de-caju da Pagie Poo (página 278)

Este creme de castanha-de-caju, que consiste essencialmente em castanhas-de-caju cruas deixadas de molho em água e a seguir transformadas em purê, torna-se a base de muitos pratos deliciosos. Basicamente, pode utilizar esse purê da mesma forma que utilizaria creme de leite em tudo, de sopas a molhos para salada.

DICA: Para pratos doces, substitua o alho, o limão e a levedura nutricional por três ou quatro tâmaras medjool sem caroço.

DIA 14: Espaguete à bolonhesa (página 267)

Esta receita serve para mostrar que uma alimentação à base de vegetais não significa que você precisa abdicar de refeições nutritivas e saciáveis. Se preferir, misture meia xícara de Creme de castanha-de-caju da Pagie Poo (página 278) no molho para dar mais sabor.

O PRÓXIMO PASSO

Depois de seguir o Plano OMD por algumas semanas, pare e analise – como se sente? Concentre-se nos aspectos positivos. O que está funcionando melhor? Analise esse êxito e duplique-o. Se está gostando e sente vontade de expandir a alimentação à base de vegetais para outras refeições, pode começar a usar o Plano OMD para duas refeições por dia – ou até mais! Também pode experimentar a abordagem de Kathy Freston: designar um dia para ser AMD* (todas as refeições diárias). Depois, *progrida* nessa direção, acrescentando mais um dia, depois outros. Eis algumas sugestões para acrescentar à sua vida mais refeições à base de vegetais.

1. Existe uma refeição-padrão que poderia comer facilmente todos os dias? Muitas pessoas fazem um café da manhã vegano: aveia com bebida de linhaça, cereais com bebida de soja, tofu mexido. O seu OMD está definido – não precisa pensar duas vezes. Comece agora a desenvolver da mesma forma um repertório padronizado de almoços.
2. Desafie todos em casa para um concurso Contador de Alimentação Verde – quem é que consegue poupar mais litros de água até o final da semana? Observe suas planilhas do Contador de Alimentação Verde

---

* Do inglês, *all meals a day*. [N. T.]

da semana que passou. Como se comparam com sua forma de comer quando começou o Plano OMD? Quantos litros de água economizou? Quantos quilômetros de ar sufocante deixou de emitir ao pobre ambiente? Quantos metros quadrados de solo intocado protegeu?

3. Progrida na tabela de "Emissão de gases de efeito estufa", na página 127. Comece pelos alimentos que normalmente seriam o centro da sua refeição (carne de vaca ou porco) e, em seguida, suba na escala (carne de porco ou frango). Prossiga e desafie-se a chegar a números cada vez mais baixos.
4. Consulte as receitas do Capítulo 7 e assinale seis que pareçam muito saborosas. Comprometa-se com elas na semana seguinte. Tome notas, reflita e repita o processo, acrescentando uma receita por semana.
5. Experimente as Segundas-feiras sem carne, a Abordagem redutora ou a Abordagem VA6 (vegano antes das seis) de Mark Bittman. O que quer que dê certo para você, para seu ritmo, para sua vida.
6. Peça a todos que escolham uma refeição por semana para prepararem. Leve-os às compras, ajude-os com o planejamento da refeição e seja o cozinheiro assistente (e *sous chef*, se for necessário). A ajuda de outros vai aumentar a participação deles e vai aliviar um pouco a pressão sobre você.
7. Siga o Plano OMD durante um mês e, numa data específica, acrescente outra refeição – e repita o processo.
8. Há sempre o desafio dos 21 dias – siga plenamente a alimentação à base de vegetais durante 21 dias, só para perceber como se sente. Então, no dia 22, acrescente alguns produtos de origem animal e veja como se sente. Prevejo grandes mudanças. Algumas pessoas ingerem alguns produtos de origem animal e percebem que não estão preparadas para seguir o OMD por completo, mas descobrem que estão satisfeitas com muito menos carne do que antes. Não há nenhum problema!

DESFRUTE SEU PRÊMIO

Como se sente? Como uma estrela do rock, espero eu! Está salvando o planeta, uma refeição de cada vez, caro amigo. Está ativamente tornando o mundo um lugar melhor.

Se escolher manter o Plano OMD pelo resto da sua vida, essa única mudança contribuirá mais para a reversão das alterações climáticas do que qualquer outra coisa que tenha feito antes. Espero que perceba como isso é significativo – é uma realização tremenda. Por favor, partilhe esse sentimento de realização com sua família e seus amigos; mostre como está orgulhoso e como se sente bem, no corpo e na alma. Pergunte se gostariam de se juntar a você.

O Plano OMD restaurou minha esperança de que um único indivíduo *pode* fazer a diferença, e de que juntos temos o poder de enfrentar as alterações climáticas, começando aqui e agora. Além da quantidade de água, gases do efeito estufa e terra que minha família poupou desde a transição, penso em todas as outras pessoas com quem conversamos e visualizo o efeito em cascata do Plano OMD em ação.

Levamos muitos amigos, familiares, conhecidos, pais, professores e, inclusive, alunos a adotarem este tipo de alimentação – e a quantas pessoas falaram? Um casal australiano nos visitou na Nova Zelândia durante dois dias. Posteriormente, enviei a eles um saco com presentes, e há três anos, talvez quatro, seguem uma alimentação à base de vegetais. Encontrei recentemente o marido, que foi sempre muito calado e pouco sorridente. Pois bem, ele perdeu entre 15 kg e 20 kg e agora é o sr. Sorriso. Outra pessoa que renasceu e que segue uma alimentação à base de vegetais é Bill Foley, que cresceu numa fazenda de criação de gado do Texas e saiu de uma reunião conosco sobre o tema completamente diferente, com um saco de livros e DVDs. Depois de 10 meses, ele entrou em contato conosco e contou que tinha perdido 15 kg, eliminado 100 pontos do seu colesterol e que a sua pressão arterial tinha passado de 155/110 para 120/80 – tudo em 10 meses. O médico dele não conseguia acreditar.

Tenho dezenas de histórias como essa.

Pois bem, caso se sinta motivado, inspirado e pronto para o próximo passo, está na hora de falar sobre o Compromisso Total – o que é preciso, em que consiste e todos os benefícios para a saúde que você e sua família irão colher ao assumirem esse nível adicional de compromisso com a Terra e com sua própria vida.

Capítulo 6

Compromisso Total

Está preparado?

SVS! Só vegetais, sempre!

Por vezes, há um momento na vida em que queremos dar um grande passo em direção ao futuro. Talvez você tenha aderido ao Plano OMD durante algumas semanas e começou a sentir que tem mais energia, que a sua pele está mais brilhante, e quer ir além. Talvez sinta que seu raciocínio está mais ágil do que antes, e agora quer saber se terá outros benefícios se comer menos carne.

Talvez sua saúde tenha dado um susto recentemente, e você se sente preparado para fazer uma grande mudança e alterar os rumos do seu corpo.

Talvez esteja farto de lutar contra a balança e queira uma abordagem alimentar que seja garantida, simples de entender e de seguir, que seja sustentável para o resto da vida.

Talvez esteja farto de assistir ao sofrimento do planeta e queira fazer algo, qualquer coisa, para ajudar a preservar a Terra para todas as crianças no futuro.

Talvez já pense há algum tempo em aderir a uma alimentação cem por cento à base de vegetais, ou talvez ao ler este livro tenha começado a pensar no assunto.

Essa solução é simples e elegante. É uma escolha que impacta todas as outras.

Você pode assumir o controle da sua vida, da vida da sua família, da sua saúde e do seu futuro. Você tem o poder de mudar o mundo.

Não precisa colocar painéis solares no telhado. Não precisa conduzir um carro elétrico. Não precisa mudar todas as lâmpadas. Claro que seria ótimo fazer isso tudo, mas, se prestar atenção ao tipo de comida que compra para a sua família e ao que prepara na hora das refeições, isso, por si só, fará uma grande diferença.

Você não precisa ser perfeito. Não precisa se transformar num *hippie* de cabelo desgrenhado que abraça árvores, queima incenso e usa colares de sinos, paz, amor e pombas. Também não precisa batucar tambores e dirigir um Prius. Se fizer tudo isso, basicamente, terá passe livre (mas talvez seja melhor não sair correndo para comprar um SUV beberrão de gasolina ou algo do gênero, afinal, o SUV é a moda de hoje, assim como a carne era moda no passado!).

Vou dar um exemplo: adoro tomar banho de imersão, mas não o faço com frequência, pois gasta muita água. Então, quando tomo, faço com consciência e desfruto da experiência. Uma noite, estava no meu habitual conflito sobre se deveria ou não entrar na banheira, quando Jim se aproximou e disse "querida, tome o banho. Tem noção da quantidade de água que você poupou só com o jantar de hoje?".

Pense também no tempo. A alimentação à base de vegetais me rendeu horas de vida que não teriam existido antes. Um estudo da Mayo Clinic, publicado no *Journal of American Osteopathic Association*, em 2016, determinou que 17 anos de alimentação à base de vegetais poderão prolongar a vida em quase 4 anos (3,6 anos, para ser exata).[157]

Assim, fiz um pequeno cálculo: se me comprometer com a alimentação à base de vegetais durante os próximos 17 anos, ganharei 3,6 anos de vida. Se amortizar esses 3,6 anos em cada uma das 18.615 refeições à base de vegetais que irei consumir nesse tempo, a média será de 101,64 minutos de vida a mais por refeição.

Quer dizer que ganharei mais de uma hora e meia de vida para cada uma daquelas refeições deliciosas, nutritivas e revigorantes? Estou dentro. É um ótimo negócio.

Bom, antes que alguém surte: sei que este cálculo não é nada científico. Há muitos fatores externos a considerar. No entanto, será que vale como orientação geral, regra de ouro, ou forma de quantificar a minha jornada vegana? Vou atribuir o espírito dessa matemática pouco clara à fé.

O Compromisso Total mudou para melhor todos os aspectos da minha vida. A minha saúde melhorou. Fiquei mais forte. Os meus relacionamentos se tornaram mais profundos. Fiquei mais esperançosa quanto ao futuro e me tornei uma protetora ferrenha e arrojada da Terra e de todos os seres vivos nela.

O Compromisso Total foi o meu meio, o meu caminho para esta nova forma de ser. E como é gratificante ajudar outros a enveredarem pelo mesmo caminho.

OS BENEFÍCIOS DE SE DAR UM GRANDE PASSO

Todos os médicos que integram o quadro de especialistas OMD – Dr. Barnard, Dr. Esselstyn, Dr. Campbell, Dr. McDougall e Dr. Ornish – têm visto transformações na saúde dos seus pacientes apenas uma ou duas semanas após aderirem a uma alimentação à base de vegetais: pressão arterial que cai 30 pontos; colesterol que cai 50, 70, 100 pontos; pessoas com artrite que conseguem caminhar sem dor ou dormir a noite toda pela primeira vez em anos; pessoas cuja medicação para diabetes diminui ou mesmo é eliminada.

Em apenas uma ou duas semanas.

Esses benefícios imediatos do Compromisso Total podem facilitar a transição, mais do que o próprio Plano OMD. Se você alguma vez tentou controlar o colesterol abdicando de um hambúrguer aqui e outro ali, e quase não viu resultados depois de seis meses ou um ano, talvez se sinta motivado ao ver 50 pontos do seu colesterol caírem virtualmente de um dia para o outro.

Você verá. Desde que aderi à alimentação à base de vegetais, tenho muito mais disposição, resistência e energia mental e física do que antes. Estou em melhor forma agora do que quando tinha 20 anos. Se der ao seu corpo um mês, ficará surpreendido com o resultado.

Só precisa passar pelas primeiras semanas de transição.

O COMPROMISSO TOTAL EM DOIS PASSOS

O Dr. Barnard aconselha que as pessoas adiram ao Compromisso Total em duas etapas. Em primeiro lugar, reserve uma semana para testar o Plano OMD e verificar as possibilidades. Ele aconselha a não mudar sua alimentação, mas ajustar seus pratos favoritos. "Experimente o chili vegano em vez do chili de carne. Em vez de massa com molho de carne, experimente shimeji-preto grelhado ou corações de alcachofra", diz ele. Use iogurte de castanha-de-caju no *smoothie* e cremes vegetais para passar nas torradas. Teste esses recursos durante o período OMD.

Essa semana também vai ajudá-lo a saber como transformar suas refeições "normais" em refeições à base de vegetais e determinar quais pratos funcionam. Assim, você terá alguns cafés da manhã, almoços e jantares, e talvez uma refeição num restaurante, que poderá utilizar como modelos.

Após mais ou menos uma semana, a preparação de receitas começará a fazer mais sentido. "É possível encontrar receitas, websites e livros, bem como todo o tipo de utensílios à venda nas lojas. Você vai ver que há muitas outras pessoas interessadas no assunto", diz o Dr. Barnard.

O Dr. Barnard sugere que em seguida experimente o Compromisso Total durante três semanas, para ver como se sente. "À semelhança de um fumante que largou o cigarro, você se sentirá uma nova pessoa. Três semanas após eliminar aqueles alimentos pouco interessantes da sua alimentação, você irá se sentir melhor", afirma o Dr. Barnard. "A glicemia melhora, o colesterol diminui, o peso diminui e o paladar começa a mudar, e você terá uma energia que antes não tinha."

Depois de três ou quatro semanas, você terá atingido o Compromisso Total, a alimentação cem por cento à base de vegetais. Nessa altura, se experimentar um cheeseburguer duplo com bacon, é possível que passe mal. "Você se dá conta de que passou dessa fase", diz o Dr. Barnard. "Não precisa mais disso."

As mudanças poderão ser dramáticas nesta etapa – é provável que sinta os efeitos em poucos dias. Talvez o seu sistema precise de alguns dias para se reorganizar. Se você antes levava uma alimentação muito rica em carne, a sua flora intestinal pode ter dificuldades para digerir toda a nova comida à base de vegetais. É possível que sinta algum desconforto abdominal e tenha que passar mais tempo no banheiro. Apesar disso, persista durante mais algumas semanas – assim que o seu sistema estiver adaptado, começará a se sentir melhor do que nunca.

A MINHA HISTÓRIA OMD

Elle Totorici

Fiz o ensino médio numa escola tradicional no Valley. O almoço no refeitório era tão ruim, que trazíamos comida de casa. Quando comecei a frequentar a MUSE, pensei que seria *estranho ir para uma escola vegana*. Costumava provocar a minha melhor amiga, que é vegana, dizendo que ela estava perdendo o melhor da festa, mas quando professores convidados vinham à MUSE para falar sobre a alimentação à base de vegetais, comecei a perceber o seu impacto – ou o impacto de simplesmente fazer uma refeição à base de vegetais por dia. E, para minha surpresa, descobri que gostava muito dos almoços OMD.

CAPÍTULO 6 • COMPROMISSO TOTAL

Passei a ver documentários, a conversar com veganos, a fazer mais pesquisas. Na mesma época, o médico do meu pai recomendou que ele experimentasse uma alimentação à base de vegetais, e meu pai pediu que eu o acompanhasse. É claro que aceitei! Então, mantive com ele uma alimentação vegana à base de alimentos crus durante 80 dias.

Não planejava seguir uma alimentação à base de vegetais a longo prazo, mas as coisas começaram a mudar. Eu costumava ficar inchada, constipada, ter acne e erupções cutâneas. Também estava anêmica e tinha desequilíbrios hormonais.

Por volta da segunda semana, pensei que tinha perdido muito peso, pois sentia-me mais magra. Quando me pesei, porém, percebi que tinha o mesmo peso, mas o meu inchaço tinha diminuído. A seguir, a acne, que eu vinha combatendo durante anos, começou a desaparecer. Comparativamente ao que tinha antes, agora não é nada. Minha autoestima se elevou, e percebi que tudo isso era resultado da minha mudança alimentar. Os documentários não inventam – a coisa é séria mesmo.

Além de ter menos acne e menos inchaço, tinha mais energia. Fiz um exame de sangue e os meus glóbulos brancos haviam se multiplicado! Atingi o equilíbrio hormonal e parei de ter ciclos menstruais difíceis. Simplesmente tudo tinha melhorado, e fiquei completamente atônita – estava fazendo tudo aquilo por meu pai! Não achava que houvesse algo de errado com a minha saúde. Por fim, meu pai não precisou mais de medicação, e a pressão arterial dele também diminuiu.

Seguir uma alimentação à base de vegetais é mais fácil do que pensei, até mesmo quando se trata de restaurantes. Os meus amigos sempre perguntam onde podem me levar para jantar fora, e respondo sempre que não precisam se preocupar comigo: escolham o restaurante e encontrarei algo para comer.

A parte mais difícil para mim no início foram os aromas. Quando comecei com uma alimentação à base de vegetais, era muito difícil ver os meus amigos comerem pizza ou hambúrgueres. Agora, nem sequer penso que essas comidas tenham um bom aroma. A minha mentalidade mudou completamente. Isso mostra que é possível acabar rapidamente com hábitos e padrões antigos.

Meu pai e eu fizemos essa mudança praticamente do dia para a noite, mas sei que a transição é difícil para a maioria das pessoas. Para quem quiser experimentar, diria que pode ser difícil inicialmente, mas que, se avançar devagar, vai conseguir!

••

A MINHA HISTÓRIA OMD

Sarah Jones

Considero muito importante que a geração que estamos criando agora seja capaz de fazer escolhas melhores do que as nossas. Nós não sabíamos que estávamos fazendo más escolhas! Com o Plano OMD, as crianças aprendem que suas escolhas alimentares beneficiam não apenas a si próprias, mas também ao ambiente.

Tornei-me vegana há cerca de seis anos; os meus cinco filhos, há quatro anos. O meu marido fez a transição há dois anos. Desde que o Plano OMD chegou à MUSE, testemunhei uma coisa extraordinária: pais não veganos que vêm à MUSE maravilhados porque seus filhos antes só comiam bife com batatas fritas, mas, desde que começaram a praticar o Plano OMD, agora comem todo o tipo de vegetais! As crianças veem os amigos comendo vegetais e começam a comer também. As crianças ainda estão aprendendo, então, o que fazem na verdade é seguir o exemplo. E elas adoram a comida. Os pais que vieram há alguns anos, muito céticos acerca das refeições à base de vegetais, estão agora se tornando veganos. A escola e o Plano OMD não só produzem uma enorme mudança nas crianças, mas também nos pais.

Preparo comida vegana em casa, mas deixo meus filhos comerem o que quiserem fora de casa, em festas de aniversário, etc. Quis que tomassem por si próprios a decisão de se tornarem veganos. O meu filho mais velho tem um problema cardíaco, então sempre procurou ter um estilo de vida saudável. Para ele, foi decisivo conhecer os dados que estabelecem a relação entre a alimentação à base de vegetais e as doenças cardíacas! Na MUSE, os alunos dedicam-se a projetos criativos e são sempre incentivados a escolher algo que possa mudar o mundo ou contribuir para conscientizar as pessoas. Minha filha escolheu um projeto sobre o veganismo, e tudo o que aprendeu sobre os animais a tocou profundamente.

De fato, qualquer razão é uma boa razão para se optar por uma alimentação à base de vegetais – há quem deseje simplesmente ficar mais atraente, o que também é uma boa razão!

ALGUNS TRUQUES MENTAIS PARA ADERIR AO COMPROMISSO TOTAL

Você já leu todas as provas de que o simples afastamento da carne vermelha poderá fazer uma enorme diferença, tanto na sua saúde quanto na saúde do planeta. Com o Compromisso Total, as recompensas são ainda maiores, mas, até chegar nesse ponto, a solução é sempre "o progresso acima da perfeição". Assim, apresento alguns truques mentais que nos ajudaram ao longo do caminho.

Tratar a carne como se fosse bolo de aniversário. Uma coisa que ajudou Jim a aderir ao Compromisso Total foi afirmar desde o início que iria "tratar a carne como se fosse um bolo de aniversário" – ou seja, comer carne uma vez ou outra, quando lhe apetecesse. Proporcionar a si próprio essa válvula de escape era tudo o que ele precisava para não se sentir encurralado ou recear falhar se não fosse perfeito. Assim, de 7 de maio de 2012 – o dia em que vimos juntos o documentário *Forks over knives* – a 4 de junho de 2012, Jim não tocou num único produto de origem animal.

Foi então que, enquanto viajávamos por ocasião do nosso aniversário de casamento, Jim ligou para o serviço de quartos e pediu um filé-mignon. Ele viu minha cara de espanto e disse: "O que foi? Eu avisei que não seria categórico".

Quando a comida chegou, ele se atirou avidamente, mas antes da metade do prato, fez uma cara de *nojo* e abandonou o bife. Durante o restante daquele dia, e no dia seguinte, ele passava a mão sobre a barriga e dizia: "estou com uma ressaca de carne".

Se você quer experimentar o Compromisso Total, mas está preocupado se vai conseguir, experimente o truque mental a que o Jim recorreu. Diga a si próprio: "posso comer carne sempre que quiser. Isso não é para sempre". Ter uma escapatória vai ajudá-lo a neutralizar qualquer sentimento de revolta. Se souber que tem "permissão" para comer carne quando quiser, não se sentirá constrangido. O Compromisso Total será uma escolha, e não uma obrigação.

Reformule o rótulo. Uma das maiores frustrações que tenho é que o rótulo dos alimentos orgânicos precisa especificar o que não está incluído no produto, enquanto não é exigido que o rótulo de alimentos convencionais informe aquilo que *de fato o produto inclui* – ou seja, uma tonelada de produtos químicos. Que tal se mudássemos isso?

E se, em vez de irem para uma seção especial, os orgânicos se transformassem nos produtos "normais", e tivéssemos de escolher ir para a seção dos "produtos químicos" se quiséssemos os produtos convencionais? Será que isso nos deixaria um pouco mais apreensivos acerca de escolher aquele tipo de comida?

Se você gosta dessa ideia, pode aplicá-la à sua transição para o Compromisso Total. Em vez de pensar nos produtos de origem animal como o padrão, pense na alimentação à base de vegetais dessa forma. Então, pergunte a si mesmo: "*Quero comer comida ou animais?*".

Pense no pus. Ou crie sua própria associação com um "fator *nojo*", à qual recorrer quando se sentir tentado. Você pode utilizar o truque mental que funcionou para o Sam, meu primeiro marido e pai do Jasper. Sam ficou conosco durante duas semanas, por ocasião do casamento do Jasper, comendo sempre conosco comida vegana. Já fazia um tempo que Sam vinha levando uma alimentação majoritariamente vegana, mas durante um jantar confessou que estava tendo muita dificuldade para abandonar o leite no café.

Jim então respondeu: "Quer pus no seu café?".

Em seguida, explicamos como as vacas leiteiras são forçadas a amamentar constantemente, o que causa mastite crônica, na qual o pus é pervasivo. Para combater a taxa elevada de pus, a indústria leiteira dá antibióticos profiláticos às vacas, de forma preventiva, não para tratamento. Imagine a polêmica se isso fosse feito na prática médica humana! O uso excessivo de antibióticos conduziu ao aparecimento de superbactérias resistentes a antibióticos (como a MRSA*). Estima-se que a perda de antibióticos eficazes será uma das maiores crises de saúde do século XXI.

Foi suficiente. Desde então, Sam não bebeu mais leite. Basta pensar em uma xícara de pus (q*ue nojo!*) e ele desiste da ideia.

---

* Sigla em inglês para *Staphylococcus aureus* resistente à meticilina. [*N. T.*]

O SEU ESTOJO DE FERRAMENTAS PARA O COMPROMISSO TOTAL

Deixe-me reforçar o argumento mais importante do Plano OMD: o objetivo não é a perfeição. Não existe uma forma perfeita de aderir ao Compromisso Total, da mesma forma que não existe uma forma perfeita de comer, adorar, trabalhar, brincar ou amar. Encontre uma forma de incorporar o Plano OMD que funcionou para você, e essa é a forma certa de fazer. Você gostou de receber elogios depois de dois meses de alimentação à base de vegetais, pois apesar de não ter perdido peso, começou a brilhar. Sua pele está maravilhosamente fresca e reluzente. Seus olhos, cintilantes. Seu cabelo, volumoso e brilhante. Você percebeu que gosta de se sentir assim, além de que tem orgulho em contribuir para restaurar o ar limpo e poupar litros de água, então procura agora formas de expandir essa sensação. Cultivar o bem. Essa é a forma perfeita de abordar o Compromisso Total.

É por isso que prefiro dizer que "sigo uma alimentação à base de vegetais", em vez de dizer que "sou vegetariana/vegana". A última é um rótulo, que considero um pouco limitador e intimidante. Além do que, somos todos um pouco rebeldes, e nossa primeira reação quando alguém diz que não se pode fazer X é perguntar imediatamente: "Por que não posso fazer X?!". (Outro dia, Jim utilizou a impressora de etiquetas e fez um rótulo escrito: "*Não acredito em rótulos*". Também não gosto de rótulos, exceto na geladeira e no congelador!)

A alimentação à base de vegetais diz respeito a uma escolha e a uma ação. Gosto de ação. Se preferir um plano prescrito, consulte o Plano de Compromisso Total OMD de 14 dias que começa na página 203 Pessoalmente, adoro sobras (são muito úteis), então, você vai perceber que as incluí em muitas receitas. Também tentei conceber as refeições de forma a poder utilizar semanalmente todos os ingredientes frescos, não havendo assim desperdício de comida.

Vamos lá!

Converse com o seu médico

Por favor, converse com o seu médico antes de começar o programa, especialmente se está fazendo algum tratamento por conta de um problema crônico, como o diabetes ou doença cardíaca. Ao conversar com o Dr. McDougall, o Dr. Barnard e o Dr. Ornish, ouvi muitas histórias de pessoas que precisaram ajustar rapidamente a medicação depois de adotarem uma alimentação à base de vegetais. É verdade que muitas dessas pessoas já têm regimes alimentares bastante rigorosos, mas, ainda assim, muitos precisam ajustar a sua medicação 24 ou 48 horas após iniciar o programa. A mudança ocorre muito rapidamente. Jim e eu não tínhamos quaisquer problemas de saúde, mas depois de três ou quatro dias de uma alimentação à base de vegetais, olhamos um para o outro e nos perguntamos: "Você está se sentindo diferente?". É rápido assim.

Um aviso, porém: existe a possibilidade de o seu médico não o apoiar. Sugiro que leve para ele um livro escrito por outro médico, como o *The China Study*, ou o *Como Não Morrer*, ou um livro do Dr. Neal Barnard. Também poderá indicar o site do Physicians Committee for Responsible Medicine do Dr. Barnard (www.pcrm.org), o site do Dr. Greger (www.nutritionfacts.org), o site do Dr. Ornish (www.ornish.com/) e o site do Dr. Campbell (www.nutritionstudies.org/), ou encaminhá-lo para o American College of Lifestyle Medicine. Se tentar e não receber apoio, há sempre a possibilidade de procurar outro médico. Você pode encontrar médicos que apoiam a alimentação à base de vegetais neste ótimo site: www.plantbaseddoctors.org/.

Ouvi mães relatarem que os seus pediatras disseram que não dar leite de vaca aos filhos era abuso infantil. Não tolere que ninguém lhe diga esse tipo de bobagem.

Faça uma faxina na sua cozinha

Quanto a Jim e eu, nosso primeiro passo – literalmente, a primeira coisa que fizemos – foi limpar a cozinha. Há algo tremendamente fortalecedor em jogar fora fisicamente as coisas que escolhemos eliminar da nossa vida. Tínhamos uma pilha de carne de vaca de pastagem, frango criado livre, ovos enriquecidos com ômega-3 e leite, queijo e iogurte orgânicos. Tínhamos iogurte de cabra das nossas próprias cabras.

Ficamos tão desorientados diante daquele monte de carne na bancada da cozinha, que se tornou uma questão filosófica. Pensamos em doá-la a um albergue, mas por que doaríamos algo que acreditávamos ser um veneno? O meu conselho? Dê ao seu cão ou gato, ao animal de estimação de um amigo, a uma associação local de proteção animal, ou simplesmente jogue fora. Há algo muito terapêutico e libertador em ver a carne na lata do lixo. A associação é visceral: não é comida, é lixo, ponto-final. O nosso corpo merece mais e não será mais tratado como uma lata de lixo.

Se isso parece errado para você, eu entendo perfeitamente – fui criada para nunca desperdiçar comida, então realmente entendo. Se é assim que se sente, poderá deixar de comprar produtos de origem animal enquanto se prepara para o Compromisso Total e, quando tiver consumido o que já tinha antes, estará pronto para começar.

Reabasteça sua despensa

Consulte a Lista essencial para a despensa OMD na página 317, em A sua fonte de recursos OMD (ou acesse www.omdfortheplanet.com/get-started/resources para obter a versão digital), e leve-a com você ao supermercado. Não precisa comprar tudo de uma vez; poderá acrescentar produtos, à medida que avançar. Basta comprar comida suficiente para uma semana e complementar conforme for progredindo. Não se esqueça do feijão seco e do arroz – a refeição mais barata do mundo e a melhor base para um número infinito de variações.

Prepare os ingredientes (ou compre vegetais pré-cortados)

Para começar bem a semana, prepare alguns ingredientes básicos no domingo. Cozinhe feijão e guarde várias porções na geladeira (ou tenha feijão em lata à mão). Lave e corte brócolis, couve-flor, abobrinha, abóbora, pimentões, cenouras, aipo – pode salteá-los rapidamente ou assá-los no forno. Tenha na geladeira uma grande tigela de homus. Compre vários pés de alface, para preparar uma salada rapidamente. Pode também preparar alguns jantares de frango vegetal ou *tempeh* (veja a receita de *tempeh* na página 141).

Comece com seus pratos favoritos

Tente não enlouquecer no início. Nós, seres humanos, somos criaturas de hábitos, e todos temos pratos habituais que consumimos com frequência. Aproveite a base desses pratos e elabore versões vegetais. Quando encontrar uma receita de que gosta, não se sinta mal por prepará-la repetidas vezes. Elabore uma lista com dois cafés da manhã, três ou quatro almoços e quatro ou cinco jantares, e a seguir faça um rodízio entre essas opções, acrescentando novas refeições à medida que as encontra. Não é vergonha nenhuma simplificar.

Atenção aos carboidratos que não prestam

Muitos ficam entusiasmados por acolherem novamente na mesa massa, arroz e batatas, depois de um jejum de muitos anos. Esses são alimentos vegetais que agradam a maioria das pessoas, e você não precisa mais evitá-los (aleluia!). Eles são ferramentas maravilhosas de transição durante o Compromisso Total.

Os meus vícios são batatas fritas e champanhe – Jim e eu temos direito às nossas batatinhas uma vez por semana, na nossa noite de namoro. Tento comprar as mais saudáveis que consigo encontrar, mas, em última análise, continuam sendo batatas fritas. Também como tortilha todas as noites – orgânicos e sem sal, de milho azul e de milho-verde.

Dito isso, assim que possível, afaste-se destes "carboidratos refinados" e mude para os cereais integrais e para a batata-doce. Se abdicar da carne e continuar ingerindo uma grande quantidade de carboidratos processados, corre o risco de ter problemas de glicemia. Os alimentos integrais são sempre o caminho a seguir.

CUIDADO COM O ARROZ

Tomo bebida de arroz todas as manhãs e como bolinhos de arroz à toa – adoro ambos –, mas ficamos sabendo acerca dos perigosos níveis de arsênio nos produtos à base de arroz (o Dr. Greger os chama de "bolinhos de arsênio"). O arroz orgânico também absorve arsênio do solo, logo, também não está protegido. De acordo com a Consumer Reports,* o arroz basmati integral da Califórnia, Índia ou Paquistão tem um terço a menos de arsênio que o arroz de outras origens; o arroz do Arkansas, Louisiana e Texas tem os níveis mais altos de arsênio.[158] Para diminuir a quantidade de arsênio presente no arroz, você pode lavá-lo e cozinhá-lo numa panela grande, com uma quantidade de água seis vezes maior que a quantidade de arroz, lavando-o novamente depois de cozido. A melhor opção, infelizmente, é simplesmente comer menos arroz. Outros cereais – como o amaranto, o trigo-sarraceno, o milhete, a sêmola de milho, o triguilho, a cevada e o farro – têm muito pouco arsênio.

---

* Revista publicada pela Consumers Union, uma organização norte-americana sem fins lucrativos, orientada para o consumidor. [N. T.]

LIBERTE-SE DAQUELES DESEJOS

Não vou dar a entender que o Compromisso Total é um mar de rosas – não é. Você está se desintoxicando de décadas de ingestão de produtos de origem animal, e a abstinência pode, por vezes, ser complicada. Ainda assim, há algumas estratégias que poderão matar a vontade de comer certos alimentos e ajudá-lo a ultrapassar qualquer momento inicialmente difícil.

Consuma suficiente gordura (boa) para se sentir satisfeito

O mundo da alimentação à base de vegetais padece de uma divisão de ordem filosófica. Muitos membros do nosso quadro de especialistas OMD creem fortemente na abordagem do Dr. Ornish, que prega o baixo consuco de gordura (inferior a 10% de calorias oriundas da gordura). De fato, o Dr. Ornish recomenda que não se acrescente gorduras, óleos, abacate, coco ou azeitonas à alimentação. Outros defensores de uma alimentação à base de vegetais, incluindo os pesquisadores da Loma Linda University e Andrews University (que nos ajudaram a criar o Contador de Alimentação Verde e que efetuaram pesquisas durante décadas junto aos Adventistas do Sétimo Dia nos Estados Unidos), sugerem o consuco de níveis mais altos de gordura, principalmente por meio do aumento da ingestão de oleaginosas.

Se a sua decisão de aderir a uma alimentação à base de vegetais não visa resolver um problema de saúde grave, como o câncer ou uma doença cardíaca (se for esse o caso, procure supervisão médica), não precisa ser tão categórico quanto à ingestão de gordura. Para mim, a mudança mais importante é sentir-se confortável, feliz e satisfeito ao seguir uma alimentação à base de vegetais. E a gordura vegetal contribui em definitivo para isso, especialmente quando a transição se faz a partir de alimentos muito ricos em gorduras de origem animal. Os pesquisadores de Loma Linda University descobriram que consumir diariamente um punhado de oleaginosas baixa o colesterol em 10% e reduz o risco de doença cardíaca em até 50%. Nenhum outro alimento tem esse efeito, que é equivalente ao das estatinas, uma classe de fármacos que baixa o nível de colesterol no sangue ao bloquear no fígado a enzima que produz o colesterol (outra fonte de colesterol no sangue é, obviamente, o colesterol proveniente da alimentação).[159] Outros estudos relacionam o consuco de oleaginosas à redução do câncer, com níveis reduzidos de inflamação e com o abrandamento do processo de envelhecimento. Um estudo recente descobriu também que as oleaginosas fortalecem as frequências das ondas cerebrais relacionadas com o pensamento, a aprendizagem e a memória, bem como outras que nos ajudam a dormir.[160] A propósito, as nozes são o mais indicado para isso.

Se para você a adesão ao Compromisso Total significa ingerir torradas com abacate todos os dias, vá em frente. Se significa comer um punhado de oleaginosas para se sentir saciado à tarde, sou completamente a favor. Muitas das receitas OMD mais apreciadas (consulte o Capítulo 7) apresentam muitas oleaginosas e gordura vegetal. No início, eu comia muita manteiga de castanha-de-caju, manteiga de sementes de abóbora e manteiga de sementes de girassol, mas já não o faço. É provável que chegue um ponto em que você simplesmente sinta menos vontade de ingerir gorduras. Vi isso acontecer com o Jim, com os meus filhos e com outros parentes. Com o tempo, é provável que você perceba que não precisa de tanta gordura como no início, e que basta um pouco para satisfazer por bastante tempo. Não se prive no começo, pois essa sensação de privação poderá sabotar o seu êxito. Concentre-se no prêmio vegano. Você pode fazer ajustes à medida que for ficando mais à vontade com a alimentação à base de vegetais.

Coma mais

Com refeições vegetais, talvez você tenha que comer mais para manter a energia (e evitar que a barriga ronque), à medida que a sua digestão se torna mais eficiente. Preste atenção ao ritmo da sua digestão. Se achar que está ficando com fome logo após as refeições, ingira alimentos mais pesados. E limite-se a comer mais vegetais, ponto-final. Quando comecei a alimentação à base de vegetais, sentia mais fome, então aproveitei a oportunidade para comer mais porções dos meus alimentos favoritos. Coma feijão ou lentilhas, manteiga de oleaginosas e grandes tigelas de aveia – por estranho que pareça, você pode até colocar um pouco de aveia na sopa para engrossar. Coma mais quinoa, coma cereais saudáveis. Prepare comida caseira, chili. Só não passe fome – uma alimentação à base de vegetais deverá ser sempre um prazer, não uma privação. Jim come quase o dobro do que costumava comer, mas perdeu cerca de 15 kg em seis anos. Funciona!

Vá por mim: planeje as refeições

Para algumas pessoas, particularmente em lares onde cada um está correndo para um lado diferente, o planejamento das refeições é um salva-vidas. Para outras, planejar as refeições seria como agendar o sexo – e se chegar a hora e eu decidir mudar de ideia?

Caso se enquadre na última categoria, vou ser muito chata: sugiro que experimente planejar as refeições, ainda que apenas nas primeiras semanas. O planejamento das refeições ajuda a ter uma noção dos seus pratos favoritos, contribui para que desperdice menos comida e diminui um pouco a pressão em dias muito ocupados com outras atividades – é sempre bom se assegurar de que você tem os ingredientes certos em casa, para não acabar comendo só feijão cozido no desespero.

Seguindo a opção mais simples, comece pelo Plano de Compromisso Total OMD de 14 dias a seguir. Outra opção é imprimir um modelo de planejamento das refeições em www.omdfortheplanet.com/get-started/resources e planejar pelo menos três dias de uma vez só. Escolha algumas receitas OMD que sejam interessantes para você e os seus parceiros de refeição, prepare-as e depois acrescente pratos básicos simples que não exijam muito preparo. Verifique novamente o que tem na geladeira e na despensa e compre o que faltar. Em seguida, execute o plano, teste, ajuste e repita. Assim que tiver descoberto suas refeições favoritas à base de vegetais, duplique a receita da próxima vez que a preparar e congele metade, de modo a sempre ter à mão uma refeição pronta.

O planejamento das refeições leva ao êxito. Quanto mais tempo você praticar o Compromisso Total, mais fácil cada parte do processo se tornará. Além do que, você começará a se divertir ao experimentar toda a variedade, cor e puro prazer da alimentação à base de vegetais.

PLANO DE COMPROMISSO TOTAL OMD DE 14 DIAS

Utilize este plano de refeições como um guia para planejar duas semanas de refeições saudáveis para a família. Para manter o plano flexível, a maioria das instruções para o café da manhã e o almoço é para uma porção (embora seja fácil fazer mais) e quatro para o jantar. Outra vantagem é que, quando viável, este plano mostra como cozinhar antecipadamente e quando aproveitar as sobras para preparar refeições simples, mais à frente na semana (consulte a Lista de compras para o Plano de Compromisso Total OMD de 14 dias, na página 327).

DIA 1

CAFÉ DA MANHÃ: Torradas com molho de salsicha vegana: para uma porção, numa frigideira média, derreta 1 colher de sopa de manteiga vegana em fogo médio. Junte 1 colher de sopa de farinha, 1 pitada de sal e pimenta-do-reino preta moída na hora. Cozinhe por dois a três minutos, mexendo até a farinha começar a ficar dourada. Em seguida, misture ½ xícara de bebida de amêndoa sem açúcar e ¼ de xícara de creme de leite vegetal sem açúcar, para engrossar o molho. Corte 1 ou 2 salsichas veganas em fatias finas e acrescente ao molho. Sirva com torrada de trigo integral.

ALMOÇO: Sanduíches veganos: para uma porção, passe 2 colheres de sopa de cream cheese vegano em 2 fatias de pão de trigo integral. Cubra com fatias de pepino descascado e cebolinha-verde picada. Sirva com compota de maçã e manteiga de castanha-de-caju como acompanhamento.

JANTAR: Chili favorito da família da Suzy (página 250) com pão de milho vegano (feito de goma de linhaça, bebida de amêndoa e manteiga vegana no lugar dos ingredientes de origem animal). Guarde as sobras para o almoço do dia 2.

CEIA: Faça pipocas à moda antiga, no fogão, regadas com azeite (em vez de manteiga), e tempere com sal de alho e levedura nutricional a gosto.

DICA: Para adiantar a preparação do jantar do dia 2, aproveite para assar 4 batatas-doces enquanto o chili estiver no forno. Fure ligeiramente a casca com um garfo, pincele-as com 1 colher de chá de azeite e coloque-as numa assadeira forrada com papel-manteiga. Leve-as ao forno por cerca de 1 hora, até ficarem moles.

DIA 2

CAFÉ DA MANHÃ: Aveia fácil: para uma porção, misture 1 xícara de água com ½ xícara de flocos de aveia numa tigela de 500 ml e leve ao micro-ondas em potência alta por 2 minutos. A seguir, misture 1 colher de sopa de manteiga de amendoim e ½ xícara de mirtilos frescos. Regue com xarope de bordo, se desejar.

ALMOÇO: Sobras do Chili favorito da família da Suzy.

JANTAR: Batata-doce assada (veja a dica do dia 1), coberta com couve no alho: para quatro porções de couve, aqueça 2 colheres de sopa de azeite numa frigideira grande em fogo médio-alto. Junte 4 dentes de alho picados, 6 xícaras de folhas de couve cortadas e 1 pitada de flocos de pimenta vermelha. Tampe a frigideira, diminua o fogo e cozinhe por 10 a 15 minutos, até a couve adquirir um tom verde brilhante e ficar tenra. Se desejar, polvilhe amêndoas torradas laminadas para um toque de sabor adicional.

CEIA: Guacamole realmente bom (página 275) com tortilha. Guarde as sobras para o almoço do dia 4.

DICA: Para minimizar a probabilidade do guacamole ficar marrom, coloque as sobras na geladeira dentro de um saco biodegradável e retire o ar antes de fechar. Para armazenar abacates cortados, use a mesma técnica e passe um pouco de azeite nas superfícies cortadas, antes de colocá-lo no saco.

DIA 3

CAFÉ DA MANHÃ: Pudim de chia: para uma porção, comece na noite anterior misturando 1 xícara de iogurte de coco sabor baunilha, ½ xícara de bebida de amêndoa, 2 colheres de sopa de sementes de chia, 1 colher de chá de xarope de bordo e 1 pitada de sal marinho. Mexa, tampe e deixe na geladeira durante a noite. Na manhã seguinte estará pronto. Cubra com ½ xícara de framboesas frescas e sirva.

ALMOÇO: Burritos mexicanos: para fazer um burrito, espalhe as sobras do Guacamole realmente bom em uma tortilha grande e cubra com tiras de "frango" vegano, cebolinha-verde picada, alface, tomate, azeitonas e queijo vegano ralado; enrole e sirva com pedaços de manga fresca e bananas.

JANTAR: Pimentões abertos (página 260) com Salada de *jicama* (página 261).

SOBREMESA: Saboreie uma colher do seu sorvete vegano favorito.

DICA: Para antecipar o almoço do dia 4, durante a manhã, coloque 225 g de tempeh*, 2 colheres de sopa de molho de soja e ¼ de colher de chá de alho em pó num saco biodegradável e leve à geladeira até a hora do jantar. Transfira o* tempeh *e a marinada para um tabuleiro pequeno e cozinhe no forno com os Pimentões abertos durante cerca de 25 minutos, virando o* tempeh *na metade do tempo de cozimento.*

DIA 4

CAFÉ DA MANHÃ: *Smoothie* verde do Jasper (página 220) e bolo inglês de trigo integral com manteiga de amendoim e a sua geleia favorita.

ALMOÇO: *Tempeh banh mi*: para fazer um sanduíche, espalhe maionese vegana numa baguete de 15 cm a 20 cm e coloque fatias cozidas de *tempeh* (veja a dica do dia 3), fatias de rabanete, pepino e cebola. Cubra com coentro fresco picado e sirva com uma tigela pequena de pedaços de manga fresca como acompanhamento.

JANTAR: *Fajitas* de "frango" (página 247) servidas com arroz e feijão como acompanhamento. Não se esqueça de guardar quaisquer vegetais que tenham sobrado para o almoço do dia 5.

SOBREMESA: *Mix* de castanhas e frutas secas: saboreie a sua combinação favorita de castanhas e frutas secas.

DIA 5

CAFÉ DA MANHÃ: 1 xícara de melão fresco cortado, coberto com ½ xícara de mirtilos frescos e a sua salsicha vegana favorita.

ALMOÇO: Salada do sudoeste: para uma porção, misture 2 xícaras de alface cortada, 1 colher de sopa de azeite, 1 colher de chá de suco de limão-taiti fresco e 1 pitada de pimenta-malagueta em pó. Cubra com as sobras das *fajitas* do dia 4, bem como com eventuais sobras de *tempeh* ou rabanetes que tenha à mão. Se tiver sobrado tortilha, esfarele algumas para acrescentar um pouco de textura (em vez de *croûtons*).

JANTAR: Pizza fácil do Quinn (ideias para a receita na página 177). Sinta-se livre para criar sua própria pizza. Consulte nossa tabela e use a imaginação para criar suas combinações veganas favoritas! (Nota: acrescente os ingredientes que desejar à sua lista de compras.)

SOBREMESA: Aprecie um bom pedaço de chocolate amargo e algumas framboesas frescas.

DIA 6

CAFÉ DA MANHÃ: Tofu mexido sublime: para uma porção, esfarele um pedaço (cerca de 100 g) de tofu firme escorrido em pedaços grandes. Derreta 1 colher de sopa de manteiga vegana numa frigideira pequena em fogo médio. Junte o tofu e acrescente um punhado de cebola picada, alho em pó, açafrão e sal. Cozinhe, mexendo de vez em quando, por 2 a 3 minutos, até que o tofu comece a ficar dourado. Junte até 3 colheres de chá de caldo de legumes, uma de cada vez, até que o caldo seja absorvido e o tofu adquira um tom amarelado vivo e uma textura cremosa. Sirva com torradas de trigo integral e morangos frescos.

ALMOÇO: Salada mediterrânea: para uma porção, misture 2 xícaras de alface-romana cortada, 1 colher de sopa de azeite, 1 colher de chá de suco de limão-siciliano fresco e uma pitada de sal, pimenta-de-reino e alho em pó. Cubra com grão-de-bico cozido, azeitona, tomate, pepino e cebola cortados. Se desejar, sirva a salada em fatias de pão pita de trigo integral.

JANTAR: Lasanha de tomate seco e aspargos do Brad e da Sandy (página 270). Para complementar a intensidade deste prato, digno de ser apreciado em boa companhia, sirva com um vegetal tenro, como a abóbora amarela cozida, e muito pão de alho! Guarde as sobras para o almoço do dia 8.

SOBREMESA: *Cheesecake* de musse de limão da Pagie Poo (página 296). Comece a preparação desses *cheesecakes* no início do dia, para que a base de bolacha tenha tempo para ficar firme. O sabor do limão também melhora com o tempo. Guarde as sobras para o dia 7.

DIA 7

CAFÉ DA MANHÃ: *Muffins* de maçã e nozes do Ben (página 232) e iogurte de coco ou soja coberto com morangos frescos. Guarde os *muffins* que sobrarem para o café da manhã do dia 8.

ALMOÇO: Sopa de espinafre e batata-doce (página 235). Sirva com um sanduíche de "queijo" vegano grelhado (utilize queijo e manteiga veganos em vez de ingredientes de origem animal) e tangerinas frescas. Guarde a sopa que sobrar para o almoço do dia 9.

JANTAR: Festa da batata assada: asse seis batatas vermelhas grandes no forno a 180 °C por uma hora (veja a dica). Sirva com a cobertura de sua escolha: queijo vegano ralado, *salsa* mexicana, chili, brócolis cortados e cozidos a vapor, cebola picada e/ou *sour cream* vegano. Reserve duas batatas para o café da manhã do dia 8.

SOBREMESA: Saboreie o *Cheesecake* de musse de limão da Pagie Poo que sobrou do dia 6.

DICA: *Se não quiser ligar o forno, experimente cozinhar as batatas numa panela elétrica. Se utilizar uma panela elétrica, espete com um garfo as batatas, regue-as com azeite e polvilhe-as com sal e pimenta-do-reino. Embrulhe-as em papel-alumínio, coloque-as na panela elétrica, tampe e deixe cozinhar numa potência baixa por oito horas. Se utilizar uma panela de pressão elétrica, espete simplesmente com um garfo as batatas (não precisa embrulhar em papel-alumínio), regue-as com azeite, polvilhe-as* *com sal e pimenta-do-reino e disponha-as na grade (certifique-se de que as batatas são todas do mesmo tamanho). Adicione 1 xícara de água no fundo da panela e siga cuidadosamente as instruções do fabricante para vedar. Cozinhe por 10 minutos em alta pressão. Deixe a pressão sair naturalmente, por cerca de 20 minutos, antes de abrir a panela.*

DIA 8

CAFÉ DA MANHÃ: Guisado celestial: para uma porção, aqueça 1 colher de sopa de azeite em fogo médio-alto, numa frigideira média. Junte 1 das batatas assadas que sobraram, ¼ de xícara de cebola picada e ¼ de xícara de pimentão picado. Deixe cozinhar, mexendo de vez em quando, por 5 a 7 minutos, até que a batata comece a ficar dourada e os outros vegetais fiquem tenros. Tempere com sal e pimenta-do-reino preta, e salpique por cima uma colher de sopa de salsa fresca picada. Sirva com os *Muffins de maçã e nozes do Ben* que sobraram do dia 7.

ALMOÇO: Aproveite as sobras da lasanha do sexto dia para servir com uma salada Caesar simples: para uma porção, utilize um garfo para misturar numa tigela 1 colher de sopa de maionese vegana e 1 colher de chá de suco de limão fresco. Tempere com sal de alho e pimenta-do-reino. Junte 1 xícara de alface-romana cortada e misture bem. Cubra com 2 colheres de sopa de *croûtons* veganos esfarelados.

JANTAR: Hambúrgueres da Food Forest Organics (página 258) com todos os acompanhamentos. Sirva com homus e palitos de cenoura. Para adiantar a preparação, cozinhe três xícaras de arroz integral para o arroz frito do dia 9. Embrulhe e congele os hambúrgueres que sobrarem para o almoço do dia 14.

SOBREMESA: Saboreie uma Banana split vegana: para uma porção, disponha algumas colheres do seu sorvete vegano favorito com fatias de banana, castanhas e nozes picadas, calda de chocolate e chantili vegano (consulte a dica) se desejar.

DICA: *Para um toque de prazer extra nos sorvetes, tenha sempre uma lata de creme de coco na geladeira, para fazer o Chantili de coco (página 294).*

DIA 9

CAFÉ DA MANHÃ: Aveia com pêssegos assados (página 225). Sirva-os cobertos com o que tiver sobrado do Chantili de coco dos sorvetes da noite anterior.

ALMOÇO: Pasta de queijo vegano da Ree (página 275) em *crackers* com o que tiver sobrado da Sopa de espinafre e batata-doce do dia 7.

JANTAR: Arroz frito vegano: para quatro porções, numa frigideira grande ou *wok*, aqueça em fogo alto 1 colher de sopa de óleo de gergelim torrado. Adicione 2 dentes de alho picados, 1 colher de sopa de gengibre fresco ralado, 1 colher de chá de açafrão, 1 cenoura pequena, 1 cebola pequena e 2 xícaras de brócolis, todos cortados em pedaços pequenos. Deixe cozinhar, mexendo de vez em quando, por 3 a 5 minutos, até que os vegetais comecem a ficar tenros. Adicione três xícaras de arroz cozido e deixe cozinhar, mexendo continuamente, até que o arroz aqueça e adquira um brilho amarelo. Polvilhe coentro fresco picado e amendoim moído. Se desejar, adicione um pouco de molho de pimenta *sriracha*. Sirva laranjas como acompanhamento.

CEIA: Saboreie fatias de pepino cobertas com cream cheese vegano, uma pitada de sal de alho e cebolinha finamente picada, se desejar.

DIA 10

CAFÉ DA MANHÃ: Tofu mexido sublime (consulte as instruções no dia 6) com torrada de trigo integral e melão.

ALMOÇO: Burrito mediterrâneo: para uma porção, passe homus em uma tortilha de trigo integral grande e espalhe azeitonas, alface cortada, tomate, cebola e pepino. Sirva com uvas como acompanhamento.

JANTAR: Quiabo e tomates do restaurante Scooter (página 255). Sirva sobre arroz branco com ensopado de couve: para quatro porções de couve (com sobras para o jantar do dia 14), derreta 2 colheres de sopa de óleo de coco numa panela grande e funda, em fogo médio-alto. Junte 1 cebola grande picada e 1 colher de chá de flocos de pimenta vermelha. Deixe cozinhar por 3 a 5 minutos, até que a cebola fique tenra. Junte 500 g de couve fresca cortada e 3 xícaras de caldo de legumes. Misture bem. Diminua o fogo, tampe e deixe cozinhar por 35 a 40 minutos, até que a couve fique bem tenra.

SOBREMESA: Saboreie morangos frescos cobertos com Chantili de coco (página 294; consulte a dica do dia 8).

DIA 11

CAFÉ DA MANHÃ: Um bolo inglês de trigo integral com manteiga de amendoim, coberto com uma banana fatiada e um fio de xarope de agave.

ALMOÇO: Salada de couve marinada do Rio (página 237). Sirva com uma maçã.

JANTAR: Cogumelos recheados de *pesto*: para quatro porções, tire o talo de 4 cogumelos *portobello* grandes e raspe as fibras do interior. Pincele com azeite e polvilhe de sal. Disponha os cogumelos com a parte arredondada para cima sobre uma assadeira. Leve para assar em forno preaquecido a 200 °C por 10 minutos. Retire do forno, vire os cogumelos e recheie cada um com 1 colher de sopa do *Pesto* do Quinn (página 280), 2 colheres de sopa de tiras de pimentão assado, 2 colheres de sopa de muçarela vegana ralada, 1 colher de sopa de farinha de pão *panko* e um fio de azeite. Deixe assar por mais 10 minutos, até ficarem tenros. Sirva cada cogumelo recheado sobre uma cama de quinoa, acompanhados por uma salada de rúcula e tomate-uva, temperada com azeite e vinagre balsâmico.

CEIA: Saboreie as suas *crackers* favoritas com o que sobrou da Pasta de queijo vegano do dia 9 e uma xícara de uvas frescas.

DIA 12

CAFÉ DA MANHÃ: Mistura MUSE-li (página 222) com bebida de amêndoa; sirva acompanhada de uma pequena laranja.

ALMOÇO: Salada de "ovo" (sem ovos) em folhas de alface: para uma porção, misture numa tigela pequena 2 colheres de sopa de maionese vegana, 1 colher de chá de mostarda Dijon, 1 colher de chá de vinagrete e 1 pitada de açafrão. Junte meio pacote (397 g ou 454 g) de tofu extrafirme picado, até ficar bem misturado. Tempere com sal e pimenta-do-reino. Disponha colheradas da mistura nas folhas de alface e sirva com palitos de cenoura e aipo.

JANTAR: Sanduíches MUSE-Y (página 244) servidos com palitos de batata-doce assados: para quatro porções de palitos, descasque 2 batatas-doces grandes e corte-as em palitos compridos. Misture com 2 colheres de azeite, 1 colher de sopa de açúcar mascavo, ½ colher de chá de pimenta-malagueta

moída e ½ colher de chá de sal. Disponha os palitos sobre uma assadeira forrada com papel-manteiga e leve para assar no forno preaquecido a 200 °C, por 25 a 30 minutos, até ficarem ligeiramente dourados.
SOBREMESA: Saboreie o seu sorvete vegano favorito.

DIA 13

CAFÉ DA MANHÃ: Panquecas com calda de frutas vermelhas (página 227).
ALMOÇO: Sanduíche de salada de grão-de-bico em purê, com batatas assadas para acompanhar. Para uma porção, utilize um garfo para amassar grosseiramente ½ xícara de grão-de-bico enlatado e escorrido. Junte 2 colheres de aipo, cenoura e cebolinha-verde picada. Misture 2 colheres de sopa de maionese vegana e 1 colher de chá de mostarda Dijon. Espalhe a mistura de grão-de-bico em 2 fatias do pão de sua preferência. Junte um pouco de alface e algumas fatias de tomate, se desejar.
JANTAR: Empadão de "carne" do King (página 262). Sirva com um pão saudável e uma salada de rúcula temperada com azeite e vinagre balsâmico.
SOBREMESA: Cerejas cozidas com iogurte de coco: para uma porção de cerejas, misture 1 xícara de cerejas sem caroço congeladas, 1 ou 2 colheres de sopa de açúcar, 1 colher de sopa de água e 1 pitada de pimenta-da-jamaica moída numa panela pequena. Cozinhe em fogo brando, mexendo de vez em quando, por 10 a 15 minutos, até que as cerejas estejam descongeladas e tenras. Sirva-as sobre iogurte de coco.

DIA 14

CAFÉ DA MANHÃ: Torrada de abacate com framboesas frescas. Para uma porção, esmague um abacate maduro e polvilhe com uma pitada de sal e suco de limão espremido na hora. A seguir, espalhe sobre uma fatia de torrada do pão de sua preferência. Polvilhe com algumas sementes de gergelim, girassol ou chia para um toque suplementar de fibra.
ALMOÇO: Sobras dos Hambúrgueres da Food Forest Organics do dia 8. Sirva com pedaços de melancia e feijão vegano cozido para acompanhar.
JANTAR: Refogado de jaca com Creme de milho da mama Amis (página 251) e sobras de couve (consulte o dia 10): para quatro porções de churrasco de jaca, escorra 1 lata (cerca de 600 ml) de jaca em salmoura e seque-a. Salpique 2 colheres de chá de pimenta-malagueta moída.

Aqueça 1 colher de sopa de azeite numa frigideira grande, em fogo médio. Junte a jaca e deixe cozinhar por 2 ou 3 minutos, até sentir o aroma das especiarias. Junte ½ xícara do molho de churrasco vegano de sua preferência, diminua o fogo, tampe e deixe cozinhar por 30 minutos ou até que a jaca fique tenra. Destampe a frigideira e deixe cozinhar por mais 10 minutos, esmagando ligeiramente a jaca com um garfo para obter a consistência desejada e até que a maior parte do líquido tenha evaporado e o molho de churrasco esteja espesso e pegajoso.

SOBREMESA: "Sorvete" de banana: para uma porção, no dia anterior, corte uma banana em rodelas finas e leve para congelar. Quando estiver bem congelada, bata no processador de alimentos por 2 ou 3 minutos até ficar uma mistura homogênea. Para uma consistência mais firme, transfira para um recipiente hermético e deixe no congelador por pelo menos uma 1 antes de servir.

DICA: Procure a jaca enlatada na seção asiática do supermercado. Certifique-se de que é salgada (não açucarada). Quando cozida, a textura da jaca é notavelmente semelhante à da carne de porco desfiada.

Chame os amigos, mas não diga que é Veg...

Quando começamos a manter uma alimentação à base de vegetais, cometemos o erro de convidar os amigos para uma festa vegana no Dia da Independência norte-americana. E muita gente não veio. Em retrospectiva, devíamos ter dito: "Vamos dar uma festa e servir hambúrgueres, cachorros-quentes, espigas de milho, vegetais grelhados, feijão cozido e salada de batata. O tradicional. Por favor, apareçam!" e não adiantar mais nada.

Depois daquela experiência, aprendemos a lição. Fizemos uma ceia de Natal e não dissemos nada acerca da alimentação à base de vegetais. As pessoas apareceram e adoraram a comida. Não pensaram duas vezes, nem sequer perguntaram. Era apenas comida deliciosa.

Agora, quando damos um jantar, não dizemos antecipadamente do que se trata, porém, o assunto acaba surgindo durante a refeição.

(cont.)

> Quando o nosso amigo e *chef* Aaron nos ajuda, ele aparece e explica às pessoas o que fez e a quantidade de comida que veio da horta. Juro que 99,9% das vezes as pessoas vão embora dizendo que, se pudessem comer daquele jeito todos os dias, seriam veganos.
>
> Pois bem, adivinha só: elas podem! A Lasanha de tomate seco e aspargos do Brad e da Sandy (página 270) e o Bolo de coco e menta da Food Forest Organics (página 299) são extremamente populares. Além disso, refeições interativas, como a *fiesta* mexicana (consulte a página 176) ou os Rolinhos primavera da Cheri e do Charlie (página 264), permitem que qualquer pessoa prepare exatamente aquilo que gosta de comer.
>
> Este ano, recebemos alguns convidados para um churrasco no Memorial Day, feriado que homenageia os militares norte-americanos mortos em combate; não dissemos nenhuma vez a palavra que começa por "v", mas todos comeram produtos vegetais e ficaram contentes. Muito fácil!

O COMPROMISSO TOTAL É UMA ESCOLHA, NÃO UMA OBRIGAÇÃO

Uma abordagem do tipo "tudo ou nada" pode ser estimulante para alguns, mas talvez alienadora para outros. Jim e eu fizemos um corte abrupto – a nossa tendência é de tomar decisões e agir muito rapidamente. Dessa forma, da noite para o dia, fui de 8 a 80 e renasci vegana. Deixei isso bem claro para todo mundo. Dizia: "Olha, não há nenhum problema. Você só precisa parar". Parecia a Nancy Reagan do consuco de carne: "Basta dizer não".

Sentia permanentemente aquela vontade de comer queijo e, admito, na época do Natal, ainda sinto vontade de beber uma xícara de chá-da-índia com leite.

Fingir que esses desejos não existem não ajuda ninguém. Irritei muita gente naquela época. O meu proselitismo vinha de um bom lugar – queria salvar a vida das pessoas. E o planeta. E os animais todos. E os oceanos. E, e, e... ao ver duas pessoas numa loja discutindo por causa de dois produtos diferentes, cheguei ao ponto de interferir para tentar convencê-las a adquirir a versão vegetal (meus filhos ficavam mortificados).

Em retrospectiva, tenho a noção de que essa abordagem prejudicou a minha causa. Em minha defesa, adotar uma alimentação à base de vegetais por razões ambientais é mais ou menos como passar a pasta de dentes na escova: não dá para colocá-la de volta no tubo – vi, muito claramente, o prejuízo que estávamos causando ao planeta com o que colocávamos no nosso prato, e não era possível deixar de ver. Creio verdadeiramente que, por trás de grande parte do perfeccionismo da turba vegana militante, esteja aquela tristeza, aquele desespero e aquele sentimento de desesperança – vemo-nos como as Cassandras do apocalipse ambiental ou protetores de animais indefesos. Ainda assim, considerando-me uma vegana renascida e reformada, percebi que essa abordagem poderá ser sufocante e contraproducente, então descontraí. Consigo até rir de uma das piadas favoritas do Jim: "Quantos veganos são necessários para trocar uma lâmpada?" (Resposta: "Não tem importância, somos melhores do que vocês".)

Por mais engraçado que seja, por vezes temo que a missão vegana tenha sido prejudicada por uma atitude extremamente rígida – e, às vezes, percebo isso em mim. Precisamos reconhecer que, diante de toda a pressão pública, dos grupos de interesse da indústria, das tradições familiares, dos hábitos, da inércia e até de certos problemas de saúde, aliados à inevitabilidade dos produtos de origem animal na nossa cultura, adotar uma alimentação à base de vegetais nos Estados Unidos poderá ser difícil. Li uma estatística que afirma que cerca de 84% das pessoas que se tornam veganas voltam atrás. Esse número só faz sentido se pensarmos nisso num cenário de tudo ou nada. A reação contra as pessoas que se proclamaram veganas e que depois decidiram que querem um pouco de proteína animal na sua vida poderá ser brutal e implacável. Pessoas curiosas pelo veganismo veem essa atitude e dizem: "Isso não é para mim", e, então, perdemos outro potencial protetor do planeta.

Eis uma experiência mental: imagine que o seu tio fumou durante 30 anos e está começando a ter aquela irritação gutural que deixa todo mundo preocupado com a possibilidade de ser um câncer no pulmão. Pois bem, seu tio aparece numa reunião de família e anuncia que vai tentar parar de fumar.

Como a família ficaria? Nas nuvens.

Agora, digamos que seu tio ficou algumas semanas sem fumar, talvez um mês, até que descambou e deu umas tragadas no velho amigo cigarro. O que você diria para seu tio? "Já sabia que você não ia conseguir. Você não está realmente comprometido. Estava só fingindo que parou de fumar"?

Não! Não diríamos tal coisa, porque nos preocupamos com o tio e queremos que ele viva. Sabemos que ele precisa de incentivo e apoio, não de julgamento e humilhação.

Todos nós precisamos ter essa mesma atitude em relação a *qualquer* pessoa que esteja tentando diminuir o consuco de carne, incluindo nós próprios. Já disse antes, e nunca é demais enfatizar: arranje um parceiro OMD! Comece um grupo de apoio com amigas, amigos ou tente convencer o seu companheiro a acompanhá-lo. Jim e eu nos divertimos muito juntos.

Essa é uma longa jornada e termina com uma saúde melhor para todos – e para o planeta. Que possamos nos apoiar mutuamente nessa transição. Que tenhamos compaixão e compreensão pelos desafios e, acima de tudo, que incentivemos uns aos outros, celebrando as possibilidades e desfrutando da jornada. Descubramos toda a alegria, toda a vitalidade, os sabores incríveis e a satisfação da alimentação à base de vegetais. Criemos, todos os dias, o mundo em que queremos viver, para que nossos filhos e os filhos deles possam viver aqui amanhã.

Capítulo 7

Receitas OMD

Eis agora a parte divertida – vamos cozinhar! Reuni mais de cinquenta das minhas receitas favoritas junto a várias pessoas de todo o mundo – os meus filhos (e nora), os meus irmãos, a minha mãe (e a mãe do Jim), amigos e colegas queridos, a *chef* da MUSE School – e ainda partilhei alguns dos meus próprios pratos de marca registrada. Essas receitas foram concebidas para quem está começando a cozinhar e são interessantes para quem está fazendo a transição para uma dieta à base de vegetais. Você encontrará refeições que as crianças irão amar, pratos clássicos reconfortantes, pratos rápidos populares e sobremesas de dar água na boca – e você vai adorar levá-las a festas, deliciando-se quando lhe perguntarem: "isso é vegano?". Temos inclusive uma refeição vegana, composta por três pratos, concebida especialmente para este livro pela minha querida amiga Patsy Reddy, governadora-geral da Nova Zelândia.

As frutas e os vegetais frescos da estação conseguem elevar qualquer prato, por mais simples que seja. Faça compras em um hortifrúti ou torne-se membro de uma CSA e conheça a oferta de produção local da sua região, pergunte nesses mercados quais itens recomendam todas as semanas. Alguns hortifrútis são mais caros, outros menos, mas o sabor e o aspecto nutritivo desses produtos, bem como o proveito para a sua comunidade local, são, a meu ver, praticamente imbatíveis. (Se for a uma feira quando estiver quase acabando, você encontrará ofertas fantásticas.) E lembre-se de que a carne é um dos itens mais caros de compra no supermercado, especialmente quando são contabilizados os custos ocultos (consulte o Capítulo 3).

A maioria dos ingredientes pode ser encontrada em grandes redes de supermercado. Outros itens, como os queijos veganos, estão disponíveis em lojas especializadas ou outras lojas de bens alimentares de alta qualidade. De todas as formas, é cada vez mais fácil encontrar esses produtos em todos os supermercados, considerando-se que mais consumidores começam a procurá-los. Tenho a certeza de que veremos um enorme aumento nos próximos anos.

À medida que avança, verá a pontuação do Contador de Alimentação Verde aplicada a cada receita que costumava incluir produtos de origem animal. Calculada com a ajuda do Dr. Alfredo Mejia, da Andrews University, essa pontuação contabiliza todas as economias ambientais das suas trocas de origem vegetal – todos os litros de água que poupa, os metros quadrados de floresta que protege e as emissões de gases de efeito estufa que impede de chegarem à atmosfera (traduzidas no equivalente em quilômetros percorridos). Alguns alimentos poupam muita água; outros, muita terra; ou, ainda, muitas emissões. Alguns poupam muito de tudo (olá, cheeseburguers!). Quisemos garantir que receberia "crédito" por todas as suas economias, por isso, arredondamos os números e reunimos todos os pontos atribuídos aos dados numa pontuação do Contador de Alimentação Verde, permitindo-lhe ver, de uma só vez, o enorme impacto positivo que está gerando. Como opção, você pode simplesmente acompanhar um dos dados, como a água, o que já é ótimo! Seja qual for a abordagem mais significativa e motivadora para você, essa vai ser a forma de calcular as suas (massivas!) economias ambientais. Estabeleça um desafio com um amigo, com o seu companheiro ou com os seus filhos e vejam quem consegue economizar mais numa refeição OMD ou ao longo de um dia. Que tal pendurar um pequeno quadro na geladeira ou na parede da cozinha para que possam acompanhar as suas economias acumuladas (o seu banco OMD!)?

Comece devagar, com poucos pratos, e vá fortalecendo a sua confiança. Divirta-se, encare isso como uma divertida pesquisa. Experimente, brinque e desfrute do processo. Você está prestes a saber como pode ser saborosa a dieta à base de vegetais – e como pode fazê-lo se sentir extraordinariamente bem.

CAFÉ DA MANHÃ

Smoothie verde de chocolate

Sim! Uma bebida com chocolate no café da manhã é de fato possível durante o Plano OMD. Alguns espinafres à mistura conferem até um poder nutritivo!

RENDE 2 PORÇÕES

- 2 xícaras de bebida de amêndoa (ou outra bebida vegetal) com sabor de baunilha
- 2 colheres de chá de proteína em pó vegana ou chia (opcional)
- 1 colher de sopa e 1 colher de chá de cacau em pó sem açúcar
- 1 xícara de espinafres de folhas pequenas
- 2 colheres de chá de xarope de bordo
- 1 xícara de gelo

No liquidificador, misture a bebida de amêndoa, a proteína em pó ou chia, o cacau em pó, os espinafres, o xarope de bordo e o gelo. Misture em alta velocidade por 30 segundos ou até ficar cremoso.

Por porção: 145 calorias; 5 g de gordura (0,5 g de gordura saturada); 24 g de carboidrato; 3 g de fibra; 3 g de proteína; 0 mg de colesterol; 165 mg de sódio

Ao trocar duas xícaras de leite de vaca, poupa-se cerca de:
- 3 km de combustível
- 0,5 m² de terra
- 270 l de água

Smoothie verde do Jasper

Jasper, nosso filho, adora improvisar pela manhã *smoothies* maravilhosos, que ele cria com frutos e vegetais frescos que encontra à disposição no próprio dia. Eis uma fórmula vencedora para preparar a sua própria combinação "verde". Se adicionar espirulina – um pó salgado e levemente amargo, feito de uma alga verde-azulada que é rica em proteína, vitaminas, minerais, carotenoides e antioxidantes –, obterá um toque extra de proteína e o *smoothie* será de um verde brilhante, independentemente dos outros ingredientes que utilizar.

RENDE 2 PORÇÕES
- 1 banana, fresca ou congelada
- 1 xícara de espinafres ou folhas de couve
- 1 xícara de pedaços de fruta "verde" (como kiwi, melão, abacaxi, maçã verde, goiaba ou uvas)
- 1 xícara de gelo
- 1 xícara de iogurte vegetal
- 2 colheres de sopa de linhaça moída ou chia (opcional)
- 1 colher de chá de espirulina em pó (opcional)

No liquidificador, misture a banana, os espinafres, a fruta "verde" à sua escolha, o gelo e o iogurte, a linhaça moída ou chia e a espirulina, se utilizar. Misture em alta velocidade por 30 segundos ou até ficar homogêneo.

Nota: Esta análise tem como base um smoothie *feito com banana, espinafres, melão e iogurte de castanha-de-caju; a análise nutricional irá variar se forem utilizados outros ingredientes.*

Por porção: 160 calorias; 5 g de gordura (1 g de gordura saturada); 28 g de carboidrato; 3 g de fibra; 4 g de proteína; 0 mg de colesterol; 28 mg de sódio

Ao trocar uma xícara de iogurte de leite, poupa-se cerca de:
- 1,5 km de combustível
- 0,25 m² de terra
- 132 l de água

(pela opção do iogurte)

Smoothie vermelho do Jasper

Os *smoothies* vermelhos do Jasper tendem a ser mais doces do que os *smoothies* verdes. Opte por essa versão quando precisar de um reforço extra de energia para começar o dia.

RENDE 2 PORÇÕES
- 1 banana fresca ou congelada
- 2 xícaras de fruta "vermelha" (como morangos, framboesas, amoras, mirtilos, uvas vermelhas, pêssegos, ameixas, nectarinas, manga ou melão-cantaloupe)
- 1 xícara de gelo
- 1 xícara de iogurte vegetal
- 1 colher de sopa de sementes de chia (opcional)

No liquidificador, misture a banana, a fruta "vermelha" à sua escolha, o gelo, o iogurte e as sementes de chia, se utilizar. Misture em alta velocidade por 30 segundos ou até ficar homogêneo.

Informação nutricional dependente da fruta escolhida.

Ao trocar uma xícara de iogurte de leite, poupa-se cerca de:
- 1,5 km de combustível
- 0,25 m² de terra
- 132 l de água

134 Pontuação do Contador de Alimentação Verde

(pela opção do iogurte)

Mistura MUSE-li

Esta mistura MUSE-li (um muesli favorito servido na MUSE School) pode ser feita com antecedência e guardada num recipiente hermético na geladeira por até duas semanas. Cubra a sua tigela de fatias de banana, framboesas ou sementes de chia – o que quiser! –, conforme é sugerido nesta receita.

RENDE 8 PORÇÕES (8 XÍCARAS)
- 3 xícaras de aveia em flocos
- 1 xícara de farelo de trigo
- 2 xícaras de nozes picadas
- ½ xícara de damascos secos aos pedaços
- 1 xícara de figos secos aos pedaços
- 10 tâmaras sem caroço e aos pedaços

1. Preaqueça o forno a 180 °C. Forre uma assadeira com papel-manteiga.
2. Espalhe uniformemente a aveia e o farelo de trigo na assadeira e leve-os ao forno por 20 minutos, até ficarem ligeiramente torrados.
3. Deixe a mistura de aveia esfriar e transfira-a para uma tigela grande. Acrescente as nozes, os damascos, os figos e as tâmaras e mexa bem. Guarde-a num recipiente hermético na geladeira por até duas semanas.

Por porção: 400 calorias; 19 g de gordura (2 g de gordura saturada); 56 g de carboidrato; 12 g de fibra; 10 g de proteína; 0 mg de colesterol; 10 mg de sódio

De origem vegetal!

Café da manhã MUSE-li

Para um café da manhã rápido, você vai notar que a prática mistura MUSE-li é uma ótima alternativa à granola, à qual é frequentemente adicionado muito açúcar, desnecessariamente.

RENDE 1 PORÇÃO
- 1 xícara da mistura MUSE-li (página 222)
- ¼ de maçã descascada, sem caroço e ralada grosseiramente
- ¼ de xícara de bebida de amêndoa
- Fatias de banana (opcional)
- Framboesas (opcional)
- Sementes de chia (opcional)

Numa tigela pequena, misture o MUSE-li, a maçã e a bebida de amêndoa. Cubra com bananas, framboesas e sementes de chia, se desejar.

Por porção: 455 calorias; 20 g de gordura (2 g de gordura saturada); 68 g de carboidrato; 13 g de fibra; 11 g de proteína; 0 mg de colesterol; 45 mg de sódio

Ao trocar ¼ de xícara de leite de vaca, poupa-se cerca de:
- 0,5 km de combustível
- 0,06 m² de terra
- 34 l de água

Tofu mexido

O tofu substitui os ovos nesta saborosa receita, que cai bem com pão *naan* ou tortilhas. Considere preparar uma porção de feijão-preto (consulte a página 243) simultaneamente com o tofu, para um burrito no café da manhã fácil de fazer e de transportar. Como deve-se pressionar o tofu para tirar o excesso de umidade antes de seu preparo, não se esqueça de começar os preparativos na noite anterior, se tiver uma manhã muito cheia.

RENDE **4** PORÇÕES

- 1 embalagem (450 g) de tofu, escorrido
- 2 colheres de sopa de azeite
- ½ colher de chá de sal
- ¼ de colher de chá de açafrão
- ½ cebola roxa pequena picada
- 1 dente de alho picado
- ½ colher de chá de cominho moído
- ½ colher de chá de pimenta-malagueta moída
- ½ xícara de espinafres de folha pequena cortados
- 1 tomate italiano aos pedaços
- 1 colher de sopa de coentro fresco picado
- 1 colher de chá de suco de limão espremido na hora

1. Enrole o tofu num pano de cozinha limpo e coloque-o num prato. Disponha outro prato por cima do tofu e uma lata pesada em cima do prato. Leve-o à geladeira por pelo menos uma hora ou deixe-o gelar durante a noite, para liberar o excesso de líquido. Quando estiver pronto para ser utilizado, desembrulhe o tofu e desfaça-o cuidadosamente em grandes pedaços.
2. Numa frigideira de tamanho médio, aqueça uma colher de azeite em fogo médio-alto. Adicione o sal e o açafrão e mexa até ficarem bem misturados e o azeite estar dourado. Junte o tofu e deixe-o cozinhar, mexendo de vez em quando, por 3 a 4 minutos, até que o tofu fique ligeiramente dourado.
3. Transfira o tofu para um prato e reserve.
4. Na mesma frigideira, aqueça a outra colher de sopa de azeite em fogo médio-alto. Adicione a cebola, o alho, o cominho e a pimenta-malagueta moída. Deixe cozinhar até a cebola começar a ficar tenra, por

2 a 3 minutos. Diminua o fogo para médio e junte os espinafres. Deixe cozinhar até os espinafres murcharem, por cerca de 2 minutos.
5. Desligue o fogo. Devolva o tofu à frigideira. Junte o tomate, o coentro e o suco de limão. Sirva imediatamente.

Por porção: 180 calorias; 13 g de gordura (2 g de gordura saturada); 6 g de carboidrato; 2 g de fibra; 11 g de proteína; 0 mg de colesterol; 310 mg de sódio

Ao trocar seis ovos, poupa-se cerca de:
✿ 3 km de combustível
✿ 1 m² de terra
✿ 655 l de água

Aveia com pêssegos assados

Muito deliciosos e fáceis de preparar, estes pêssegos são um ótimo recheio para as nossas panquecas vegetais (consulte a página 227). Também podem ser servidos com uma tigela de iogurte vegetal e sua granola favorita.

RENDE 2 PORÇÕES

PARA OS PÊSSEGOS
- 1 colher de sopa de manteiga vegana
- 1 colher de sopa de açúcar mascavo
- ½ colher de chá de canela em pó
- 2 pêssegos, divididos ao meio e sem caroço
- ¼ de xícara de nozes picadas

PARA A AVEIA
- 1 xícara de flocos de aveia de cozimento rápido
- 2 xícaras de bebida de amêndoa com sabor de baunilha (ou outra bebida vegetal)

PARA PREPARAR OS PÊSSEGOS:
1. Preaqueça o forno a 180 °C. Forre uma assadeira com papel-manteiga.
2. Numa tigela pequena, própria para micro-ondas, leve a manteiga vegana ao micro-ondas em temperatura alta por 20 segundos, até derreter. Adicione o açúcar mascavo e a canela, e mexa até misturar.
3. Coloque os pêssegos numa metade da assadeira e regue-os com a calda de manteiga. Agite-os delicadamente com as mãos, revestindo-os uniformemente. Disponha os pêssegos com a parte cortada voltada para baixo num dos lados da assadeira e espalhe as nozes do outro lado. Leve-os ao forno por 10 a 12 minutos, até que os pêssegos estejam dourados e as nozes perfumadas e torradas. Deixe os pêssegos repousarem por alguns minutos, corte-os grosseiramente e reserve.

PARA PREPARAR A AVEIA:
1. Enquanto isso, numa panela pequena, misture a aveia e a bebida de amêndoa. Deixe cozinhar em fogo médio, mexendo frequentemente por uns 5 a 8 minutos, até que a aveia tenha engrossado.
2. Divida a aveia quente entre duas tigelas. Cubra uniformemente com os pêssegos e as nozes torradas.

Por porção: 420 calorias; 14 g de gordura (2 g de gordura saturada); 67 g de carboidrato; 8 g de fibra; 10 g de proteína; 0 mg de colesterol; 160 mg de sódio

Ao trocar uma colher de sopa de manteiga e duas xícaras de leite de vaca, poupa-se cerca de:
- 3 km de combustível
- 0,5 m² de terra
- 325 l de água

Panquecas com calda de frutas vermelhas

Estas panquecas fofas são ricas em fibra, graças aos cereais integrais de que são feitas e à calda caseira! Ótimas para uma manhã aconchegante de fim de semana em casal.

PARA A CALDA DE FRUTAS VERMELHAS
- 3 xícaras de frutas vermelhas variadas, frescas ou congeladas
- ½ colher de chá de raspas de limão
- ½ colher de chá de suco de limão espremido
- ¼ de xícara de xarope de bordo
- ½ colher de chá de extrato de baunilha
- 1 colher de sopa de amido de milho
- 1 colher de sopa de água fria

PARA AS PANQUECAS
- 1 xícara de farinha de trigo integral
- 1 colher de sopa de sementes de linhaça moídas
- 1 colher de sopa de fermento em pó químico
- ¼ de colher de chá de sal
- ¼ de xícara de bebida de amêndoa
- 2 colheres de sopa de óleo de semente de uva e uma extra para a frigideira
- 2 colheres de sopa de xarope de bordo
- 1 colher de chá de extrato de baunilha

PARA PREPARAR A CALDA DE FRUTAS VERMELHAS:
1. Numa panela pequena, misture as frutas vermelhas, as raspas de limão, o suco de limão, o xarope de bordo e a baunilha. Deixe cozinhar em fogo médio por 5 a 10 minutos, até que a mistura comece a ferver e a fruta libere o seu suco.
2. Numa tigela pequena, misture o amido de milho e a água, até que o amido de milho se dissolva. Junte a mistura de amido de milho à mistura de frutas vermelhas, aumente o fogo para médio-alto e deixe cozinhar, mexendo de vez em quando por mais 2 a 3 minutos, até que a calda de frutas vermelhas engrosse; reserve.

Para fazer uma calda rapidamente durante a semana, experimente este truque culinário: aqueça numa panela morangos ou framboesas (os favoritos dos meus filhos), frescos ou congelados, com o xarope de bordo de alta qualidade e um pouco de água.

PARA PREPARAR AS PANQUECAS:
1. Numa tigela de tamanho médio, misture a farinha, a linhaça, o fermento em pó e o sal. Numa tigela à parte, misture a bebida de amêndoa, o óleo, o xarope de bordo e a baunilha. Junte lentamente a mistura de bebida de amêndoa à mistura da farinha, mexendo até ficarem bem mescladas.
2. Aqueça uma frigideira grande, ligeiramente untada de óleo, em fogo médio-alto. Quando a frigideira estiver suficientemente quente para que algumas gotas de água "dancem" à superfície, despeje na frigideira ¼ de xícara da massa das panquecas para cada uma. Deixe-a cozinhar por 3 a 4 minutos de cada lado, até dourar. Transfira a panqueca para um prato, cubra-a com papel-alumínio e repita o procedimento com a massa restante. Sirva com a calda de frutas vermelhas.

Por porção: 320 calorias; 9 g de gordura (1 g de gordura saturada); 58 g de carboidrato; 7 g de fibra; 5 g de proteína; 0 mg de colesterol; 530 mg de sódio

Ao trocar 1 ovo e ¼ de xícara de leite de vaca, poupa-se cerca de:
✿ 1 km de combustível
✿ 0,25 m² de terra
✿ 197 l de água

Rabanadas da Rose

Paul, guru das sementes à mesa, supervisiona a horta do nosso rancho nos arredores de Santa Bárbara e trabalha em casa com a Rose, nossa filha mais nova, uma vez por semana. No último outono, plantaram trigo juntos e, após a colheita da primavera, moeram as bagas de trigo. Paul ensinou Rose a fazer pão, tendo como recurso uma massa lêveda que tinha à disposição. Foi muito especial ver a Rose preparando o seu primeiro pão com o trigo cultivado e moído por ela. Rose desenvolveu esta receita para o pai, depois de ter oferecido a ele um pão especial que fez para o aniversário dele.

RENDE 2 PORÇÕES

- 1 xícara de bebida de soja com sabor de baunilha (ou outra bebida vegetal)
- 2 colheres de sopa de farinha de trigo
- 1 colher de sopa de açúcar
- 1 colher de sopa de levedura nutricional
- 1 colher de chá de extrato de baunilha (opcional)
- ½ colher de chá de canela em pó
- 2 colheres de sopa de manteiga vegana
- 4 fatias de pão integral do dia anterior, de preferência, de massa lêveda
- ¼ de xícara de xarope de bordo

1. Numa tigela grande e rasa, misture a bebida de soja, a farinha, o açúcar, a levedura nutricional, a baunilha (se usar) e a canela.
2. Numa frigideira grande, derreta a manteiga vegana em fogo médio-alto. Trabalhando por partes, mergulhe uma fatia de pão na mistura da bebida e coloque-a na frigideira. Deixe-a cozinhar por 3 a 4 minutos de cada lado, até dourar. Transfira a rabanada para um prato e repita o procedimento com o resto do pão. Sirva as rabanadas, regadas com o xarope de bordo.

Por porção: 485 calorias; 8 g de gordura (2 g de gordura saturada); 93 g de carboidrato; 7 g de fibra; 13 g de proteína; 0 mg de colesterol; 390 mg de sódio

Ao trocar uma xícara de leite de vaca, um ovo e duas colheres de sopa de manteiga, poupa-se cerca de:
- 3 km de combustível
- 0,5 m² de terra
- 458 l de água

Scones de coco, mirtilo e limão

Estes *scones* são simplesmente deliciosos e muito populares na MUSE durante o lanche da tarde. São feitos com ovo de sementes de linhaça, uma mistura de sementes de linhaça moídas e água, que substitui o ovo tradicional nesta receita. (Para obter instruções, consulte o quadro da página 231.)

RENDE 12 *SCONES*
- 1 colher de sopa de sementes de linhaça moídas
- 3 colheres de sopa de água morna
- 2 xícaras de farinha (e um pouco mais, se necessário)
- 5 colheres de sopa de manteiga vegana
- ½ xícara de açúcar
- ¼ de xícara de coco ralado sem adição de açúcar
- 2 colheres de chá de fermento em pó químico
- ½ colher de chá de bicarbonato de sódio
- ¾ de xícara de bebida de amêndoa com sabor de baunilha
- Raspas de 1 limão
- 1 colher de sopa de suco de limão espremido na hora
- ½ colher de chá de extrato de baunilha
- 1 xícara de mirtilos frescos

1. Preaqueça o forno a 200 °C. Forre uma assadeira com papel-manteiga.
2. Numa tigela pequena, misture as sementes de linhaça com a água morna. Reserve e deixe repousar por 10 a 15 minutos, até que a mistura fique espessa.
3. Numa batedeira, misture a farinha, a manteiga vegana, o açúcar, o coco, o fermento em pó e o bicarbonato de sódio. Bata até ficar bem misturado. Transfira a massa para uma tigela grande.

CAPÍTULO 7 • RECEITAS OMD

4. Numa tigela média, misture a bebida, as raspas de limão, o suco de limão e a baunilha. Junte a mistura da bebida e a goma de linhaça à massa. Mexa com uma colher até incorporar os ingredientes. Junte os mirtilos. A massa vai ficar um pouco pegajosa, mas deve se soltar da tigela; caso não se solte, acrescente mais uma colher de sopa de farinha.
5. Transfira a massa para uma superfície de trabalho levemente polvilhada de farinha e estenda-a até formar um disco com cerca de 1,3 cm de espessura. Corte a massa em 12 fatias e disponha-as na assadeira a uma distância de 5 cm umas das outras.
6. Leve os *scones* ao forno por 15 a 18 minutos, até ficarem levemente dourados. Deixe-os esfriar na assadeira por 5 minutos, antes de os transferir para uma grade. Sirva-os mornos ou à temperatura ambiente.

Por *scone*: 125 calorias; 3 g de gordura (1 g de gordura saturada); 24 g de carboidrato; 3 g de proteína; 0 mg de colesterol; 150 mg de sódio

Ao trocar 5 colheres de sopa de manteiga e ¾ de xícara de leite de vaca, poupa-se cerca de:
* 3 km de combustível
* 0,5 m² de terra
* 503 l de água

PARA PREPARAR UMA GOMA (OU OVO) DE LINHAÇA
(*o equivalente a um ovo grande de galinha*)
Numa tigela pequena, misture uma colher de sopa de sementes de linhaça moídas e três colheres de sopa de água morna; deixe repousar por 10 a 15 minutos, até que a mistura fique espessa. Faça como está indicado na receita. As gomas de linhaça também podem ser utilizados para substituir os ovos de galinha em outras receitas, sendo necessário fazer testes.

Muffins de maçã e nozes do Ben

Ben cuida de nossas crianças e adora cozinhar. É um mestre-cuca vegano quando se trata de cozinhar para elas. Quando comecei a adotar uma dieta à base de vegetais, revi todos os nossos livros de culinária e desfiz-me de todos os que tinham receitas de carne. Foi então que o Ben disse: "Você se desfez do *Joy of cooking*?".* Não pensei sequer em ficar com ele! Então, arranjei outra cópia e o Ben tirou uma receita de *muffins* do *Joy of Cooking*, que transformou numa receita vegana. Ele desvendou completamente o segredo desses *muffins*, descobrindo inclusive as proporções entre ingredientes.

Os deliciosos *muffins* do Ben são uma forma fácil de alegrar um pouco as nossas manhãs. Considere medir os ingredientes na noite anterior – basta juntá-los de manhã e os *muffins* estarão prontos antes de sair de casa. Nós gostamos especialmente dessa combinação de maçã e nozes, mas você pode substituir a maçã por cerca de 1 xícara de damascos secos cortados e as nozes por ½ xícara de nozes-pecãs, se preferir. Peras e amêndoas laminadas também funcionam muito bem. Sinceramente, essa receita é tão versátil que você pode utilizar praticamente qualquer combinação de fruta e oleaginosas que conseguir imaginar!

RENDE 12 *MUFFINS*

- 2 xícaras de farinha de espelta
- ⅓ de xícara de açúcar
- 1 colher de sopa de fermento em pó químico
- 2 colheres de chá de canela em pó
- ½ colher de chá de sal
- 1 xícara de bebida de amêndoa
- ⅓ de xícara de xarope de bordo
- ⅓ de xícara de óleo vegetal
- 1 colher de chá de extrato de baunilha
- 1 maçã sem caroço e finamente cortada
- ½ xícara de nozes picadas
- ¼ de xícara de uvas-passas

---

* Também conhecido como *The joy of cooking* ou, em tradução livre, *A alegria de cozinhar*, é um dos livros de culinária mais publicados nos EUA, da autoria de Irma S. Rombauer. [*N. T.*]

CAPÍTULO 7 • RECEITAS OMD

1. Preaqueça o forno a 200 °C. Pincele levemente com óleo vegetal uma forma para 12 *muffins* ou utilize bases de papel.
2. Numa tigela grande, misture a farinha, o açúcar, o fermento em pó, a canela e o sal. Numa tigela média à parte, misture a bebida de amêndoa, o xarope de bordo, o óleo vegetal e a baunilha. Junte os ingredientes úmidos aos ingredientes secos e mexa até que fiquem misturados (não faz mal se ficar com alguns grumos; não mexa em demasia ou os *muffins* ficarão um pouco duros). Junte a maçã, as nozes e as uvas-passas.
3. Divida a massa na forma dos *muffins* (uma colher de sorvete de 100 ml é ótima para isso). Leve ao forno por cerca de 15 minutos, até que o topo dos *muffins* resista a um leve toque. Deixe esfriar na assadeira por alguns minutos. Em seguida, transfira-os para uma grelha, para acabarem de esfriar. Guarde-os num recipiente hermético até, no máximo, três dias.

Por porção: 220 calorias; 9 g de gordura (0,5 g de gordura saturada); 32 g de carboidrato; 4 g de fibra; 4 g de proteína; 0 mg de colesterol; 240 mg de sódio

Ao trocar uma xícara de leite de vaca, poupa-se cerca de:
❀ 1,5 km de combustível
❀ 0,25 m² de terra
❀ 132 l de água

Prepare a sua própria bebida de amêndoa

Muitas bebidas de amêndoa industrializadas têm aditivos e estabilizadores; diz-se inclusive que algumas marcas vendem bebidas que contêm apenas 2% de amêndoas! Se desejar a versão mais pura, mais fresca e mais cremosa, experimente criar a sua própria bebida de amêndoa. Procure amêndoas cruas orgânicas e certifique-se de as guardar num recipiente hermeticamente fechado na geladeira, pois podem estragar rapidamente.

Coloque 1 xícara de amêndoas cruas numa tigela, cubra com cerca de 2,5 cm de água e deixe de molho em temperatura ambiente durante a noite ou por até dois dias. Depois, escorra-as e passe-as em água limpa; transfira as amêndoas para um liquidificador de alta velocidade ou para o recipiente de um thermomix. Acrescente 2 xícaras de água filtrada. Misture em velocidade máxima por 2 minutos (se utilizar um thermomix, processe por 4 minutos). Forre um coador pequeno com musselina e coloque-o sobre uma tigela grande. Coe a bebida de amêndoa pela musselina, apertando-a com as mãos limpas e pressionando com força para extrair o máximo de líquido possível. Utilize xarope de bordo para adoçar a bebida a gosto, se desejar, e coloque-a na geladeira, num frasco fechado, por no máximo dois dias. A receita rende duas xícaras. (Nota: é fácil duplicar ou triplicar esta receita.) Também é possível aproveitar a polpa de amêndoa ao espalhá-la sobre uma assadeira e desidratá-la a uma temperatura baixa (50 °C a 60 °C), por 2 a 3 horas, para utilizar em produtos de confeitaria. Se o seu forno não especificar temperaturas inferiores a 100 °C, utilize a configuração "aquecer" e ajuste adequadamente o tempo.

CAPÍTULO 7 • RECEITAS OMD

ALMOÇOS

Sopa de espinafre e batata-doce

Na MUSE, a sopa é uma das entradas mais populares na hora do almoço. Um aluno da educação infantil disse uma vez a Kayla, nossa cozinheira: "não consigo comer este sanduíche de queijo quente se não houver uma sopa para molhar o pão". Desde esse dia, sempre que são servidos os nossos sanduíches de queijo quente, Kayla não deixa que falte sopa para acompanhar. (Nota: esta sopa tem muita gordura de coco, que é uma gordura saturada; por favor, considere-a como um petisco ocasional e reveja as advertências a respeito do óleo de coco na página 143.)

RENDE **8** PORÇÕES
- 2 colheres de sopa de azeite
- 1 cebola amarela picada
- 1 dente de alho picado
- 2 batatas-doces descascadas e cortadas
- 2 colheres de sopa de gengibre fresco picado
- 1 colher de chá de sal
- 1 colher de chá de cominho moído
- 1 colher de chá de açafrão moído
- 1 colher de chá de coentro moído
- 3 xícaras de água
- 2 xícaras de tomate triturado
- 1 lata (de 400 ml) de leite de coco
- 2 colheres de chá de uma base vegetal
- 283 g de espinafres
- ¼ de xícara de coentro fresco picado

1. Numa panela grande, aqueça o azeite em fogo médio-alto. Adicione a cebola, o alho, a batata-doce, o gengibre, o sal, o cominho, o açafrão e o coentro. Deixe cozinhar por 10 a 15 minutos, mexendo de vez em quando, até que as batatas comecem a ficar tenras.
2. Adicione a água, o tomate, o leite de coco e a base vegetal, e mexa até que fique bem misturado. Diminua o fogo para médio e deixe ferver por 20 minutos. Desligue o fogo.

3. Escorra os espinafres num coador, espremendo o máximo de líquido possível, e acrescente-os à sopa.
4. Transfira cerca de duas xícaras de sopa para uma tigela. Utilize um processador para fazer um purê com a sopa que sobrou na panela, até ficar homogêneo. Em seguida, despeje na panela as duas xícaras de sopa que foi reservada e mexa. Junte o coentro e sirva.

Por porção: 195 calorias; 14 g de gordura (10 g de gordura saturada); 16 g de carboidrato; 4 g de fibra; 4 g de proteína; 0 mg de colesterol; 630 mg de sódio

De origem vegetal!

Creme de tomate assado da Saranne

A *chef* neozelandesa Saranne James, que às vezes cozinha para nós quando estamos na Nova Zelândia, partilhou conosco suas impressões sobre esta sopa, uma das preferidas da sua família: "Uma dieta à base de vegetais é muito importante para mim, não apenas por causa da saúde do nosso planeta e do nosso corpo, mas também por causa da ligação espiritual e elementar, que é tão frequentemente negligenciada, em relação à nossa Terra Mãe e a tudo o que isso implica. Esta sopa é muito saudável e nutritiva e proporciona uma dimensão interessante de sabor. Para mim, há algo nesta sopa que me lembra o lar e a terra natal. A minha mãe costumava fazer sopa de tomate quando estávamos doentes, por isso essa sopa é como amor numa tigela".

As crianças *sempre pedem* esta sopa quando a Saranne cozinha para nós.

RENDE 6 PORÇÕES
- 1,360 kg de tomate italiano cortado em quartos
- 1 cebola amarela picada
- 2 colheres de sopa de azeite
- 4 xícaras de bebida de amêndoa
- Suco de ½ limão
- 2 colheres de sopa de pasta de tomate (opcional)
- 2 colheres de chá de sal
- 1½ colher de chá de açúcar
- Pimenta-do-reino preta moída na hora

1. Preaqueça o forno a 200 °C. Forre uma assadeira com papel-manteiga.
2. Disponha na assadeira a cebola e os tomates com o lado cortado para cima. Regue com o azeite e agite delicadamente com as mãos para cobrir. Leve ao forno por 30 minutos, até que os tomates estejam tenros. Deixe esfriar por 20 minutos.
3. Transfira cuidadosamente os vegetais e o eventual suco que tenham produzido da assadeira para o liquidificador e bata tudo, até obter uma mistura homogênea. Transfira a mistura vegetal para uma panela grande e aqueça-a em fogo médio-alto. Junte a bebida de amêndoa, o suco de limão, a pasta de tomate, o sal e o açúcar. Tempere com pimenta-do-reino a gosto.
4. Aqueça a sopa até a fervura e, a seguir, deixe cozinhar em fogo brando por 15 minutos, de modo a que os sabores se misturem.

Por porção: 125 calorias; 5 g de gordura (1 g de gordura saturada); 15 g de carboidrato; 4 g de fibra; 3 g de proteína; 0 mg de colesterol; 710 mg de sódio

Ao trocar 4 xícaras de leite de vaca, poupa-se cerca de:
- 5,6 km de combustível
- 1,1 m² de terra
- 534 l de água

Salada de couve marinada do Rio

Rio, aluno do ensino fundamental da MUSE, é apaixonado por culinária e inventou esta receita de salada de couve que é realmente deliciosa. Ela precisa de algum tempo de repouso – em qualquer lugar, de uma hora a uma noite – antes de ser servida. A doçura da fruta equilibra o sabor picante do molho e a couve ligeiramente amarga.

RENDE 4 PORÇÕES

PARA O MOLHO
- 2 colheres de sopa de vinagre de maçã
- 2 colheres de chá de xarope de bordo

- 1 colher de chá de gengibre moído
- ¼ de xícara de azeite
- 1 colher de sopa de óleo de gergelim torrado
- Raspas e suco de ½ limão
- ½ colher de chá de sal
- Pimenta-do-reino preta moída na hora

PARA A SALADA
- 6 xícaras de folhas de couve cortada
- ½ xícara de pinhões
- 1 maçã verde cortada em tiras finas
- 2 mexericas clementinas sem casca, sem caroços e partidas em gomos
- ½ xícara de sementes de romã

PARA PREPARAR O MOLHO:
Numa tigela pequena, bata o vinagre, o xarope de bordo e o gengibre. Junte o azeite e o óleo de gergelim num fluxo lento e constante, batendo até que fique bem misturado. Acrescente as raspas e o suco de limão e o sal. Tempere com pimenta-do-reino a gosto.

PARA PREPARAR A SALADA:
1. Numa tigela grande, misture a couve com uma quantidade suficiente de molho para cobrir (leve à geladeira o molho que sobrar) e mexa as folhas por 1 ou 2 minutos. Tampe e leve à geladeira por pelo menos 1 hora ou deixe repousar durante a noite.
2. Numa frigideira pequena e seca, coloque os pinhões em fogo médio-alto, por 5 a 10 minutos, até que fiquem ligeiramente dourados e perfumados (mexa-os continuamente na frigideira e preste atenção para não queimarem). Transfira-os para um prato pequeno e deixe-os esfriar.
3. Para montar a salada, junte os pinhões, a maçã, as clementinas e as sementes de romã à tigela com a couve. Agite novamente e acrescente mais molho, se desejar. Sirva imediatamente.

Por porção: 235 calorias; 19 g de gordura (2 g de gordura saturada); 15 g de carboidrato; 3 g de fibra; 3 g de proteína; 0 mg de colesterol; 200 mg de sódio

De origem vegetal!

Coodles com molho de manga delicioso da Melissa

Melissa Pampanin, assistente de direção e presidente da escola MUSE, adotou uma dieta à base de vegetais em dezembro de 2013, com a ideia de que iria ser um desafio de apenas um mês para tentar resolver alguns problemas de pele. Pois bem, um mês transformou-se em mais de quatro anos e Melissa não tem planos de voltar atrás. Mel descobriu um estilo de vida mais à base de frutas e se apaixonou.

Nunca ouviu falar em *coodles*? É uma massa (*noodles*) feita de pepino! O mais importante é que esses pratos são tão divertidos de elaborar como de comer.

RENDE 2 PORÇÕES

PARA O MOLHO DE MANGA
- 1 lima
- 1 xícara de pimentão vermelho cortado
- 2 xícaras de manga cortada
- ½ xícara de cebolinha picada
- ¼ de xícara de endro fresco
- 1 dente de alho

PARA OS *COODLES*
- 3 pepinos grandes, descascados e sem sementes
- 1 alface-repolhuda, com as folhas separadas
- ¼ de xícara de cebolinha picada
- 2 colheres de sopa de endro fresco picado

PARA PREPARAR O MOLHO DE MANGA:

Corte um pedaço pequeno da parte superior e inferior da lima e coloque-a sobre uma tábua de corte. Corte cuidadosamente a casca e o revestimento branco da lima, até que o interior fique exposto. Corte-a em quatro partes e coloque-as no recipiente de um thermomix. Junte o pimentão, a manga, a cebolinha, o endro e o alho. Processe até ficar homogêneo e reserve.

PARA PREPARAR OS *COODLES*:
1. Recorrendo a um espiralizador ou a um utensílio com lâmina de corte *à julienne*, corte os pepinos em "espaguete" comprido.
2. Numa tigela grande, misture os *coodles* e o molho de manga.
3. Distribua a mistura pelas folhas de alface e guarneça com endro e cebolinha.

Por porção: 210 calorias; 2 g de gordura (0,5 g de gordura saturada);
47 g de carboidrato; 10 g de fibra; 7 g de proteína; 0 mg de colesterol;
25 mg de sódio

De origem vegetal!

Kraftwich magnífica do Davien

Davien Littlefield, querido amigo e meu antigo empresário, que perdeu 27 kg ao adotar uma alimentação vegana, partilhou este truque culinário fantástico: "Este sanduíche é algo que acabei de inventar e, sempre que o sirvo, as pessoas ficam surpresas por ser tão saciante. Fico sem fome, literalmente, durante horas". Se deseja a combinação picante/crocante de um sanduíche Reuben[*] (sem a carne e o queijo), esses sanduíches rápidos de preparar são a solução – se sentir falta do queijo, pode sempre acrescentar uma fatia de queijo suíço *Daiya*, mas experimente sem queijo primeiro! Carregado de probióticos, o chucrute é o herói anônimo do universo dos sanduíches.

RENDE **2** PORÇÕES
- 2 colheres de chá de maionese vegana
- 4 fatias de pão integral
- 1 xícara de chucrute, escorrido
- ¼ de colher de chá de cominho em grão (opcional)
- 2 colheres de chá de mostarda integral
- 2 colheres de chá de azeite

---

[*] Sanduíche grelhado composto por carne de vaca curada, queijo suíço, chucrute e molho russo, em pão de centeio. [*N. T.*]

1. Espalhe a maionese sobre duas fatias de pão. Numa tigela pequena, misture o chucrute e o cominho, se utilizar. Divida o chucrute entre as fatias de pão cobertas de maionese. Espalhe a mostarda sobre as duas fatias de pão restantes e coloque-as por cima do chucrute, com o lado da mostarda virado para baixo.
2. Numa frigideira grande, aqueça o azeite em fogo médio-alto. Disponha os sanduíches na frigideira e deixe-os cozinhar por 2 a 3 minutos de cada lado, até torrarem.

Por porção: 330 calorias; 11 g de gordura (1,5 g de gordura saturada); 51 g de carboidrato; 8 g de fibra; 9 g de proteína; 0 mg de colesterol; 880 mg de sódio

Ao trocar duas fatias de queijo e 142 g de carne de vaca, poupa-se cerca de:
* 19 km de combustível
* 36 m² de terra
* 2.438 l de água

Legumes em conserva DIY

Em vez de simplesmente escaldar e congelar os vegetais excedentes, considere transformá-los em picles! E, como bônus, aproveite os probióticos benéficos para o intestino. Comece com 500 g de qualquer vegetal fresco à sua escolha, descascado, aparado e cortado em qualquer forma de que goste, e dois frascos de boca larga (com tampa) que tenha lavado e secado cuidadosamente. Coloque os vegetais nos frascos, com cerca de 1 colher de chá de temperos (sementes de mostarda, sementes de erva-doce, cravo e pimenta-da-jamaica são boas apostas), 1 folha de louro ou um raminho de endro e alguns dentes de alho esmagados, deixando cerca de 1,5 cm de espaço no topo. Numa panela pequena, misture 1 xícara de vinagre de maçã ou vinagre branco, 1 xícara de água, 1 colher de sopa de sal kosher e 1 colher de sopa de açúcar (opcional, use somente se desejar um resultado mais doce). Deixe ferver e cozinhar, mexendo até que o sal se dissolva. Despeje a salmoura

(cont.)

> nos frascos (pode sobrar um pouco de salmoura), de modo que os vegetais fiquem completamente cobertos. Coloque as tampas nos frascos, feche-os bem e deixe-os repousar até que tenham esfriado à temperatura ambiente. Deixe-os na geladeira por, pelo menos, 48 horas antes de servir e consuma-os em até dois meses.

Faláfel fantástico

É divertido servir em família estes bolinhos saborosos. Permitir que todos tenham a oportunidade de elaborar a sua própria criação é uma excelente forma de inspirar as crianças a saborearem sua comida. Se gosta do seu faláfel com cobertura salgada, considere juntar o Homus de batata-doce do Aaron (página 277) ou o Molho de berinjela do Aaron (página 273) às suas contribuições. Para um molho *tahine* muito simples, junte um pouco de água – uma colher de sopa de cada vez – a ½ xícara de *tahine*, até atingir a consistência desejada, e tempere a gosto com alho moído, suco de limão e sal (se utilizar grão-de-bico em lata, aproveite o líquido da lata se quiser fazer os Merengues da Saranne, na página 293; não se vai arrepender).

RENDE **6** PORÇÕES

- ¼ de xícara mais 1 colher de sopa de azeite
- 1 cebola picada
- 4 dentes de alho picados
- 1 colher de chá de cominho moído
- 1 colher de chá de pimenta-malagueta moída
- ¼ de colher de chá de açafrão moído
- 4 xícaras de grão-de-bico cozido, passado por água e escorrido
- ½ de xícara de trigo integral
- ¼ de xícara de salsa fresca picada
- ¼ de xícara de coentro fresco picado
- 1 colher de chá de sal
- 6 pães pita de trigo integral
- 12 folhas de alface-repolhuda
- 1 xícara de tomate cortado
- ¼ de xícara de cebola roxa picada
- ¼ de xícara de azeitonas gregas sem caroço e picadas
- 1 xícara de pepino cortado

CAPÍTULO 7 • RECEITAS OMD

1. Numa frigideira grande, aqueça uma colher de sopa de azeite em fogo médio-alto. Junte a cebola, o alho, o cominho, a pimenta-malagueta moída e o açafrão. Deixe cozinhar por 4 a 5 minutos, até a cebola ficar tenra. Transfira-a para o recipiente de um thermomix.
2. Junte o grão-de-bico, a salsa, o coentro e o sal. Bata tudo até ficar homogêneo, interrompendo de vez em quando para raspar as laterais da tigela.
3. Limpe a frigideira que utilizou para cozinhar a cebola com uma toalha de papel limpa. Aqueça uma colher de sopa de azeite em fogo médio-alto. Utilizando uma colher de sopa, disponha na frigideira colheradas da massa de faláfel. Não sobrecarregue a frigideira (seis de cada vez é o ideal). Cozinhe o faláfel por 3 a 4 minutos de cada lado, até ficar dourado e crocante. Transfira o faláfel cozido para uma assadeira e cubra-a frouxamente com papel-alumínio. Repita o procedimento com o restante da massa de faláfel, untando antes a frigideira com uma colher de sopa do azeite remanescente.
4. Sirva os faláfel em família e deixe que cada um prepare o seu próprio sanduíche, cobrindo a pita com faláfel, alface, tomate, cebola roxa, azeitonas e pepinos, como preferir.

Por porção: 480 calorias; 17 g de gordura (2 g de gordura saturada); 72 g de carboidrato; 14 g de fibra; 16 g de proteína; 0 mg de colesterol; 960 mg de sódio

De origem vegetal!

Feijão-preto básico

O ideal é sempre manter um pouco desse feijão guardado na geladeira, já que é uma ótima fonte de fibra e sabor, que poderá ser acrescentada a praticamente qualquer prato, desde nachos a burritos no café da manhã. Misture algumas colheradas com sobras de arroz integral e você terá um prato fácil, pronto para ser aquecido em minutos.

RENDE 4 PORÇÕES (CERCA DE 2 XÍCARAS)
- 1 colher de sopa de azeite
- ½ cebola roxa cortada finamente

- ½ pimentão vermelho cortado finamente
- 1 dente de alho picado
- 1 lata (de 425 g) de feijão-preto, passado por água e escorrido
- ½ colher de chá de sal
- ½ colher de chá de cominho moído
- ¼ de colher de chá de pimenta-malagueta moída

Numa frigideira de tamanho médio, aqueça o azeite em fogo médio-alto. Junte a cebola, o pimentão e o alho e deixe cozinhar, mexendo de vez em quando, por 2 a 3 minutos, até que os vegetais fiquem tenros. Junte o feijão, o sal, o cominho e a pimenta-malagueta moída, e utilize a parte de trás de uma colher para esmagar alguns dos grãos. Deixe cozinhar, mexendo de vez em quando por mais 1 a 2 minutos, até estar quente.

Por porção: 140 calorias; 4 g de gordura (1 g de gordura saturada); 20 g de carboidrato; 8 g de fibra; 7 g de proteína; 0 mg de colesterol; 440 mg de sódio

De origem vegetal!

Sanduíches MUSE-Y

Esta receita é a versão culinária dos *sloppy joes** da MUSE. Utilizamos a carne vegana picada em vez do hambúrguer tradicional de carne. Esses sanduíches MUSE-Y são tão deliciosos e nutritivos como os de carne de vaca, mas deixam uma pegada ambiental muito menor.

RENDE 4 PORÇÕES
- 2 colheres de sopa de azeite
- ½ cebola amarela picada
- 1 pimentão verde, sem sementes e cortado finamente
- 1 colher de chá de páprica
- 1 colher de chá de pimenta-malagueta moída
- 1 colher de chá de curry em pó

---

* Sanduíche de carne de vaca ou porco picada, cebola, molho de tomate ou ketchup, molho inglês e outros temperos, preparado no pão de hambúrguer. [N. T.]

- 1 embalagem (de 283 g) de carne vegana picada
- ¼ de xícara de ketchup
- 1 colher de sopa de mostarda integral
- 4 pães de hambúrguer de trigo integral

1. Numa frigideira grande, aqueça o azeite em fogo médio-alto. Junte a cebola, o pimentão, a páprica, a pimenta-malagueta moída e o curry em pó. Deixe cozinhar por 3 a 4 minutos, até a cebola ficar tenra.
2. Junte a carne vegana picada na frigideira e deixe cozinhar, mexendo ocasionalmente, por cerca de 2 minutos, até que a carne tenha descongelado. Diminua o fogo, misture o ketchup e a mostarda e deixe cozinhar por mais 1 a 2 minutos, até que a mistura esteja aquecida.
3. Distribua pelos pães de hambúrguer e sirva.

Por porção: 290 calorias; 9 g de gordura (1 g de gordura saturada); 27 g de carboidrato; 6 g de fibra; 21 g de proteína; 0 mg de colesterol; 750 mg de sódio

Ao trocar 283 g de carne de vaca, poupa-se cerca de:
✿ 32 km de combustível
✿ 72 m² de terra
✿ 4.039 l de água

"Carne" de oleaginosa para taco vegano cru da Ree

Minha irmã Rebecca ("Ree" para a família) e eu estamos juntas na jornada vegana há muitos anos. O ingrediente dessa receita converteu muitos consumidores de carne em consumidores de vegetais. A consistência e a densidade das oleaginosas, a sua proteína e gordura misturadas com temperos familiares... é inacreditável como essa mistura lembra carne de taco! Também é maravilhosa envolta numa quesadilla, com o seu queijo vegano favorito ou servida como parte de um buffet de tacos. Se apenas tiver à disposição tomate seco em óleo, utilize menos azeite. Faça uma dose no início da manhã e coloque-a na geladeira; os sabores impregnam-se e melhoram após 6 a 12 horas.

RENDE 4 PORÇÕES

- ½ xícara de amêndoas cruas
- ½ xícara de nozes cruas
- ⅓ de xícara de tomates secos embalados a seco
- 2 colheres de sopa de azeite
- ½ colher de chá de sal
- ½ colher de chá de pimenta-malagueta moída
- ¼ de colher de chá de pimenta-caiena (opcional)

No recipiente de um thermomix, junte as amêndoas, as nozes, o tomate, o azeite, o sal, a pimenta-malagueta moída e a pimenta-caiena, se utilizar. Mexa até a combinação de oleaginosas apresentar a consistência de um hambúrguer cozido. Transfira a mistura de oleaginosas para um recipiente hermético e leve à geladeira até estar pronta para servir.

Por porção: 260 calorias; 24 g de gordura (2 g de gordura saturada); 8 g de carboidrato; 4 g de fibra; 6 g de proteína; 0 mg de colesterol; 390 mg de sódio

Ao trocar 283 g de carne de vaca, poupa-se cerca de:
- ❁ 29 km de combustível
- ❁ 71 m² de terra
- ❁ 3.763 l de água

Fajitas de "frango"

Este clássico substancial e nutritivo ajuda a convencer muitos céticos de que a dieta à base de vegetais é totalmente exequível. Enquanto estiver comendo, inspire-se na minha amiga Kathy Freston, que é quem melhor o explica no seu maravilhoso livro *Veganist*: "É seguro afirmar, estejamos falando em fazer dieta, em viver mais e melhor, em diminuir o sofrimento dos animais, em ajudar os pobres do mundo ou em reduzir a nossa pegada de carbono, que há poucas coisas que estejam ao nosso alcance que tenham um impacto tão abrangente quanto uma dieta à base de vegetais".

RENDE 6 PORÇÕES
- 2 embalagens (255 g) de tiras de "frango" vegano grelhadas
- Suco de 1 limão
- 1 colher de chá de cominho moído
- 1 colher de chá de pimenta-malagueta moída
- ¼ de xícara de coentro fresco picado
- 2 colheres de sopa de azeite
- ½ cebola roxa cortada em rodelas
- 1 pimentão vermelho, sem sementes e fatiado
- 1 pimentão verde, sem sementes e fatiado
- 1 pimentão amarelo, sem sementes e fatiado
- 12 tortilhas de espelta
- 1½ xícara de queijo vegano ralado
- 1½ xícara de Guacamole realmente bom (página 275)
- Molho picante (opcional)

1. Numa tigela média, junte o "frango", o suco de limão, o cominho, a pimenta-malagueta moída e o coentro. Misture para cobrir uniformemente e reserve.
2. Numa frigideira grande, aqueça uma colher de sopa de azeite em fogo médio-alto. Acrescente a cebola e os pimentões. Deixe cozinhar, mexendo frequentemente por 8 a 10 minutos, até que os vegetais comecem a ficar dourados. Transfira para uma travessa e tampe-a frouxamente com papel-alumínio para preservar o calor.
3. Na mesma frigideira, aqueça a outra colher de sopa de azeite em fogo médio. Junte o "frango" temperado e deixe cozinhar por 6 a 8 minutos, até que aqueça. Acrescente o "frango" à travessa com os pimentões e a

cebola, e preserve o calor até que esteja pronto para ser servido. Sirva em família, com tortilhas, queijo e guacamole, para que todos possam compor as suas próprias *fajitas*. Passe o molho picante a quem quiser utilizar um pouco.

Por porção: 580 calorias; 19 g de gordura (5 g de gordura saturada); 68 g de carboidrato; 10 g de fibra; 30 g de proteína; 0 mg de colesterol; 980 mg de sódio

Ao trocar 510 g de frango e 1 xícara e meia de queijo, poupa-se cerca de:
- ❀ 7 km de combustível
- ❀ 4 m² de terra
- ❀ 1.442 l de água

Salada de curry de "frango" em folhas de alface

Um almoço leve, refrescante e muito saciante. Os alunos da MUSE gostam muito dessa receita, que chamam de "tacos de alface".

RENDE 6 PORÇÕES
- 2 embalagens (255 g) de tiras de "frango" vegano grelhadas
- ¼ de xícara de uvas-passas brancas
- 3 colheres de sopa de cebola cortada finamente
- 10 folhas de manjericão fresco cortadas
- 2 colheres de chá de suco de limão espremido na hora
- ½ xícara de maionese vegana
- 1 colher de chá de curry em pó
- 12 folhas de alface-repolhuda
- Tomates-cereja, para guarnecer

CAPÍTULO 7 • RECEITAS OMD

1. Corte ou desfaça o "frango" em pedaços pequenos e coloque-os numa tigela grande. Junte as uvas-passas, a cebola, o manjericão e o suco de limão. Misture.
2. Numa tigela pequena à parte, misture a maionese e o curry em pó.
3. Despeje o molho curry sobre a mistura de "frango" e mescle-os.
4. Distribua a mistura de "frango" pelas folhas de alface e guarneça com tomates-cereja.

Por porção: 225 calorias; 7 g de gordura (0,5 g de gordura saturada);
13 g de carboidrato; 4 g de fibra; 22 g de proteína; 0 mg de colesterol;
500 mg de sódio

Ao trocar 510 g de frango e meia xícara de maionese à base de ovo, poupa-se cerca de:
- 4 km de combustível
- 4 m² de terra
- 1.124 l de água

JANTARES: PRATOS PRINCIPAIS E ACOMPANHAMENTOS

Chili favorito da família da Suzy

Este é um chili ligeiro, originário do Canadá. Com o passar dos anos, mudamos os ingredientes para o tornar totalmente vegetal. Sinta-se à vontade para acrescentar *jalapeños*, molho de pimenta *Tabasco* ou outros temperos de que goste.

RENDE **10** PORÇÕES
- 2 colheres de sopa de azeite
- 6 cebolas brancas grandes, cortadas em cubos
- 3 embalagens (283 g) de "carne de vaca" picada congelada
- 3 latas (400 g) de tomate em cubos
- 3 latas (425 g) de feijão-vermelho, passado por água e escorrido
- 1 pacote (1.000 ml) de creme de tomate sem laticínios
- 1 colher de chá de pimenta-malagueta moída

1. Preaqueça o forno a 180 °C.
2. Aqueça o azeite numa panela grande (6 l) esmaltada ou de ferro fundido em fogo médio-alto. Acrescente as cebolas e deixe-as cozinhar por 10 a 15 minutos, até ficarem tenras. Junte a "carne de vaca" picada e deixe-a cozinhar, mexendo ocasionalmente por cerca de 3 minutos, até que tenha descongelado. Junte o tomate, o feijão, a sopa e a pimenta-malagueta moída. Mexa bem, transfira para o forno e deixe cozinhar, destampado, por 1 hora, mexendo a cada 30 minutos, até adquirir a consistência típica do chili.

Por porção: 340 calorias; 4 g de gordura (1 g de gordura saturada); 40 g de carboidrato; 11 g de fibra; 29 g de proteína; 0 mg de colesterol; 900 mg de sódio

Ao trocar 850 g de carne de vaca, poupa-se cerca de:
✿ 96,5 km de combustível
✿ 216 m² de terra
✿ 12.121 l de água

(Uau!)

UM TRUQUE CULINÁRIO PARA A POSTERIDADE

Esta receita de chili é da mãe do Jim, mas acrescentei um truque pelo qual ela provavelmente me mataria. (Desculpa, mama Cameron!) Num Halloween, há muitos anos, estava fazendo um chili, como é nossa tradição todos os anos, quando chegou a hora de sair para andar de porta em porta e o chili ainda não tinha acabado de cozinhar. *Oh, não! O que vou fazer?*

Tive então uma ideia: colocar o chili numa panela de ferro fundido dentro do forno e ligar o forno de convecção em torno dos 150 °C – e assim saímos, parando de porta em porta! Quando voltamos, o chili tinha cozinhado por completo Pensei: "OK, isso é fenomenal". (Nota: por segurança, faça-o apenas quando houver gente em casa! Naquela noite, nem todos saíram para bater à porta dos vizinhos.)

Agora, quando faço sopa, curry ou molhos, não preciso ficar remexendo a comida para garantir que cozinhe uniformemente, pois o forno de convecção cozinha-a de todos os lados. Tenho orgulho desse truque culinário, que tem sido muito útil para mim! (Outro truque bom para o chili é prepará-lo numa panela elétrica ou mesmo numa panela de pressão.)

Creme de milho da mama Amis

A crescente abertura da minha mãe à alimentação vegana me dá muita alegria. Eis o que ela diz sobre a transformação OMD de uma das suas receitas de marca registrada: "Grande parte da minha família é *vegana* e muito saudável em consequência disso! Como o meu creme de milho sempre foi um dos pratos favoritos deles, decidi fazer uma versão vegana, que tem exatamente o mesmo sabor do original". Agora, a minha mãe prepara ambas as receitas quando há grandes eventos e fico muito feliz com isso – é a nostalgia de um prato, um pouco do lar e da família em cada colherada. (Nota: esta receita contém muita gordura de coco, que é saturada; por favor, encare-a como um petisco ocasional e reveja as precauções referentes ao óleo de coco na página 143.)

RENDE **6** PORÇÕES
- 6 espigas de milho, sem casca
- ¼ de xícara de óleo de coco
- ½ xícara de Creme de castanha-de-caju da Pagie Poo (página 278)
- ½ xícara de bebida de amêndoa sem açúcar (opcional)
- Sal e pimenta-do-reino preta moída na hora (opcional)

1. Coloque uma espiga de milho na extremidade de uma tigela larga ou numa assadeira e corte-a em sentido descendente com uma faca afiada, para remover os grãos da espiga (não corte muito perto da espiga), deixando-os cair na tigela. Depois de remover todos os grãos, raspe a espiga com uma colher para extrair o "leite" e a polpa de milho. Repita o procedimento com as espigas de milho restantes.
2. Numa frigideira grande, derreta o óleo de coco em fogo médio. Acrescente o milho, o "leite" do milho e a polpa. Deixe cozinhar até que o milho comece a ficar tenro, cerca de 5 minutos. Diminua para fogo brando, junte o creme de castanha-de-caju e deixe ferver por cerca de 5 minutos, até que o milho esteja tenro. Se a mistura lhe parecer muito espessa, junte lentamente um pouco de bebida de amêndoa até atingir a consistência que deseja. Tempere com sal e pimenta a gosto.

Por porção: 270 calorias; 15 g de gordura (9 g de gordura saturada); 33 g de carboidrato; 4 g de fibra; 6 g de proteína; 0 mg de colesterol; 56 mg de sódio

Ao trocar ½ xícara de creme de leite, ½ xícara de leite de vaca e 4 colheres de sopa de manteiga, poupa-se cerca de:
- 3 km de combustível
- 1 m² de terra
- 685 l de água

Cinco soluções fantásticas com a panela de pressão elétrica

As panelas de pressão elétricas são uma verdadeira maravilha na cozinha, pois não somente tornam o uso de uma panela de pressão muito mais fácil (e seguro), como também têm funções programáveis que substituem as funções de vários outros aparelhos populares, incluindo a panela elétrica, a arrozeira e a iogurteira. (Também são uma boa solução alternativa para preparar o chili do Um truque culinário para a posteridade, página 251.) Procure no Google "refeições veganas de panela de pressão elétrica" e encontrará centenas de receitas de guisado, curry, chili, sopa, risoto, entre outras. Você pode preparar todos os jantares da semana no domingo, armazená-los em recipientes de vidro na geladeira ou no congelador, colocá-los em uma panela de pressão elétrica de manhã e regressar à casa no final do dia para uma refeição quente. Siga atentamente as instruções de segurança do fabricante para garantir que procede corretamente. Eis um resuco rápido de alguns alimentos básicos que poderá preparar facilmente com uma panela de pressão elétrica (testada com um modelo de 6 l):

Applesauce

Descasque, tire o miolo e corte 1,8 kg de maçãs para assar (Granny Smith e Honeycrisp são boas opções). Coloque-as na panela de pressão elétrica, junto com 1 xícara de água, 1 colher de chá de casca de limão, ½ colher de chá de canela moída e ¼ de colher de chá de sal. Feche, deixe cozinhar em pressão alta durante 8 minutos e a seguir deixe a pressão liberar-se lentamente. Mexa, se preferir um molho em que é possível sentir os pedaços de maçã; para um molho homogêneo, utilize um passe-vite.

Feijão

Lave 500 g de feijão seco com água fria, escorra-o e coloque-o na panela de pressão elétrica (não é preciso demolhá-lo). Cubra com 8 xícaras de água e junte 1 colher de sopa de azeite, 1 colher de chá de sal e quaisquer outros temperos de que goste (alho, cebola e louro são boas adições). Tampe e deixe cozinhar em pressão alta por 20 a 25 minutos, no caso do feijão-preto e do

(cont.)

feijão-frade; 25 a 30 minutos para o feijão-branco, feijão-arroz e feijão-carioca; 35 a 40 minutos, para o feijão-*cannellini* e grão-de-bico. Para resultados ótimos, deixe que a pressão se libere naturalmente. Rende cerca de 5 xícaras.

Arroz

Lave o arroz (pelo menos 1 xícara) debaixo de água fria, escorra-o e coloque-o na panela de pressão elétrica. Acrescente uma quantidade equivalente de água (vários testes indicam que uma proporção de 1:1 é geralmente ideal, pois as panelas de pressão elétricas minimizam a evaporação normal do cozimento, mas você poderá ajustar a quantidade, assim como o tempo de cozimento, com base nos seus resultados). Tampe e deixe cozinhar em alta pressão por 3 minutos para o arroz de jasmim, 6 minutos para o arroz basmati ou 20 minutos para o arroz integral. Para resultados ótimos, deixe que a pressão se libere naturalmente. Rende cerca de 3 xícaras de arroz branco cozido ou quatro xícaras de arroz integral cozido por cada xícara de arroz seco.

Iogurte vegano

As culturas de iogurte vegano (disponíveis on-line ou em lojas especializadas) variam de acordo com a marca, por isso indica-se seguir as instruções do fabricante, mas geralmente é preciso combinar 1 embalagem de cultura liofilizada para iogurte vegano (refrigerada depois de aberta) com 2 l de uma bebida vegetal da sua preferência à temperatura ambiente. (Prefira bebidas puras com poucos ingredientes, como a bebida orgânica de soja sem açúcar, que tem apenas água e soja orgânica como ingredientes, pois alguns aditivos interferem no processo de produção do iogurte.) Transfira a mistura para 2 frascos Mason Jar de 1 litro e coloque-os no fundo da sua panela de pressão elétrica (*não* na grelha). Tampe e deixe cozinhar na posição para iogurte durante 9 a 12 horas (um período mais longo de cozimento resultará num iogurte mais pungente). Deixe na geladeira por 3 dias, até estar pronto para servir. Rende 8 xícaras.

(*cont.*)

CAPÍTULO 7 • RECEITAS OMD

Tomates

Coloque a grelha de metal dentro do revestimento interno da panela de pressão elétrica e acrescente 1 xícara de água. Disponha os tomates frescos na grelha (não há nenhum problema em empilhá-los, mas não encha o recipiente com uma quantidade maior do que aquela que é recomendada pelo fabricante). Deixe cozinhar em alta pressão por 2 minutos e a seguir utilize a função de liberação rápida para liberar a pressão. Quando os tomates estiverem suficientemente frios para poder manuseá-los, a pele sairá facilmente, momento em que poderá utilizá-los nas suas receitas preferidas, como a Sopa de espinafre e batata-doce (página 235) ou os Quiabos e tomates do restaurante Scooter, ou armazená-los na geladeira em sacos plásticos para congelar alimentos, a fim de consumi-los depois.

Quiabos e tomates do restaurante Scooter

Esta receita repleta de sabor, preparada numa única panela e tradicionalmente com bacon, é fácil de preparar e simplesmente perfeita para servir junto à sua variedade de arroz preferida. Mas, considerando que este prato cozinha lentamente, uma embalagem de quiabos congelados funciona igualmente bem.

RENDE 6 PORÇÕES

- ¼ de xícara de óleo de uva
- 4 talos de aipo cortados em fatias finas
- ½ cebola grande cortada em rodelas finas
- 2 *jalapeños*, sem sementes e cortados em fatias finas
- 4 a 6 dentes de alho cortados em fatias finas
- Sal e pimenta-do-reino preta moída na hora
- 2 tomates grandes cortados (cerca de 3 xícaras)
- 1 lata (410 g) de tomate triturado
- 1 xícara de caldo de legumes
- 2 colheres de sopa de pasta de tomate

- 2 colheres de sopa de vinagre de vinho tinto
- 1 colher de chá de alecrim fresco picado
- 500 g de quiabo fresco ou congelado, sem as pontas e em fatias

1. Aqueça o óleo em fogo médio-alto, numa panela grande ou frigideira funda com tampa. Acrescente o aipo, a cebola, os *jalapeños* e o alho. Deixe cozinhar, mexendo de vez em quando, por 5 minutos, até que os legumes fiquem tenros. Tempere com sal e pimenta a gosto.
2. Junte o tomate cortado, o tomate triturado, o caldo de legumes, a pasta de tomate, o vinagre e o alecrim. Misture bem. Deixe a mistura ferver, diminua para fogo brando e deixe cozinhar por 20 minutos, permitindo que os sabores se combinem.
3. Acrescente o quiabo, tampe e deixe cozinhar por mais 20 minutos, até que o quiabo fique tenro.

Por porção: 160 calorias; 10 g de gordura (8 g de gordura saturada); 18 g de carboidrato; 5 g de fibra; 4 g de proteína; 0 mg de colesterol; 277 mg de sódio

Ao trocar 5 fatias de bacon, poupa-se cerca de:
✿ 3 km de combustível
✿ 1 m² de terra
✿ 628 l de água

Sanduíches de "frango" de churrasco com coleslaw

Eis uma receita para ter à mão a todos os céticos à comida vegana. Basta uma dentada para os conquistar! Ao fazer o seu próprio molho de churrasco, você evita uma série de aditivos e conservantes.

RENDE 6 PORÇÕES
PARA O COLESLAW
- ½ xícara de maionese vegana

- 2 colheres de chá de mostarda integral
- 1 colher de chá de vinagre de maçã
- 1 colher de chá de xarope de bordo
- ¼ de colher de chá de sal
- 1 pacote (397 g) de salada de repolho

PARA O "FRANGO" DE CHURRASCO
- 1 colher de sopa de azeite
- ½ cebola amarela picada
- 1 dente de alho picado
- ¼ de colher de chá de flocos de pimenta vermelha
- 1 colher de sopa de mostarda integral
- 1 colher de sopa de vinagre de maçã
- 2 colheres de chá de melaço
- ½ colher de chá de alho moído
- ½ colher de chá de páprica defumada
- 2 embalagens (255 g) de tiras de "frango" vegano grelhadas, cortadas em pedaços
- 6 pães de hambúrguer de trigo integral

PARA PREPARAR O COLESLAW:
Numa tigela grande, misture a maionese, a mostarda, o vinagre, o xarope de bordo e o sal. Junte a salada de repolho e mexa até os ingredientes ficarem bem misturados; reserve.

PARA PREPARAR O "FRANGO" DE CHURRASCO:
1. Aqueça o azeite em fogo médio-alto numa panela média. Acrescente a cebola, o alho e os flocos de pimenta vermelha. Deixe cozinhar por 3 a 4 minutos, até a cebola começar a ficar tenra. Junte a mostarda, o vinagre, o melaço, o alho moído e a páprica e mexa bem. Acrescente o "frango" e deixe cozinhar por cerca de 4 minutos, até ter aquecido.
2. Distribua o "frango" uniformemente pelos pães de hambúrguer e sirva-os cobertos com porções idênticas de coleslaw.

Por porção: 345 calorias; 11 g de gordura (1 g de gordura saturada); 28 g de carboidrato; 8 g de fibra; 25 g de proteína; 0 mg de colesterol; 820 mg de sódio

Ao trocar 510 g de frango e ½ xícara de maionese à base de ovo, poupa-se cerca de:
- 4 km de combustível
- 4 m² de terra
- 1.124 l de água

Hambúrgueres Food Forest Organics

Na Food Forest Organics de Greytown, Nova Zelândia, servimos muitas refeições veganas deliciosas. Fornecedora dos produtos da Cameron Family Farms, a empresa tem como lema: "tornando o mundo melhor para você e sua família, a cada mordida". Depois de ter preparado mais de 12 mil refeições e de ter conversado com muitos clientes, a *chef* Gayle desenvolveu mais de 25 opções de refeições básicas diferentes que são igualmente populares entre os consumidores de carne e de vegetais. "São alternativas básicas à carne e aos laticínios, ricas e nutritivas, servindo como plataforma ou base que pode ser facilmente improvisada, atendendo assim às necessidades de famílias, cozinheiros entusiastas e conhecedores", diz Gayle. "Eu me sinto grata por dedicar-me à alimentação vegana; partilhar a experiência de nutrir com recursos da natureza contribui para inspirar as pessoas a cuidarem de si próprias, dos outros e dos jardins à sua volta."

Esses hambúrgueres são feitos com a mistura-padrão vegana da FFO, uma base composta por feijão e cereais, que pode ser temperada de diversas formas. Por exemplo, junte duas colheres de chá de tempero cajun,* um pouco de molho picante e de pimenta-de-caiena, se preferir adicionar um toque mais condimentado aos seus hambúrgueres; ou uma colher de chá de cominho, alho moído e páprica defumada, se preferir um toque texano. Nutritivos e ricos em fibra, estes hambúrgueres são uma ótima forma de utilizar sobras de arroz e lentilhas. Também não têm glúten.

Para resultados ótimos, certifique-se de que o feijão e os cereais estão frios ou à temperatura ambiente. Reaqueça os hambúrgueres que tenham sobrado numa frigideira seca, em fogo médio-alto.

---

* Mistura de condimentos e especiarias da culinária cajun, típica do estado de Louisiana, no Sul dos Estados Unidos, com influências francesas, africanas e caribenhas. [*N. T.*]

CAPÍTULO 7 • RECEITAS OMD

RENDE 12 PORÇÕES
- 1 colher de chá de linhaça moída
- 1 colher de sopa de água morna
- 2 xícaras de arroz integral cozido
- 1½ xícara de lentilhas cozidas
- 1½ xícara de sementes de girassol sem casca
- 1 lata (425 g) de feijão-vermelho, lavado e escorrido
- ½ xícara de farinha de arroz
- ½ xícara de azeite
- 1 colher de chá de sal

1. Preaqueça o forno a 180 °C. Forre uma assadeira com papel-manteiga.
2. Coloque as sementes de linhaça numa tigela pequena e despeje a água morna por cima; reserve.
3. No recipiente de um thermomix, misture o arroz, as lentilhas, as sementes de girassol, o feijão, a farinha, o azeite e o sal. Junte a mistura de linhaça e mexa, deixando visíveis alguns pedaços de feijão. Com o auxílio de uma colher, tire da tigela porções de cerca de ⅓ de xícara e molde-as na forma de hambúrguer. Coloque os hambúrgueres na assadeira. Leve-os ao forno por cerca de 25 minutos, até estarem ligeiramente dourados, virando-os ao contrário quando estiverem na metade do tempo de forno. Sirva-os cobertos com os seus ingredientes favoritos.

Por porção: 310 calorias; 18 g de gordura (2 g de gordura saturada);
30 g de carboidrato; 7 g de fibra; 10 g de proteína; 0 mg de colesterol;
250 mg de sódio

Ao trocar 1 kg de carne de vaca, poupa-se cerca de:
✿ 124 km de combustível
✿ 260 m² de terra
✿ 14.896 l de água

(Uau!)

Pimentões abertos

Uma versão vegana para os tradicionais pimentões recheados, esses pimentões abertos são ricos em proteína graças ao feijão e à quinoa (em substituição à carne de vaca picada), e são uma das nossas refeições preferidas na MUSE. Além disso, é um prato colorido e fácil de complementar com praticamente qualquer acompanhamento. A Kayla, nossa chef na MUSE, gosta de servir esses pimentões com uma Salada de *jicama** (página 261).

RENDE 4 PORÇÕES

- 4 pimentões grandes, de cor à sua escolha
- 1 colher de sopa de azeite
- ½ cebola roxa cortada
- 2 talos de aipo cortados
- 1 colher de chá de cominho moído
- ½ colher de chá de pimenta-malagueta moída
- ½ colher de chá de sal
- 1 xícara de feijão-carioca cozido, lavado e escorrido
- 1 xícara de grãos de milho congelados, escorridos
- 1 xícara de quinoa cozida
- ½ xícara de coentro fresco picado
- 1 xícara de queijo vegano ralado

1. Preaqueça o forno a 180 °C. Forre uma assadeira com papel-manteiga.
2. Disponha os pimentões na assadeira e leve-os ao forno por 20 minutos, até que comecem a ficar tenros. Tire os pimentões do forno e deixe-os repousar até terem esfriado o suficiente para serem manuseados; mantenha o forno ligado.
3. Enquanto isso, aqueça o azeite em fogo médio-alto numa frigideira grande. Acrescente a cebola, o aipo, o cominho, a pimenta-malagueta e o sal. Deixe cozinhar por 3 a 4 minutos, até a cebola começar a ficar tenra. Junte o feijão, o milho, a quinoa e o coentro. Desligue o fogo e misture bem os ingredientes; reserve.
4. Corte os pimentões ao meio longitudinalmente e remova cuidadosamente as hastes e as sementes. Volte os pimentões abertos à assadeira,

---

* Planta da família das leguminosas, também conhecida como feijão-mexicano e nabo-mexicano, refere-se aqui à raiz tuberculiforme que é comestível. [N. T.]

com a parte cortada para cima. Distribua a quinoa uniformemente pelas metades. Cubra com o queijo, volte os pimentões ao forno e deixe-os assar por 15 minutos, até que o queijo comece a dourar.

Por porção: 320 calorias; 13 g de gordura (1 g de gordura saturada); 47 g de carboidrato; 10 g de fibra; 8 g de proteína; 0 mg de colesterol; 760 mg de sódio

Ao trocar 283 g de carne de vaca e uma xícara de queijo, poupa-se cerca de:
- 40 km de combustível
- 70 m² de terra
- 3.861 l de água

Salada de *jicama*

Como acompanhamento, esta salada crocante é o par perfeito para os nossos *Pimentões abertos* (página 260) ou qualquer outra refeição que precise de um toque extra de sabor. A *jicama* é um vegetal tenro e crocante, semelhante à batata, mas melhor quando consumida crua, sendo uma fonte maravilhosa de inulina, uma fibra solúvel que atua como um prebiótico, alimentando as bactérias benéficas presentes no nosso intestino.

RENDE 4 PORÇÕES
- 2 colheres de sopa de azeite
- 2 colheres de chá de suco de lima espremida na hora
- 1 colher de sopa de coentro picado
- ¼ de colher de chá de pimenta-malagueta moída
- 1 *jicama* grande, descascada e ralada
- 1 cenoura grande ralada
- ¼ de cebola roxa, cortada em rodelas finas
- Sal

Numa tigela grande, misture o azeite, o suco de lima, o coentro e a pimenta-malagueta moída. Junte a *jicama*, a cenoura e a cebola. Misture para cobrir. Tempere com sal a gosto.

Por porção: 185 calorias; 7 g de gordura (1 g de gordura saturada); 29 g de carboidrato; 15 g de fibra; 2 g de proteína; 0 mg de colesterol; 30 mg de sódio

De origem vegetal!

Empadão de "carne" do King[*]

Jeff King, marido de Rebecca, é o diretor da MUSE School e criador do conceito "OMD". Um de seus almoços preferidos na escola é o empadão de carne, logo, pareceu-nos muito apropriado que a versão vegana da receita recebesse esse nome.

RENDE 8 PORÇÕES

- 6 batatas Yukon Gold, descascadas e cortadas em quartos
- 1 xícara de bebida de arroz
- 4 colheres de sopa de manteiga vegana
- 1 colher de chá de alho em pó
- 3 cenouras divididas ao meio longitudinalmente e cortadas em meias-luas finas
- 3 talos de aipo cortados em fatias finas
- ½ cebola amarela picada
- 1 xícara de milho congelado
- 1 xícara de ervilhas congeladas
- 2 dentes de alho picados
- 2 colheres de chá de tomilho seco
- 2 folhas de louro
- 3 xícaras de lentilhas castanhas cozidas
- 2 colheres de chá de sal
- Uma pitada de páprica (opcional)
- 1 colher de sopa de salsa fresca picada (opcional)

---

[*] Um trocadilho com o termo *king*, ou "rei" em inglês, que neste caso é também o apelido do diretor da MUSE School. [*N. T.*]

CAPÍTULO 7 • RECEITAS OMD

1. Preaqueça o forno a 190 °C. Cubra de azeite uma assadeira de 33 cm x 23 cm.
2. Coloque as batatas numa panela média, acrescente água fria para cobrir e deixe ferver. Diminua o fogo para médio-baixo e deixe cozinhar por 20 minutos, até ser possível espetar as batatas com um garfo.
3. Enquanto isso, misture a bebida de arroz, duas colheres de sopa de manteiga vegana e o alho em pó numa panela pequena e aqueça em fogo brando.
4. Numa frigideira grande, derreta em fogo médio as duas colheres restantes de sopa da manteiga vegana. Acrescente as cenouras, o aipo, a cebola, o milho, as ervilhas, o alho, o tomilho, as folhas de louro, as lentilhas e uma colher de chá de sal. Deixe cozinhar, mexendo de vez em quando, por 10 a 15 minutos, até que os vegetais comecem a ficar tenros. Tire e descarte as folhas de louro.
5. Quando as batatas estiverem cozidas, escorra-as e volte a colocá-las na panela. Deixe o vapor dissipar-se, por 2 a 3 minutos. Acrescente a mistura morna da bebida e a outra colher de chá de sal. Utilize um esmagador de batatas até ficar homogêneo.
6. Espalhe uniformemente a mistura vegetal sobre o fundo da assadeira. Cubra com o purê de batata, recorrendo a uma colher para espalhá-lo uniformemente. Polvilhe-o com a páprica, se desejar.
7. Leve ao forno por cerca de 25 minutos, até que a cobertura de batata comece a ficar dourada. Decore com salsa, se utilizar, e sirva.

Por porção: 295 calorias; 2 g de gordura (0,5 g de gordura saturada); 60 g de carboidrato; 11 g de fibra; 12 g de proteína; 0 mg de colesterol; 880 mg de sódio

Ao trocar 4 colheres de sopa de manteiga e 570 g de carne de vaca, poupa-se cerca de:
* 30 km de combustível
* 70 m² de terra
* 3.554 l de água

Rolinhos primavera da Cheri e do Charlie

Charlie, meu irmão, adora a dieta à base de vegetais, e esta versão dos tradicionais rolinhos primavera de frango é uma de suas receitas favoritas. Eis o que o Charlie tem a dizer sobre isso: "Sigo majoritariamente uma dieta à base de vegetais há cerca de cinco anos. Agora, sinto-me mais saudável e sou mais ativo. Também tenho a noção de que a minha alimentação é muito melhor para o meio ambiente do que consumir uma série de produtos de origem animal. Não represento certamente o veganismo, mas sinto-me honrado por fazer parte do projeto OMD. Uma das minhas refeições preferidas de sempre são esses rolinhos que servimos no casamento do Jasper com a Suzy e sua família. A Cheri e eu recriamos a receita pelo menos uma dúzia de vezes e a saboreamos com nossa família. É uma forma muito divertida e gostosa de desfrutar de uma refeição com as pessoas que amamos. Com os ingredientes certos, também é muito saudável".

É muito divertido servir essa receita em família, dispondo os ingredientes em várias tigelas pequenas e deixando que todos preparem seus rolinhos da forma que desejarem. Assim que todos os ingredientes estiverem prontos, coloque uma tigela grande e rasa no centro da mesa e afaste-se (e certifique-se de que todos estejam com as mãos limpas)!

RENDE 4 PORÇÕES

PARA O MOLHO *TERIYAKI*
- 2 colheres de sopa de farinha de araruta ou amido de milho
- 1 xícara de água fria
- ¼ de xícara de molho de *tamari* com baixo teor de sódio
- ¼ de xícara de açúcar mascavo
- 1 colher de sopa de xarope de bordo
- 1 dente de alho picado
- ½ colher de chá de gengibre moído
- ⅛ de colher de chá de alho em pó
- 1 colher de sopa de saquê (opcional)

PARA OS ROLINHOS PRIMAVERA
- 2 batatas-doces descascadas
- ½ xícara de caldo de legumes

- 2 xícaras de massa de arroz cozida ou lámen, escorrido
- 1½ xícara de microvegetais
- ½ xícara de espinafres
- 1 abacate, sem caroço, sem casca e cortado em fatias finas
- 2 pimentões (de cor à sua escolha), sem sementes e em fatias finas
- 1 xícara de cenoura ralada
- 16 folhas de arroz para rolinho primavera
- 8 folhas de alga marinha *nori*, cortadas ao meio

PARA PREPARAR O MOLHO *TERIYAKI*:
1. Numa tigela pequena, junte a farinha de araruta com ¼ de xícara de água até que fique bem misturado; reserve.
2. Numa panela pequena, junte a água restante (¾ de xícara), o molho de *tamari*, o açúcar mascavo, o xarope de bordo, o alho picado, o gengibre, o alho em pó e o saquê, se utilizar. Deixe cozinhar em fogo médio, por 2 a 3 minutos, mexendo até que o açúcar se dissolva (nesse ponto, o molho terá um aspecto líquido). Despeje lentamente a mistura de araruta no molho e mexa bem. Deixe cozinhar até que o molho atinja a espessura desejada; se ficar muito grosso, adicione uma pequena quantidade de água para diluí-lo. Deixe o molho esfriar à temperatura ambiente e a seguir transfira-o para uma tigela de servir pequena.

PARA PREPARAR OS ROLINHOS PRIMAVERA:
2. Numa panela média e em fogo médio-alto, misture a batata-doce e o caldo de legumes. Tampe a panela e deixe cozinhar por cerca de 25 minutos, até que as batatas fiquem tenras, mas não moles. Escorra-as e corte-as em pedaços pequenos, colocando-as numa tigela pequena. Disponha a massa, os microvegetais, os espinafres, o abacate, os pimentões e as cenouras em taças individuais de mesmo tamanho.
2. Encha de água morna uma tigela grande e rasa, e coloque-a no centro do espaço onde irá servir.
3. Para montar um rolinho, mergulhe uma folha de arroz na água por 5 a 10 segundos (se permanecer mais tempo, encharcará o rolinho e será mais difícil de manusear) e coloque-a num prato. Deixe repousar por cerca de 30 segundos, até ficar maleável. Coloque uma folha de *nori* por cima, seguida da quantidade desejada de massa e outros ingredientes – evite camadas muito grossas. Regue com o molho *teriyaki* e dobre cuidadosamente ambas as extremidades em direção ao centro,

enrolando-o a seguir como se fosse um burrito. Saboreie com um pouco mais de molho *teriyaki*.

Por porção: 515 calorias; 6 g de gordura (1 g de gordura saturada); 108 g de carboidrato; 8 g de fibra; 8 g de proteína; 0 mg de colesterol; 680 mg de sódio

Ao trocar 500 g de frango, poupa-se cerca de:
- 7 km de combustível
- 4 m² de terra
- 1.302 l de água

Curtido do Jasper e da Soli

Meu filho Jasper e sua esposa, Soli, minha filha por afinidade amorosa, recebem-nos com comida da Guatemala, terra natal da Soli, sempre que vêm aos Estados Unidos. O curtido é um repolho picante, normalmente servido com *pupusas* (tortilhas de milho recheadas e grelhadas – você pode encontrar uma versão vegetal em https://omdfortheplanet.com/blog/pupusas). O seu sabor melhora quanto mais tempo permanece na geladeira, logo, não hesite em prepará-lo com alguns dias de antecedência.

RENDE 4 PORÇÕES
- ½ xícara de vinagre branco
- ¼ de xícara de água
- 1 colher de chá de sal
- 1 colher de chá de açúcar mascavo
- 1 colher de chá de orégano
- ½ repolho pequeno cortado em fatias finas
- 2 cenouras grandes raladas
- 2 *jalapeños* sem sementes e cortados em fatias finas
- ½ cebola amarela cortada em rodelas finas

Numa tigela grande, misture o vinagre, a água, o sal e o açúcar mascavo, até que o açúcar se dissolva. Junte o orégano, o repolho, as cenouras, os *jalapeños* e a cebola. Misture bem, tampe e leve à geladeira por pelo menos 4 horas ou de preferência durante a noite, antes de servir.

Por porção: 60 calorias; 0 g de gordura (0 g de gordura saturada);
13 g de carboidrato; 4 g de fibra; 2 g de proteína; 0 mg de colesterol;
625 mg de sódio

De origem vegetal!

Espaguete à bolonhesa

Adotar uma dieta à base de vegetais não significa abdicar de refeições fartas e nutritivas! Se você prefere uma textura mais cremosa, não se esqueça de incluir o creme de castanha-de-caju opcional, que conferirá ao molho mais suculência. Servir este prato no jantar com uma salada colorida certamente agradará a todos.

RENDE **6** PORÇÕES

- 500 g de espaguete
- 1 colher de sopa de azeite
- 2 talos de aipo cortados finamente
- 1 cenoura cortada finamente
- 1 cebola picada
- 2 dentes de alho picados
- 2 colheres de chá de orégano seco
- 1 colher de chá de tomilho seco
- 1 embalagem (283 g) de "carne de vaca" vegana picada
- 1 lata (794 g) de tomate triturado
- ½ colher de chá de sal
- 1 pitada de pimenta-do-reino preta moída na hora
- ½ xícara de Creme de castanha-de-caju da Pagie Poo (página 278; opcional)
- 1 colher de sopa de salsa fresca picada

1. Cozinhe o espaguete de acordo com as instruções do pacote. Escorra-o e mantenha-o quente.

2. Enquanto isso, numa panela média, aqueça o azeite em fogo médio-alto. Acrescente o aipo, a cenoura, a cebola, o alho, o orégano e o tomilho. Deixe cozinhar por 3 a 4 minutos, mexendo de vez em quando, até que os legumes fiquem tenros.
3. Junte a "carne de vaca" picada, o tomate, o sal e a pimenta-do-reino. Reduza para fogo brando e deixe cozinhar por 8 a 10 minutos, mexendo de vez em quando, até que a "carne" picada tenha aquecido. Acrescente o creme de castanha-de-caju, se preferir.
4. Sirva o molho sobre o espaguete quente, guarnecido com salsa.

Por porção: 430 calorias; 4 g de gordura (1 g de gordura saturada); 71 g de carboidrato; 7 g de fibra; 23 g de proteína; 0 mg de colesterol; 697 mg de sódio

Ao trocar 283 g de carne de vaca, poupa-se cerca de:
✿ 32 km de combustível
✿ 72 m² de terra
✿ 4.039 l de água

Salada de quinoa rica em alho com vegetais primaveris da Josa

Sobre a sua receita deliciosa, Josa diz o seguinte: "Desde de que me lembro, sempre adorei cozinhar. Quando a minha família aderiu à dieta à base de vegetais há alguns anos, resisti à ideia; não conseguia imaginar mudar ou sacrificar por completo muitas das receitas que adorava. Passei então muito tempo fazendo experiências com a minha alimentação, comecei a cozinhar com mais vegetais do que com proteína de origem animal, fiquei muito à vontade preparando homus e creme de castanha-de-caju, e comecei a perceber lentamente que esses ingredientes veganos eram tão versáteis como quaisquer outros com os quais eu tinha aprendido a cozinhar. Limitar a minha despensa exigia-me e, ao mesmo tempo, permitia-me ser muito mais criativa na elaboração das refeições. Como alguém que gosta de ser posta à prova, este desafio, somado à consciência da vantagem ecológica que cada refeição proporcionaria ao mundo, manteve-me presa à dieta à base de vegetais".

RENDE 2 PORÇÕES

- 1 erva-doce pequena, aparada, dividida ao meio e cortada em fatias finas
- 1 cebola doce pequena, cortada em rodelas finas
- 2 colheres de chá de curry vadouvan em pó
- Sal e pimenta-do-reino preta moída na hora
- 4 colheres de sopa de azeite
- ½ xícara de quinoa vermelha
- 2 colheres de sopa de amêndoas
- 2 dentes de alho grandes
- 2 colheres de sopa de vinagre de vinho tinto
- 2 pimentões baby, sem sementes e cortados em anéis finos
- ½ xícara de ervilhas-tortas, cortadas transversalmente

1. Preaqueça o forno a 230 °C. Forre uma assadeira com papel-manteiga ou papel-alumínio e reserve.
2. Coloque a erva-doce e a cebola na assadeira e polvilhe com o curry em pó, uma pitada generosa de sal, a pimenta-do-reino moída e uma colher de sopa de azeite; mexa até ficar bem coberto. Disponha os legumes numa camada uniforme e leve-os ao forno por 21 a 23 minutos, até ficarem tenros.
3. Enquanto isso, leve uma panela média de água para ferver. Acrescente a quinoa e deixe-a cozinhar, sem tampar a panela, por 16 a 18 minutos. Desligue o fogo, escorra bem a quinoa e volte-a à panela; reserve.
4. Numa frigideira pequena e seca, torre as amêndoas em fogo médio-alto, mexendo frequentemente por 2 a 3 minutos até sentir o aroma. Coloque as amêndoas num prato, limpe a frigideira e reserve. Quando as amêndoas tiverem esfriado o suficiente para serem manuseadas, pique-as grosseiramente e reserve.
5. Recorrendo a um espremedor de alho (se tiver um), esprema ou pique um dente de alho até ficar com aspecto de pasta. Bata, junto ao alho, o vinagre e 1 colher de sopa de azeite numa tigela grande. Tempere com sal e pimenta-do-reino a gosto. Acrescente os pimentões e deixe repousar por pelo menos 10 minutos.
6. Corte o outro dente de alho o mais finamente possível (utilizando um mandolin ou um descascador de legumes, se preferir). Recorrendo à mesma frigideira utilizada com as amêndoas, aqueça uma colher de sopa de azeite em fogo médio-alto. Acrescente o alho laminado e deixe

cozinhar, mexendo frequentemente, durante 20 a 30 segundos, até dourar (observe com atenção, já que se queima rapidamente). Transfira as lâminas de alho para uma toalha de papel, a fim de absorver qualquer excesso de azeite.
7. Junte à mesma frigideira a última colher de sopa de azeite. Cozinhe as ervilhas-tortas, mexendo frequentemente por 3 a 5 minutos ou até estarem levemente douradas e ligeiramente tenras. Tempere com sal a gosto.
8. Para a mistura de pimentão, junte os legumes assados, a quinoa, o alho laminado, as ervilhas e o azeite que tiver sobrado na frigideira. Mexa para misturar bem. Prove e ajuste os temperos. Decore com as amêndoas.

Por porção: 530 calorias; 35 g de gordura (4,5 g de gordura saturada); 47 g de carboidrato; 11 g de fibra; 11 g de proteína; 0 mg de colesterol; 650 mg de sódio

De origem vegetal!

Lasanha de tomate seco e aspargos do Brad e da Sandy

Com paixão profunda em envolver a comunidade por meio da alimentação, Sandy e Brad Elliott criaram nos últimos 25 anos clássicos italianos familiares e reconfortantes no negócio de *catering* que desenvolveram. Ao mudarem o foco, agora enfatizando a saúde e o meio ambiente, Sandy e Brad elaboram suas receitas totalmente à base de vegetais. Esta versão vegana de uma de suas antigas receitas foi um dos pratos mais pedidos no *set* de filmagens de *Avatar* (onde Sandy e Brad serviram refeições diárias a 150 membros do elenco e da equipe). Por favor, não deixe que o número de etapas de preparo deste prato o impeça de fazê-lo; há muitas peças para montar, mas essa lasanha é tão sublime que surpreenderá até mesmo os mais céticos em alimentação vegana!

RENDE **10** PORÇÕES
- 12 folhas de lasanha
- 1 cebola grosseiramente picada
- 4 dentes de alho
- 2 colheres de sopa de azeite

CAPÍTULO 7 • RECEITAS OMD

- 1 embalagem (454 g) de tofu extrafirme, escorrido
- ¼ de xícara mais 2 colheres de sopa de levedura nutricional
- Suco de 1 limão
- 1½ colher de chá de sal
- 2 frascos (227 g) de tomate seco, escorrido
- ½ xícara de folhas frescas de manjericão
- 3 salsichas (cerca de 250 g) italianas veganas, grosseiramente cortadas
- 2 maços de aspargos (cerca de 1 kg) cortados
- 2 colheres de sopa de água
- ½ colher de chá de pimenta-do-reino preta moída na hora
- 1 embalagem (227 g) de queijo muçarela vegano ralado
- 2 colheres de sopa de manteiga vegana, cortada em pedaços pequenos

1. Preaqueça o forno a 180 °C. Cubra de azeite uma assadeira de 33 cm x 23 cm.
2. Cozinhe as folhas de lasanha de acordo com as instruções da embalagem. Escorra e reserve.
3. Enquanto isso, no recipiente de um thermomix, junte a cebola e o alho e processe até ficar bem triturado. Transfira cerca de metade dessa mistura para uma tigela pequena e reserve.
4. Numa frigideira grande, aqueça uma colher de sopa de azeite em fogo médio-alto. Acrescente a mistura de cebola remanescente à frigideira e deixe cozinhar por 5 minutos, mexendo ocasionalmente, até a cebola começar a ficar dourada. Volte a colocar a mistura de cebola no recipiente do thermomix e acrescente o tofu, as 2 colheres de sopa de levedura nutricional, o suco de limão e ½ colher de chá de sal. Processe até ficar homogêneo, interrompendo para raspar as laterais do recipiente, se necessário. Transfira a mistura de tofu para uma tigela média e reserve.
5. Passe uma água no recipiente do thermomix. Coloque neste recipiente o tomate, o manjericão e a levedura nutricional remanescente (¼ de xícara) e processe até que o tomate esteja triturado. Transfira a mistura de tomate para uma tigela média e reserve.
6. Sem passar uma água no recipiente de trabalho, acrescente a salsicha e processe até que esteja triturada.
7. Na mesma frigideira que utilizou para a cebola, aqueça a colher de azeite remanescente em fogo médio-alto. Acrescente metade da mistura de cebola crua e a salsicha. Deixe cozinhar por 5 a 8 minutos,

mexendo de vez em quando, até que a salsicha esteja dourada e ligeiramente crocante. Transfira a mistura de salsicha para uma tigela média e reserve.

8. Na mesma frigideira, junte a mistura de cebola crua remanescente, os aspargos, a água, a pimenta-do-reino e a colher de chá de sal restante. Tampe a frigideira e deixe cozinhar em fogo médio-alto por 2 a 3 minutos, até que os aspargos estejam tenros e com um tom verde-vivo.

9. Para compor a lasanha, espalhe uma pequena quantidade da mistura de tomate sobre o fundo de uma assadeira. Disponha 4 folhas de lasanha lado a lado sobre a camada de tomate e cubra-as com camadas finas dos seguintes ingredientes: ⅓ da mistura de tofu, metade da salsicha, metade dos aspargos, ⅓ da mistura de tomate e ½ xícara do queijo. Repita na mesma ordem, para formar uma segunda camada de cada ingrediente. Cubra com as restantes 4 folhas de lasanha, seguidas da mistura de tofu, mistura de tomate e queijo remanescentes. Salpique o topo da lasanha com a manteiga vegana. Cubra com papel-alumínio e leve ao forno por 30 minutos. Deixe repousar destampada durante 10 minutos antes de servir.

Por porção: 410 calorias; 19 g de gordura (2 g de gordura saturada); 46 g de carboidrato; 7 g de fibra; 20 g de proteína; 0 mg de colesterol; 1.040 mg de sódio

Ao trocar 227 g de carne de vaca, 227 g de queijo muçarela lácteo, 425 g de queijo ricota lácteo, 2 colheres de sopa de manteiga e 2 ovos, poupa-se cerca de:
- 69 km de combustível
- 119 m² de terra
- 8.767 l de água

APERITIVOS, PASTAS VEGETAIS E MOLHOS

Molho de berinjela do Aaron

Aaron, nosso *chef*, cria muitos pratos sem os quais a minha família não consegue viver. Se tiver um fogão a gás, chamuscar a pele da berinjela é uma ótima forma de conferir um sabor defumado a este molho. Outra opção é utilizar uma churrasqueira a gás ou a carvão. Sirva este molho com *crackers* ou torradas.

RENDE 12 PORÇÕES (CERCA DE 3 XÍCARAS)
- 680 g de berinjela
- 2 colheres de sopa de azeite
- 2 dentes de alho picados
- 3 tomates italianos grandes, sem pele, sem sementes e cortados
- 1 colher de chá de sal

1. Preaqueça o forno a 260 °C. Forre uma assadeira com papel-alumínio.
2. Utilizando uma pinça, coloque a berinjela diretamente sobre a boca de um fogão a gás, em temperatura alta, e cozinhe, virando a berinjela de vez em quando por 5 a 10 minutos, até que a casca esteja chamuscada (apare as folhas antes, se necessário, e observe atentamente para que não se queimem).
3. Transfira a berinjela chamuscada para a assadeira. Leve-a ao forno por uns 25 minutos, até que esteja bem tenra. Transfira a berinjela para uma tigela grande e cubra a tigela com um prato ou plástico-filme. Deixe repousar por cerca de 20 minutos, até esfriar o suficiente para ser manuseada.
4. Enquanto isso, numa frigideira grande, aqueça o azeite em fogo brando. Acrescente o alho e deixe cozinhar por 2 a 3 minutos, até estar ligeiramente dourado. Junte o tomate e cozinhe por 20 minutos.
5. Tire a berinjela da tigela, coe qualquer líquido que se tenha acumulado e junte-o à mistura de tomate na frigideira. Tire e descarte o caule da berinjela, a casca e a polpa chamuscadas. Em seguida, coloque toda a polpa da berinjela numa tigela limpa à parte.
6. Bata com um batedor até que a berinjela fique com a consistência de um purê muito espesso (não faz mal se ficarem alguns pedaços inteiros de berinjela). Junte a berinjela à mistura de tomate. Acrescente o sal, misture

bem e cozinhe por 15 a 20 minutos, desfazendo quaisquer pedaços de berinjela que tenham permanecido com a lateral de uma colher de pau, até que os sabores se misturem. Sirva morno ou à temperatura ambiente.

Por porção: 40 calorias; 2 g de gordura (0,5 g de gordura saturada); 5 g de carboidrato; 2 g de fibra; 1 g de proteína; 0 mg de colesterol; 200 mg de sódio

De origem vegetal!

Molho *salsa* de milho

O milho fresco da estação é um dos melhores presentes do verão e você será recompensado se o utilizar nesta receita. No entanto, se não tiver milho fresco à disposição e, em vez, disso precisar utilizar milho em lata, os sabores fulgurantes deste molho *salsa* continuam a garantir a qualidade da sua refeição.

RENDE 6 PORÇÕES (CERCA DE 1½ XÍCARA)
- 2 espigas de milho ou 1 lata (310 g) de milho, escorrido
- ½ pimentão verde cortado
- ¼ de cebola roxa cortada
- 2 colheres de sopa de coentro fresco picado
- Suco de 1 lima
- 1 colher de chá de azeite
- ¼ de colher de chá de cominho moído
- ¼ de colher de chá de pimenta-malagueta moída
- ¼ de colher de chá de sal

Numa tigela grande, misture bem o milho, o pimentão, a cebola, o coentro, o suco de lima, o azeite, o cominho, a pimenta-malagueta moída e o sal. Tampe e leve à geladeira até estar pronto para servir.

Por porção: 60 calorias; 1 g de gordura (0 g de gordura saturada); 13 g de carboidrato; 1 g de fibra; 2 g de proteína; 0 mg de colesterol; 100 mg de sódio

De origem vegetal!

Guacamole realmente bom

Muitos dos que fazem a transição para a dieta à base de vegetais veem no abacate a sua arma secreta sem carne. Rico, cremoso e bastante saciante, o abacate consegue conferir corpo e interesse a qualquer refeição. Eu digo, tragam o guacamole!

Este guacamole é excelente. Aprecie-o numa sanduíche no lugar de maionese, em conjunto com pratos mexicanos populares, como tacos e *fajitas*, ou, simplesmente, comendo-o diretamente da tigela. A sua textura cremosa e os seus sabores fulgurantes são imbatíveis.

RENDE 6 PORÇÕES (CERCA DE 1½ XÍCARA)
- 2 abacates maduros, sem casca e sem caroço
- Suco de 1 lima
- ¼ de cebola roxa picada
- ¼ de xícara de coentro fresco picado
- ¼ de colher de chá de sal
- ⅛ de colher de chá de cominho moído
- ⅛ de colher de chá de alho em pó
- 1 tomate italiano picado

Numa tigela, esmague os abacates usando a parte de trás de um garfo. Acrescente o suco de lima, a cebola, o coentro, o sal, o cominho e o alho em pó. Misture bem. Misture o tomate delicadamente.

Por porção: 80 calorias; 7 g de gordura (1 g de gordura saturada); 6 g de carboidrato; 3 g de fibra; 1 g de proteína; 0 mg de colesterol; 100 mg de sódio

De origem vegetal!

Pasta de queijo vegano da Ree

O ponto de vista de muitas pessoas quando consideram a dieta à base de vegetais é "como é que vou viver sem queijo?". Pois bem, aqui está a resposta! A pasta de queijo vegano da Rebecca vai com certeza tornar-se um ingrediente básico em sua casa. Uma ótima alternativa oleaginosa ao homus, essa pasta é excelente em *crackers* ou junto com uma seleção de legumes frescos e crocantes, além de também ser uma pasta ótima para sanduíches. Experimente em torradas, finalizadas com algumas fatias de tomate fresco da horta!

RENDE 8 PORÇÕES (CERCA DE 1 XÍCARA)
- 1 xícara de castanhas-de-caju cruas
- ½ pimentão vermelho, sem sementes e cortado grosseiramente
- ⅓ de xícara de sementes de girassol sem casca
- ¼ de xícara de levedura nutricional
- Suco de limão
- ½ colher de chá de sal
- ½ colher de chá de pimenta-malagueta moída
- ⅛ de colher de chá de pimenta-de-caiena

1. Coloque as castanhas-de-caju numa tigela pequena e acrescente água para cobrir 2,5 cm. Deixe de molho à temperatura ambiente por pelo menos 2 horas e até 8 horas. Escorra e passe as castanhas por água limpa. Transfira-as para o recipiente de um thermomix.
2. Junte o pimentão, as sementes de girassol, a levedura nutricional, o suco de limão, o sal, a pimenta-malagueta moída e a pimenta-de-caiena. Processe até a pasta de queijo ficar com a consistência da manteiga de amendoim, interrompendo para, se necessário, raspar as laterais do recipiente, por cerca de 1 minuto. Tampe e leve à geladeira por até 3 dias, até que esteja pronto para servir.

Por porção: 130 calorias; 10 g de gordura (1,5 g de gordura saturada); 8 g de carboidrato; 2 g de fibra; 5 g de proteína; 0 mg de colesterol; 160 mg de sódio

Ao trocar duas colheres de sopa de manteiga e 227 g de cream cheese lácteo, poupa-se cerca de:
- ✿ ½ km de combustível
- ✿ 1 m² de terra
- ✿ 1.007 l de água

Homus de batata-doce do Aaron

Aviso: este molho é muito viciante e absurdamente simples de preparar. Se trabalhar com dentes de alho inteiros, não se preocupe em descascá-los antes. Sirva com aperitivos de pretzel ou umas *crackers* de sementes. Assar os limões intensifica o seu sabor e proporciona uma polpa caramelizada que é fácil de espremer.

RENDE 8 PORÇÕES (CERCA DE 2 XÍCARAS)

- 2 batatas-doces grandes, descascadas e cortadas grosseiramente
- 4 dentes de alho
- 2 limões cortados ao meio
- 2 colheres de sopa de azeite
- 1 colher de chá de sal
- ¼ de xícara de *tahine*
- ¼ de xícara de água

1. Preaqueça o forno a 190 °C. Forre uma assadeira com papel-manteiga.
2. Coloque as batatas-doces, o alho e as metades do limão na assadeira. Regue com azeite e polvilhe ½ colher de chá de sal. Misture com as mãos até que os vegetais e os limões estejam completamente cobertos. Espalhe uniformemente sobre a assadeira e leve ao forno por 45 minutos, agitando a cada 15 minutos, até que os vegetais estejam dourados, mas não queimados. Retire do forno e deixe esfriar um pouco.
3. Quando os vegetais tiverem esfriado o suficiente para serem manuseados, transfira as batatas-doces para o recipiente de um thermomix. Descasque os alhos (se ainda tiverem a casca) e junte-os no thermomix. Esprema a polpa e o suco dos limões dentro de uma tigela pequena, tire as sementes e coloque-os no thermomix com o *tahine* e a meia colher de sal remanescente. Processe até os ingredientes estarem bem misturados, interrompendo para raspar as laterais do recipiente, se necessário. Com o motor em funcionamento, despeje lentamente a água pelo tubo de alimentação, até que o homus esteja bem homogêneo. Guarde na geladeira num recipiente hermeticamente fechado durante uma semana, no máximo.

Por porção: 110 calorias; 7 g de gordura (1 g de gordura saturada); 10 g de carboidrato; 2 g de fibra; 2 g de proteína; 0 mg de colesterol; 310 mg de sódio

De origem vegetal!

Creme de castanha-de-caju da Pagie Poo

A Page (minha Pagie Poo) segue uma dieta à base de vegetais há muitos anos e recrutou recentemente o marido, Ken, para o veganismo. Juntos, têm explorado os poderes terapêuticos dos alimentos vegetais, enquanto o Ken se recupera de um câncer renal. "Adoro assistir ao importante movimento da dieta à base de vegetais e à sua rápida adoção num lugar como a cidade de Oklahoma", diz Page. "Houve um aumento espantoso da tomada de consciência relativamente aos estilos de vida veganos e há provas crescentes que demonstram que um estilo de vida vegano pode realmente prevenir e reverter muitas doenças. Adoramos a versatilidade do creme de castanhas-de-caju (ou *casuu*, como lhe chamamos) e todos os pratos em que podemos utilizá-lo – molhos para salada, molhos para massas e mesmo em creme de milho! As possibilidades são infinita."

RENDE 8 PORÇÕES (CERCA DE 2 XÍCARAS)
- 2 xícaras de castanhas-de-caju cruas
- Suco de ½ limão
- 1 dente de alho
- 1 colher de sopa de levedura nutricional
- ½ colher de chá de sal
- 1 xícara de água

1. Coloque as castanhas numa tigela grande, acrescente água para cobrir cerca de 2,5 cm e deixe de molho à temperatura ambiente durante 4 horas. Escorra bem, passe por água limpa e escorra novamente. Transfira as castanhas para o recipiente de um thermomix.
2. Acrescente o suco de limão, o alho, a levedura nutricional e o sal, e processe rapidamente para misturar. Com o motor em funcionamento, despeje lentamente a água pelo tubo de alimentação, até a mistura ficar cremosa. Processe até ficar homogênea, interrompendo para raspar as laterais do recipiente, se necessário, por cerca de 1 minuto. Guarde na geladeira num recipiente hermeticamente fechado durante uma semana no máximo.

Por porção: 200 calorias; 16 g de gordura (3 g de gordura saturada); 11 g de carboidrato; 1 g de fibra; 7 g de proteína; 0 mg de colesterol; 150 mg de sódio

Ao trocar duas xícaras de creme de leite, poupa-se cerca de:
- ❀ 2,5 km de combustível
- ❀ 1 km² de terra
- ❀ 700 l de água

Molho de amendoim do Jasper

O encanto dessa receita é que você pode utilizar basicamente qualquer produto de amendoim que tenha à disposição – amendoins torrados ou a sua manteiga de amendoim preferida funcionarão igualmente bem –, e as possibilidades de utilização deste molho são virtualmente infinitas, desde espalhá-lo sobre massa chinesa recém-feita a utilizá-lo num sanduíche de tofu grelhado e pepino fresco, ou como um ótimo molho para vegetais frescos. Antes de que se dê conta, estará preparando essa receita outra vez.

RENDE **10** PORÇÕES (CERCA DE **2½** XÍCARAS)

- 1½ xícara de amendoins torrados ligeiramente salgados ou 1 xícara de manteiga de amendoim
- ¼ de xícara de óleo de amendoim
- ¼ de xícara de vinagre de arroz temperado
- ¼ de xícara de molho de soja com baixo teor de sódio
- 1 colher de sopa de gengibre fresco ralado
- 1 dente de alho
- ¾ de xícara de água

No recipiente de um thermomix, misture os amendoins, o óleo de amendoim, o vinagre, o molho de soja, o gengibre e o alho. Processe por alguns segundos para misturar. Com o motor em funcionamento, despeje lentamente a água pelo tubo de alimentação e processe até ficar homogêneo, interrompendo para raspar as laterais do recipiente, se necessário. Guarde na geladeira num recipiente hermeticamente fechado durante uma semana, no máximo.

Por porção: 190 calorias; 16 g de gordura (3 g de gordura saturada); 8 g de carboidrato; 2 g de fibra; 6 g de proteína; 0 mg de colesterol; 470 mg de sódio

De origem vegetal!

Pesto do Quinn

O *Pesto* do Quinn é o orgulho da nossa família e, no verão, o Quinn costuma ir até à horta para colher a matéria-prima de sua especialidade. No entanto, a grande disponibilidade de manjericão cultivado hidroponicamente significa que não é preciso esperar que o manjericão de fim de verão cresça para colher um lote fresco – três maços adquiridos em loja funcionarão bem. Esta receita resulta num *pesto* muito espesso e rico, perfeito como pasta para sanduíche com vegetais frescos assados. Se pretender servi-lo sobre uma massa, poderá diluí-lo apenas com um pouco de azeite ou um pouco da água que utilizou para cozinhar a massa.

RENDE 8 PORÇÕES (CERCA DE 1 ¼ XÍCARA)
- ¾ de xícara de pinhões
- 4 xícaras de folhas de manjericão fresco embaladas (de cerca de 3 maços)
- ½ colher de chá de sal
- ¼ de xícara de levedura nutricional
- ¾ de xícara de azeite

1. Numa frigideira seca, torre os pinhões em fogo médio-alto por cerca de 5 minutos, até dourarem. Despeje num prato e deixe esfriar.
2. No recipiente de um thermomix, misture o manjericão e o sal. Processe por 10 segundos. Com o motor em funcionamento, acrescente os pinhões e a levedura nutricional. Processe por mais 10 segundos. Com o motor em funcionamento, despeje lentamente o azeite pelo tubo de alimentação e processe até ficar homogêneo, interrompendo para raspar as laterais do recipiente, se necessário. Guarde na geladeira num recipiente hermeticamente fechado durante uma semana, no máximo, ou congele por até três meses.

Por porção: 275 calorias; 29 g de gordura (3 g de gordura saturada); 3 g de carboidrato; 1 g de fibra; 3 g de proteína; 0 mg de colesterol; 150 mg de sódio

Ao trocar meia xícara de queijo, poupa-se cerca de:
- ❀ 0,5 km de combustível
- ❀ 0,5 m² de terra
- ❀ 560 l de água

Molho chili da mama Cameron

A mãe do Jim faz esta receita há décadas, e a família adotou esse molho agora como uma tradição familiar, sempre o preparamos quando temos uma colheita abundante de tomates frescos à disposição. O sabor lembra um *chutney* de tomate, o que o torna um complemento perfeito para dezenas de pratos, incluindo os hambúrgueres e cachorros-quentes veganos.

RENDE 3,3 LITROS (96 PORÇÕES)
- ¼ de xícara de tempero para picles
- 4,5 kg de tomate
- 6 cebolas picadas
- 3 pimentões verdes, sem sementes e cortados
- 3 pimentões vermelhos, sem sementes e cortados
- 1 cabeça de aipo (sem folhas) cortada
- 2 xícaras de vinagre de maçã
- 1½ xícara de açúcar mascavo
- 3 colheres de sopa de sal

1. Enrole o tempero para picles num pequeno pedaço de musselina, amarrando-o como um pacote com o barbante de cozinha e reserve.
2. Coloque uma panela grande de água para ferver. Encha uma tigela grande de gelo e água. Marque com uma faca a base de todos os tomates com uma pequena cruz. Trabalhando com grupos de seis tomates de cada vez, disponha-os individualmente numa escumadeira e baixe-os cuidadosamente na água fervente. Escalde-os por 30 segundos a 1 minuto. Use a escumadeira para transferir os tomates para dentro da água com gelo e deixe esfriar. Quando tiverem esfriado o suficiente para serem manuseados, tire e descarte a pele dos tomates, tire-lhes as sementes e corte-os grosseiramente, colocando-os numa tigela grande. Repita o procedimento para escaldar todos os tomates.
3. Numa panela grande e pesada, misture os tomates, as cebolas, os pimentões, o aipo, o vinagre, o açúcar, o sal e o pacote de tempero. Deixe cozinhar em fogo médio por 30 minutos, mexendo de vez em quando, até que os legumes fiquem tenros. Diminua para fogo brando e deixe ferver por 3 a 5 horas, mexendo de vez em quando, até que o molho chili atinja a espessura desejada.

4. Tire o molho do fogo e remova qualquer espuma que tenha se acumulado em cima. Tire e descarte o pacote de tempero. (Se planeja fazer uma quantidade extra com antecedência, consulte as instruções sobre conservas em: https://omdfortheplanet.com/get-started/resources/.)

Nota: se o seu forno for de convecção, coloque a panela dentro do forno a 180 °C e mexa a cada 20 a 30 minutos. É o mesmo truque culinário que utilizo no meu chili.

Por porção: 29 calorias; 0 g de gordura (0 g de gordura saturada); 7 g de carboidrato; 1 g de fibra; 1 g de proteína; 0 mg de colesterol; 80 mg de sódio

De origem vegetal!

Um caso de família

Ainda que a mama Cameron (ou a vovó Cameron, para as crianças) provavelmente me mate por causa disso, diminuímos para metade a quantidade de açúcar da sua receita original. A sua versão pedia 3 xícaras de açúcar; nós utilizamos 1½ xícara e, ainda assim, fica muito doce.

Antigamente, quando a preparávamos, utilizávamos aqueles tomates vermelhos "perfeitos" do supermercado, que têm um aspecto muito bonito na loja, mas que em casa não têm muito sabor. Este ano, todos os ingredientes vieram da nossa própria horta – o aipo, os 40 tomates, os dois tipos de pimentão. Quando o Jim abriu um frasco e experimentou o molho, não parava de dizer "tem um sabor mais intenso e fresco, até a cor é diferente".

Esta receita exige muita gente na cozinha, pois é preciso preparar e cortar tudo, não dá para simplesmente dispor grandes pedaços na panela. É preciso cozinhar numa panela grande e leva um dia inteiro para fazê-la. Quando as crianças estão por perto, preparamos todos juntos – é um trabalho gigantesco! Este ano, nossa equipe foi formada pela pequena *chef* Rose, o Ben, nossas amigas Cindy e Benita e eu. Foi muito divertido. Assim que o molho ficou pronto, utilizamos um funil de conservas especial para despejá-lo

(cont.)

> em pequenos frascos de vidro com tampa de rosca. Em seguida, mergulhamos esses frascos em água por 20 minutos (consulte as instruções sobre conservas em https://omdfortheplanet.com/get-started/resources/ para aprender a conservar o seu próprio molho).
>
> A parte que eu mais gosto na preparação das conservas é aquele momento em que as tiramos da água e as tampas estalam – nessa hora, sabemos que os frascos estão selados. É um som muito agradável. Fizemos cerca de uma dúzia de frascos e tenho alguns a mais guardados para dar à avó Cameron.

Molho delicioso para salada da Pagie Poo

O molho da Page é simplesmente delicioso em qualquer tipo de salada ou combinação de vegetais! Se por acaso não tiver *tahine* à disposição, utilize como alternativa 1 colher de sopa de azeite e 1 colher de sopa de óleo de gergelim torrado.

RENDE 6 PORÇÕES (CERCA DE ¾ DE XÍCARA)

- ½ xícara de Creme de castanha-de-caju da Pagie Poo (página 278)
- 2 colheres de sopa de suco de limão espremido na hora
- 2 colheres de sopa de *tahine*
- 1 colher de sopa de vinagre de maçã
- 1 colher de chá de mostarda Dijon
- ½ colher de chá de alho em pó
- ½ colher de chá de sal de aipo
- ¼ de colher de chá de páprica defumada
- ¼ de colher de chá de pimenta-do-reino preta moída na hora

No liquidificador, misture o creme de castanha-de-caju, o suco de limão, o *tahine*, o vinagre, a mostarda, o alho em pó, o sal de aipo, a páprica e a pimenta-do-reino. Processe até ficar homogêneo. Leve à geladeira num recipiente hermeticamente fechado por até três dias, no máximo.

Por porção: 210 calorias; 16 g de gordura (3 g de gordura saturada); 12 g de carboidrato; 2 g de fibra; 7 g de proteína; 0 mg de colesterol; 140 mg de sódio

Ao trocar ½ xícara de creme de leite, poupa-se cerca de:
- 1,5 km de combustível
- 0,5 m² de terra
- 295 litros de água

Molho *ranch* do Aaron

Se você tem crianças em casa, poderá se perguntar como é que vai livrá-las do vício dos molhos à base de laticínios enquanto segue o Plano OMD. Pois bem, não é preciso! Pais perspicazes conseguem se deixar levar pela atração irresistível desses molhos, contornando seus malefícios ao prepará-los com iogurte de coco e queijo ricota vegano, em vez de leitelho e todos os outros ingredientes lácteos tradicionais.

RENDE 8 PORÇÕES (CERCA DE 2 XÍCARAS)
- ¾ de xícara de ricota vegana
- ⅔ de xícara de iogurte de coco sem açúcar
- 3 colheres de sopa de maionese vegana
- 1 colher de sopa de cebolinha fresca picada
- 1 colher de sopa de suco de limão espremido na hora
- 1 dente de alho picado
- ½ colher de chá de mostarda
- ½ colher de chá de orégano seco
- ½ colher de chá de cebola picada
- ½ colher de chá de sal
- ½ colher de chá de pimenta-do-reino preta moída na hora

Numa tigela grande, bata a ricota, o iogurte, a maionese, a cebolinha, o suco de limão, o alho, a mostarda, o orégano, a cebola, o sal e a pimenta-do-reino até ficarem bem misturados. Leve à geladeira por pelo menos 20 minutos antes de servir, para que os sabores se misturem. Depois, guarde na geladeira num recipiente hermeticamente fechado por até três dias, no máximo.

CAPÍTULO 7 • RECEITAS OMD

Por porção: 65 calorias; 2 g de gordura (2 g de gordura saturada);
5 g de carboidrato; 0 g de fibra; 1 g de proteína; 4 mg de colesterol;
250 mg de sódio

Ao trocar ¾ de xícara de ricota láctea, ⅔ de xícara de iogurte de leite e 3 colheres de sopa de maionese de ovos, poupa-se cerca de:
- ✿ 3 km de combustível
- ✿ 0,5 m² de terra
- ✿ 390 litros de água

OMD elegante de três pratos da Patsy

Temos muita sorte por possuir uma propriedade na ilha do Norte da Nova Zelândia. Antes de se tornar governadora-geral da Nova Zelândia, *Dame* Patsy Reddy e o marido, *Sir* David Gascoigne, eram nossos vizinhos. No Natal de 2013, demos a eles uma bolsa e, coincidentemente, naquele momento Patsy e David estavam ouvindo falar bastante do *Forks over knives*. Assistiram então ao documentário e decidiram aderir à dieta à base de vegetais no dia seguinte, 23 de dezembro. Desde essa data, não voltaram mais atrás. "Achei a comida muito saborosa e não achei realmente que fosse assim tão difícil seguir essa dieta", diz Patsy.

David perdeu muito peso, sem ter tentado emagrecer. Diagnosticado com pré-diabetes e alguns outros problemas de saúde relacionados com a idade, conseguiu deixar de tomar três medicamentos diferentes após três meses de dieta à base de vegetais. Os médicos ficaram completamente surpresos com os bons índices do seu colesterol e da sua pressão arterial. "Quando recebemos esse tipo de incentivo, é muito mais fácil prosseguir e resistir às tentações de um bife suculento", diz Patsy.

Sempre que possível, Patsy e David oferecem aos seus convidados na Government House uma opção vegana à refeição e, atualmente, cerca de 40% desses convidados escolhem-na.

(cont.)

Os neozelandeses estão se tornando cada vez mais conscientes do impacto da pecuária intensiva, particularmente sobre os seus cursos de água, já que estão, junto a muitos dos seus vizinhos das ilhas, à mercê das alterações climáticas. "Há uma clara mudança geracional acontecendo aqui", afirma Patsy. "É muito bom ver a nossa geração mais jovem assumindo a frente dessa questão."

O conselho de Patsy para adotarem uma dieta à base de vegetais? Não pensar em termos de tudo ou nada. "Muitos dos que tentam se preocupam com o fato de não conseguirem ter disciplina", diz Patsy. "Lembro-me sempre da Suzy e digo, 'limite-se a uma refeição por dia, isso realmente funciona muito bem'".

Sinto-me muito honrada pelo fato de Patsy ter contribuído para a coleção OMD com esta elegante refeição vegana. Embora cada componente seja delicioso à sua maneira, você poderá servi-los em conjunto, como uma refeição de três pratos, em ocasiões especiais.

UMA EMENTA PARA EVENTOS ESPECIAIS

As receitas que escolhi para o livro da Suzy são receitas que servimos na Government House, na Nova Zelândia, durante eventos especiais, de jantares de Estado a ocasiões comemorativas após cerimônias de posse e comemorações especiais. Todas têm uma dimensão apropriada, mas diminuímos o tamanho da receita da sopa e do prato principal para se adequarem a seis porções.

Descobrimos que esses pratos são universalmente populares, com a vantagem adicional de serem veganos, logo, amigos do ambiente. Também são saudáveis, desde que não coma muitos *pithiviers* ou bolos *lamington* de uma só vez! Isso pode ser difícil: eles são muito deliciosos!

Consomê de tomate

Este consomê é uma das minhas entradas preferidas para um jantar formal ou especial. Antes de mais nada, é elegante e tem um sabor incrível. Embora seja leve e refrescante, uma porção pequena deixa-nos satisfeitos e é ótimo para nos abrir o apetite. Servimo-lo pela primeira vez durante um jantar de Estado ao rei e à rainha da Holanda. A rainha Máxima ficou tão impressionada que pediu a receita!

Para resultados ótimos, utilize a sua variedade favorita de tomate no auge da estação. No entanto, caso não a encontre, tomates recém-colhidos de sua horta servem bastante bem.

RENDE 6 PORÇÕES

- 8 tomates grandes, sem sementes e cortados grosseiramente (cerca de 1,400 kg)
- ½ xícara de folhas frescas de manjericão, mais 12 folhas pequenas para guarnecer
- 1 colher de chá de chalota picada
- ¼ de colher de chá de alho picado
- 1 colher de chá de pimenta-do-reino preta moída na hora
- 1 colher de chá de sal
- 1 colher de chá de açúcar
- 18 tomates-cereja divididos ao meio
- 12 colheres de sopa de azeite extravirgem

1. No recipiente de um thermomix, misture os tomates grandes, a ½ xícara de manjericão, a chalota, o alho, a pimenta-do-reino, o sal e o açúcar. Processe até a mistura ficar homogênea, interrompendo para raspar as laterais do recipiente, se necessário.
2. Forre um coador grande com várias camadas de musselina e coloque-o numa tigela grande. Despeje a mistura de tomate no coador. Quando o líquido inicial estiver coado, feche o pacote de musselina, amarrando-o. Prenda-o a uma colher de cabo longo ou a um utensílio idêntico e suspenda-o sobre a tigela. Deixe-o na geladeira até ter drenado por completo, preferencialmente durante a noite. Descarte o pacote.
3. Para servir, distribua os tomates-cereja entre seis tigelas pequenas, regue cada uma com duas colheres de sopa de azeite e guarneça-as com duas folhas pequenas de manjericão. Despeje o consomê de tomate frio sobre a guarnição e sirva.

Por porção: 135 calorias; 14 g de gordura (2 g de gordura saturada); 3 g de carboidrato; 1 g de fibra; 1 g de proteína; 0 mg de colesterol; 390 mg de sódio

De origem vegetal!

Pithiviers de pera, avelã e pastinaca

Os *pithiviers* são uma forma muito especial de servir um dos pratos que a maioria dos quivis adora – a humilde *tarte*! Feita tradicionalmente com carne e queijo, esta versão vegana possui uma sofisticação que normalmente não está associada à típica *tarte*. O molho cremoso da pastinaca é o que torna esta receita extremamente saborosa. Para obter bons resultados, escolha pastinacas pequenas e claras, pois tendem a ser mais doces. Sirva com um vegetal verde ligeiramente cozido a vapor, como brócolis ou feijão-verde.

RENDE **6** PORÇÕES
- 2 xícaras de caldo de legumes
- 1 kg de pastinacas, descascadas e cortadas em pedaços de 1,3 cm
- ¼ de xícara mais 2 colheres de sopa de azeite
- ¼ de xícara de farinha de trigo, mais um pouco para polvilhar
- ½ xícara de avelãs
- 2 chalotas cortadas finamente
- 2 peras, descascadas, sem caroço e cortadas em pedaços de 1,3 cm
- ⅛ de colher de chá de sálvia seca
- ⅛ de colher de chá de noz-moscada moída
- Sal e pimenta-do-reino preta moída na hora (opcional)
- 1 embalagem (482 g) de folhas de massa folhada vegana, descongeladas
- 1 colher de sopa de manteiga vegana amolecida

1. Numa panela de 3 l, leve o caldo e 1½ xícara de pastinacas para ferver em fogo médio-alto. Diminua o fogo e deixe cozinhar em fogo brando por 20 minutos ou até que as pastinacas estejam muito tenras. Deixe esfriar durante 10 a 15 minutos. Use um *mixer* até formarem um purê homogêneo.
2. Numa frigideira média, aqueça ¼ de xícara de azeite em fogo médio-baixo. Acrescente a farinha e deixe cozinhar por uns 3 a 5 minutos,

mexendo de vez em quando com um batedor, até que a cor tenha escurecido alguns tons.
3. Junte o purê de pastinaca pouco a pouco, mexendo continuamente, até que tenha sido completamente acrescentado. Deixe ferver, continuando a mexer sem parar. Em seguida, diminua o fogo e deixe ferver em fogo brando por cerca de 3 minutos, até que o molho fique espesso e cremoso. Se o molho tiver grumos, passe-o por um coador de malha fino para os remover. Transfira o molho para uma tigela e tampe imediatamente com papel-manteiga para evitar que se forme uma película. Leve à geladeira até o molho esfriar completamente, por pelo menos 2 horas ou durante uma noite.
4. Numa frigideira grande e seca, torre as avelãs em fogo médio-alto por cerca de 5 minutos, agitando a frigideira de vez em quando até ficarem douradas e sentir o aroma. Embrulhe-as num pano de cozinha limpo e seco e deixe-as evaporar durante 1 a 2 minutos. Esfregue as avelãs no pano para remover a pele solta (não se preocupe com o que não sair). Pique as avelãs grosseiramente e reserve.
5. Na mesma frigideira, aqueça em fogo médio as duas colheres de azeite remanescente. Acrescente as pastinacas que sobraram e deixe cozinhar por 10 a 15 minutos, mexendo de vez em quando até dourarem e ficarem tenras. Junte as chalotas, as peras e as avelãs e deixe cozinhar por mais 5 minutos, aproximadamente, mexendo de vez em quando até estar bem misturado. Junte a sálvia e a noz-moscada. Prove e ajuste o tempero com sal e pimenta-do-reino, se desejar. Tire a frigideira do fogo e deixe a mistura esfriar à temperatura ambiente. Depois, despeje o molho de pastinaca frio à mistura vegetal.
6. Preaqueça o forno a 200 °C. Forre uma assadeira com papel-manteiga.
7. Numa superfície ligeiramente salpicada de farinha, dobre uma folha da massa folhada num quadrado de 25 cm. Em seguida, corte o rebordo para formar um círculo com 25 cm de diâmetro. Transfira a massa preparada para a assadeira. Espalhe a mistura vegetal no centro, deixando um rebordo livre de 2,5 cm. Faça um círculo com a segunda folha de massa folhada para o topo, que deve ser ligeiramente maior. Coloque o círculo maior sobre o recheio. Pincele os rebordos com um pouco de água e pressione-os com um garfo para garantir que a massa fique bem vedada. Marque a parte de cima dos *pithiviers* e decore conforme desejar com os restos que sobraram da massa. Cubra levemente o topo com a manteiga vegana.

8. Leve os *pithiviers* ao forno por 30 a 35 minutos, até estarem bem dourados. Deixe-os repousar por pelo menos 20 minutos antes de fatiá-los e servi-los.

Por porção: 640 calorias; 39 g de gordura (11 g de gordura saturada); 77 g de carboidrato; 12 g de fibra; 9 g de proteína; 0 mg de colesterol; 500 mg de sódio

Ao trocar 500 g de frango, 227 g de queijo lácteo e uma colher de sopa de manteiga, poupa-se cerca de:
✿ 11 km de combustível
✿ 4 m² de terra
✿ 2.483 litros de água

Bolos *lamington* de chocolate amargo com sorvete de amora

Eis outro clássico australiano que foi adaptado como sobremesa vegana para uma ocasião especial. O bolo é leve, com uma cobertura de chocolate rica e que combina lindamente com o sabor do sorvete de amora e uma pequena dose de chantili de coco. É um ótimo bolo de aniversário, que agrada a todas as idades.

O açúcar superfino é uma excelente opção para preparar sorvetes, pois dissolve-se facilmente na água. Se não o encontrar em seu supermercado, você pode fazê-lo em casa, moendo algumas xícaras de açúcar granulado no seu thermomix durante alguns minutos. Não use açúcar de confeiteiro como substituto. Se não tiver sorveteira, a Julie's Organic produz um delicioso sorvete com framboesas orgânicas que funciona igualmente bem. Para obter resultados ótimos, faça o bolo no dia anterior àquele em que pretende servi-lo.

RENDE **16** PORÇÕES
PARA O SORVETE
- 1 embalagem (283 g) de amoras congeladas
- 1¼ de xícara de água
- 1½ xícara de açúcar superfino

- 2 colheres de sopa de xarope de arroz integral
- Suco de 1 limão

PARA O BOLO
- 2 xícaras de farinha de trigo
- 1 xícara de cacau em pó sem açúcar
- 2 colheres de chá de bicarbonato de sódio
- 1 colher de chá de fermento em pó químico
- Uma pitada de sal
- 2 xícaras de bebida de soja sem adição de açúcar
- 2 colheres de chá de vinagre de framboesa
- 1½ xícara de açúcar granulado
- 1⅓ de xícara de óleo vegetal
- 2 colheres de sopa de extrato de baunilha

PARA A COBERTURA
- 57 g de chocolate amargo vegano
- 1 xícara de açúcar de confeiteiro
- ½ xícara de cacau em pó sem adição de açúcar
- ⅓ de xícara de creme de leite de coco sem adição de açúcar
- 2 xícaras de coco ralado sem adição de açúcar
- Chantili de coco (página 294; opcional)
- 1 xícara de amoras frescas

PARA PREPARAR O SORVETE:
1. Numa panela de 3 l, misture as amoras, a água, o açúcar superfino, o xarope de arroz integral e o suco de limão. Deixe levantar fervura em fogo médio-alto e cozinhe por uns 3 a 5 minutos, mexendo de vez em quando até que as amoras fiquem tenras e libertem o seu suco. Retire do fogo e deixe esfriar por 10 minutos. Utilize um *mixer* para fazer um purê com a mistura, diretamente na panela. Coe a mistura com um coador de malha fina para remover as sementes e qualquer polpa restante, despejando o conteúdo em uma tigela. Tampe e leve à geladeira durante 4 horas, até esfriar.
2. Bata a mistura de amoras refrigerada numa sorveteira, de acordo com as instruções do fabricante. Transfira para um recipiente de congelador, tampe e congele por pelo menos 4 horas ou de preferência durante a noite, antes de servir.

PARA PREPARAR O BOLO:
1. Preaqueça o forno a 160 °C. Unte com óleo vegano uma forma de bolo quadrada de 20 cm e forre-a com papel-manteiga.
2. Peneire sobre uma tigela grande a farinha, o cacau em pó, o bicarbonato de sódio, o fermento em pó e o sal. Numa tigela média à parte, bata a bebida de soja com o vinagre, o açúcar granulado, o óleo e a baunilha. Despeje os ingredientes molhados nos ingredientes secos e misture. Transfira a massa para a forma e leve ao forno por cerca de 70 a 75 minutos, até que o bolo resista ao toque ou até que insira no meio do bolo um palito e este saia limpo. Deixe esfriar completamente, de preferência a noite toda, antes de cortá-lo em quadrados de 5 cm.

PARA PREPARAR A COBERTURA:
1. Disponha o chocolate numa tigela resistente ao calor. Coloque-a sobre uma panela com 5 cm de água, certificando-se de que o fundo da tigela não toque na água. Deixe a água ferver em fogo médio-baixo. Quando o chocolate estiver derretido, junte o açúcar de confeiteiro, o cacau em pó e o creme de leite de coco. Mexa até ficar homogêneo e brilhante. Mantenha-o morno.
2. Coloque o coco ralado numa travessa. Trabalhando um de cada vez, mergulhe os quadrados de bolo na cobertura morna, de modo a cobrir todos os lados. Coloque o bolo no coco e utilize a outra mão para polvilhar uma pequena quantidade de coco por cima e nas laterais do bolo. Transfira-o cuidadosamente para uma grelha e deixe-o repousar por pelo menos 15 minutos, até a cobertura solidificar. Sirva-os com o sorvete, o chantili de coco, se desejar, e as amoras frescas.

Por porção: 575 calorias; 26 g de gordura (4 g de gordura saturada); 96 g de carboidrato; 5 g de fibra; 5 g de proteína; 0 mg de colesterol; 210 mg de sódio

Ao trocar 2 xícaras de leite de vaca, ⅓ de xícara de creme de leite e 2 ovos, poupa-se cerca de:
- 5,5 km de combustível
- 1,5 m² de terra
- 803 litros de água

SOBREMESAS E CONFEITARIA

Merengues da Saranne

A Saranne utiliza *aquafaba*, o líquido do grão-de-bico em lata, para fazer uma das nossas sobremesas favoritas! "A receita de merengue é um ótimo exemplo como alternativa à utilização de produtos convencionais", diz a Saranne. "Há muitos ingredientes no universo vegano que podemos utilizar como complemento ou alternativa para obter um resultado idêntico (ou melhor) ao do produto de origem animal original, além disso, são muito mais saudáveis para a mente, corpo, espírito e alma, bem como para o planeta."

Para uma apresentação extraordinariamente especial, sirva os merengues cobertos com fruta fresca, Chantili de coco (página 294) e Calda de frutas vermelhas (consulte a página 227). As crianças *adoram* esses merengues – o Jim e eu também!

RENDE 24 MERENGUES

- 1 lata (425 g) de grão-de-bico sem adição de sal, sem escorrer, à temperatura ambiente
- ½ colher de chá de cremor tártaro
- ¾ de xícara de açúcar
- ½ colher de chá de baunilha ou extrato de amêndoas

1. Preaqueça o forno a 120 °C. Forre uma assadeira com papel-manteiga (pingue algumas gotas de óleo vegano sob os cantos do papel, se necessário, para ajudar a mantê-lo direito).
2. Escorra o grão-de-bico sobre uma tigela, utilizando um coador. Despeje ½ xícara do líquido no recipiente de uma batedeira (reserve o grão-de-bico e leve-o à geladeira junto com qualquer líquido residual para futura utilização). Junte o cremor tártaro e bata em velocidade máxima até obter uma consistência firme (pode demorar até 15 minutos). Junte lentamente o açúcar, adicionando algumas colheres por vez, e bata até ficar brilhante. Acrescente a baunilha e misture bem.
3. Solte a massa de merengue em colheradas generosas sobre a assadeira, a cerca de 5 cm de distância umas das outras. Leve ao forno por cerca de 75 minutos, até que os merengues estejam secos e firmes ao toque. Deixe esfriar na assadeira. Guarde num recipiente hermético à temperatura ambiente por até três dias, no máximo.

Por porção: 26 calorias; 0 g de gordura (0 g de gordura saturada); 6 g de carboidrato; 0 g de fibra; 0 g de proteína; 0 mg de colesterol; 0 mg de sódio

Ao trocar dois ovos, poupa-se cerca de:
- ✿ 1,5 km de combustível
- ✿ 0,5 m² de terra
- ✿ 326 litros de água

Chantili de coco

Mantenha uma lata de creme de leite de coco guardada no fundo da sua geladeira e você poderá preparar este chantili vegano a qualquer hora. É uma forma muito fácil de tornar qualquer sobremesa extraordinariamente deliciosa e sublime. Certifique-se apenas de que está a utilizando *creme de leite* de coco (não leite de coco).

RENDE **12** PORÇÕES
- 1 lata (415 ml) de creme de leite de coco sem adição de açúcar
- ½ xícara de açúcar de confeiteiro
- 1 colher de chá de extrato de baunilha

Na tigela de uma batedeira, bata o creme de leite de coco por 2 a 3 minutos, até que fique leve e fofo. Com a batedeira em funcionamento, junte gradualmente o açúcar de confeiteiro e a baunilha e bata até a sua incorporação completa. Guarde o que sobrar na geladeira por até três dias, no máximo.

Por porção: 175 calorias; 7 g de gordura (6,7 g de gordura saturada); 28 g de carboidrato; 0 g de fibra; 1 g de proteína; 0 mg de colesterol; 15 mg de sódio

Ao trocar 415 ml de creme de leite, poupa-se cerca de:
- ✿ 1,5 km de combustível
- ✿ 0,5 m² de terra
- ✿ 556 litros de água

Bolo de cenoura da Suzy

Esta é a nossa receita preferida de bolo de cenoura, que as crianças adoram. Elaboramos essa versão vegana com basde em uma receita existente, usando *applesauce*, óleo e Ener-G Egg Replacer. Também trocamos a cobertura por cream cheese vegano e manteiga vegana. Certifique-se apenas de escolher o cream cheese certo, pois nem todos combinam. Experimente até encontrar aquele de que mais gosta. (Incluímos os nossos favoritos como sugestão.)

RENDE 16 PORÇÕES

PARA O BOLO DE CENOURA
- 4 "ovos" (um substituto de ovo, como o Ener-G Egg Replacer)
- ¾ de xícara de água
- 2 xícaras de farinha de trigo integral ou espelta
- 1 xícara de açúcar
- 2 colheres de chá de bicarbonato de sódio
- 2 colheres de chá de canela em pó
- 1 colher de chá de sal
- 1½ xícara de óleo de canola (ou *applesauce*, para um bolo sem óleo)
- 3 xícaras de cenoura ralada (cerca de 500 g)

PARA A COBERTURA DE CREAM CHEESE
- 113 g de manteiga vegana, à temperatura ambiente
- 1 barra (227 g) de cream cheese vegano (como o *Kite Hill*), frio
- 1½ colher de chá de extrato de baunilha
- 2 xícaras de açúcar de confeiteiro

PARA PREPARAR O BOLO DE CENOURA:
1. Preaqueça o forno a 180 °C. Cubra de óleo e polvilhe farinha numa assadeira de 33 cm x 23 cm; retire o excesso de farinha.
2. Numa tigela pequena, misture o substituto de ovo com a água e reserve.
3. Numa tigela grande, junte a farinha, o açúcar, o bicarbonato de sódio, a canela e o sal; misture bem. Acrescente o óleo e o substituto de ovo e mexa bem. Junte as cenouras e misture bem (uma batedeira manual funciona bem com farinha de trigo, mas pode endurecer a farinha de espelta). A massa ficará bastante espessa.

4. Coloque a massa na assadeira e espalhe-a uniformemente. Leve ao forno por 30 a 35 minutos, até que o bolo resista ao toque ou até que se insira no meio do bolo um palito e este saia limpo.
5. Deixe o bolo esfriar completamente na assadeira antes de espalhar a cobertura.

PARA PREPARAR A COBERTURA DE CREAM CHEESE:
Numa tigela grande, recorrendo a uma batedeira manual, bata a manteiga vegana e o cream cheese em velocidade média por 2 a 3 minutos, até ficar cremoso, interrompendo para raspar as laterais da tigela, se necessário. Junte a baunilha e bata em velocidade baixa. Acrescente lentamente o açúcar de confeiteiro, meia xícara de cada vez, batendo até ficar homogêneo após cada adição.

Por porção: 450 calorias; 30 g de gordura (4,5 g de gordura saturada); 43 g de carboidrato; 4 g de fibra; 4 g de proteína; 0 mg de colesterol; 450 mg de sódio

Ao trocar 4 ovos, 113 g de manteiga e 227 g de cream cheese lácteo, poupa-se cerca de:
- 14 km de combustível
- 3 m² de terra
- 2.635 litros de água

Cheesecake de musse de limão da Pagie Poo

Esta guloseima é o prato de assinatura da Page, adorado por onívoros e veganos! Leves e deliciosamente cítricos, estes *cheesecakes* sem laticínios são 100% deliciosos. Para a apresentação, utilize moldes de silicone de 7,5 cm, que são muito flexíveis e que facilitam a separação dos bolos. Além disso, como os limões convencionais geralmente têm alguns resíduos de pesticida na casca, tente utilizar limões orgânicos, sempre que possível.

RENDE 8 PORÇÕES

- 1 pacote de *graham crackers* (aproximadamente 9 bolachas inteiras)
- 6 tâmaras medjool, sem caroço e cortadas
- Suco de 1 limão – ou mais, se necessário
- 1 embalagem (227 g) de cream cheese vegano
- ½ xícara de castanhas-de-caju
- 1 colher de sopa de raspas de limão
- Suco de 1½ limão (cerca de ⅓ xícara)
- ¼ de xarope de bordo
- 8 framboesas frescas
- 2 colheres de sopa de açúcar de confeiteiro (opcional)

1. No recipiente de um thermomix, junte as *graham crackers* e as tâmaras. Processe até que as bolachas estejam desfeitas em migalhas e a mistura esteja bem combinada. Acrescente o suco de limão e processe novamente. A mistura de bolacha deverá ter consistência firme quando ligeiramente beliscada; caso contrário, acrescente mais suco de limão, uma colher de chá de cada vez, até que fique mais compacta.
2. Disponha oito pequenas formas de *tarte* de silicone (com cerca de 7,5 cm de diâmetro) numa assadeira. Distribua a mistura de bolacha pelas formas. Pressione cuidadosamente a mistura contra o fundo e as laterais de cada molde, de modo a formar um revestimento, e reserve.
3. Limpe o recipiente de trabalho e volte a colocá-lo no thermomix. Disponha o cream cheese, as castanhas-de-caju, a raspa de limão, o suco de limão e o xarope de bordo no recipiente e processe por 2 a 3 minutos, até ficar homogêneo e cremoso, interrompendo para raspar as laterais da tigela, se necessário. Distribua uniformemente a mistura de cream cheese pelas formas de *tarte*. Tampe levemente com papel-manteiga (uma vez que as formas de silicone são muito maleáveis, mantenha-as na assadeira) e leve à geladeira por pelo menos 4 horas ou, de preferência, durante a noite, até que esteja pronto a servir.
4. Imediatamente antes de servir, utilize uma pequena espátula para remover cuidadosamente as *tartes* das formas e coloque-as em pratos individuais. Guarneça com uma framboesa em cima de cada *tarte* e salpique com um pouco de açúcar de confeiteiro, se desejar.

Por porção: 220 calorias; 7 g de gordura (1,5 g de gordura saturada); 39 g de carboidrato; 2 g de fibra; 3 g de proteína; 0 mg de colesterol; 135 mg de sódio

Ao trocar 227 g de cream cheese lácteo, poupa-se cerca de:
- 3 km de combustível
- 363 litros de água

Musse de chocolate da Pagie Poo

Rico, aveludado e muito agradável, eis a prova de que não é preciso abdicar do chocolate quando se adota o estilo de vida vegano. O melhor de tudo: esta saborosa sobremesa é feita num piscar de olhos. Certifique-se de que utiliza um tofu suave, que lhe proporcionará um resultado muito leve – ao contrário do tofu extrafirme, que irá produzir uma musse densa. Mas fique tranquilo: ambos são igualmente deliciosos.

RENDE **6** PORÇÕES

- 1 embalagem (450 g) de tofu suave, escorrido
- 1 pacote (225 g) de gotas de chocolate vegano
- 1 colher de chá de extrato de baunilha
- Frutas vermelhas frescas (opcional)

1. Enrole o tofu num pano de cozinha limpo ou em toalhas de papel e coloque-o num coador sobre a pia, por cerca de 10 minutos, para drenar o excesso de líquido.
2. Enquanto isso, leve o chocolate ao micro-ondas, numa tigela apropriada, a temperatura alta, em intervalos de 20 segundos, mexendo entre cada intervalo, até que o chocolate esteja derretido e homogêneo.
3. No recipiente de um thermomix, junte o chocolate, o tofu e a baunilha. Processe até ficar homogêneo, por cerca de cerca de 1 minuto, interrompendo para raspar as laterais do recipiente, se necessário. Transfira a musse para uma tigela de servir. Tampe e leve à geladeira por pelo menos 2 horas ou até esfriar, antes de servir. Sirva com frutas vermelhas frescas, se desejar.

Por porção: 235 calorias; 19 g de gordura (10 g de gordura saturada); 0 g de carboidrato; 6 g de fibra; 6 g de proteína; 0 mg de colesterol; 0 mg de sódio

Ao trocar 4 ovos e 2 xícaras de creme de leite, poupa-se cerca de:
- ❉ 9 km de combustível
- ❉ 3 m² de terra
- ❉ 1.620 litros de água

Bolo de coco e menta da Food Forest Organics

Este bolo de festa em três camadas, ideia da Gayle, *chef* da Food Forest Organics, é perfeito para oferecer como presente! A espirulina em pó é um suplemento antioxidante derivado de algas que confere um tom verde-brilhante a este prato. Certifique-se de que utiliza sementes de abóbora sem casca e sem sal; a sua cor verde também contribui para a beleza do bolo. O xarope de arroz tem a consistência do mel, mas é um pouco menos doce; se o achar demasiadamente espesso e difícil de utilizar, coloque-o no micro-ondas por 20 segundos ou mais.

RENDE **64** PORÇÕES

PARA A CAMADA DE BASE
- ½ xícara mais 2 colheres de sopa de xarope de arroz
- 1½ xícara de sementes de girassol sem casca
- ½ xícara de nozes
- ½ xícara de amêndoas
- ½ xícara mais 2 colheres de sopa de óleo de coco derretido
- ¼ de xícara de cacau em pó
- ¼ de colher de chá de sal kosher

PARA A CAMADA DO MEIO
- ¾ de xícara de sementes de abóbora, sem casca e sem sal
- ¾ de xícara de sementes de girassol sem casca ou castanhas-de-caju
- ¾ de xícara de xarope de arroz
- ½ xícara de óleo de coco derretido
- 1 colher de sopa de extrato de menta
- 2 colheres de sopa de folhas de hortelã fresca (opcional)
- 2 colheres de chá de espirulina em pó

PARA A CAMADA DE CIMA
- 1¼ de xícara de gotas de chocolate vegano
- 2 colheres de sopa de bebida de amêndoa

PARA PREPARAR A CAMADA DE BASE:
1. Preaqueça o forno a 180 °C. Unte uma assadeira quadrada de 20 cm com uma fina camada de óleo de coco e forre-o com papel-alumínio ou papel-manteiga, deixando alguns centímetros do papel-alumínio ou do papel-manteiga para fora, em lados opostos da assadeira. Cubra o papel-alumínio ou o papel-manteiga com uma pequena quantidade de óleo de coco.
2. No recipiente de um thermomix, junte o xarope de arroz, as sementes de girassol, as nozes, as amêndoas, o óleo de coco e o cacau em pó. Processe até que a mistura de oleaginosas tenha a consistência de pequenas migalhas de pão. Transfira a mistura para a assadeira previamente preparada e espalhe-a uniformemente para formar um revestimento. Recorra ao fundo de um copo medidor (ligeiramente untado de óleo) para ajudar a uniformizar a base o máximo possível. Leve ao forno durante 10 minutos. Polvilhe com sal. Deixe esfriar durante 10 a 15 minutos antes de acrescentar a camada intermediária.

PARA PREPARAR A CAMADA DO MEIO:
1. No recipiente de um thermomix, misture as sementes de abóbora, as sementes de girassol, o xarope de arroz, o óleo de coco, o extrato de menta, as folhas de hortelã e a espirulina, se utilizar. Processe por 2 a 3 minutos, até que a mistura de sementes adquira a consistência cremosa da manteiga de amendoim.
2. Espalhe uniformemente a mistura de sementes sobre a camada de base. Utilize o fundo do copo medidor (mais uma vez, ligeiramente untado de óleo) para ajudar a uniformizar a camada o máximo possível.

PARA PREPARAR A CAMADA DE CIMA:
Leve o chocolate ao micro-ondas numa tigela apropriada, a temperatura alta, em intervalos de 20 segundos, mexendo entre cada intervalo, até que o chocolate esteja derretido e homogêneo. Acrescente a bebida de amêndoa. Espalhe a mistura de chocolate sobre a camada intermediária. Tampe e leve à geladeira por pelo menos 3 horas, ou até adquirir consistência

CAPÍTULO 7 • RECEITAS OMD

firme, antes de fatiar e servir. Corte em quadrados de 2,5 cm e sirva ou guarde num recipiente hermético na geladeira por até duas semanas, no máximo.

Por porção: 125 calorias; 13 g de gordura (4 g de gordura saturada); 11 g de carboidrato; 2 g de fibra; 2 g de proteína; 0 mg de colesterol; 40 mg de sódio

Ao trocar 2 colheres de sopa de leite de vaca, 1 xícara de creme de leite e 1 ovo, poupa-se cerca de:
- 2,5 km de combustível
- 0,5 m² de terra
- 242 l de água

Capítulo 8

Hora de brilhar

Estava conversando com a minha irmã Page recentemente e ambas chegamos à conclusão de que praticamente todos os dias escutamos alguém dizer que se tornou vegano recentemente, ou que já eliminou completamente a carne.

Não me parece que essa seja uma daquelas situações em que alguém pede para você não prestar atenção no carro branco, e aí tudo o que você consegue ver é o carro branco. Não, a alimentação à base de vegetais está realmente se tornando popular.

Pense no termo "*orgânico*", bastante inócuo. Costumava ser uma daquelas palavras pretensiosas e moralistas. A menos que você fosse um *hippie* de Birkenstocks, com granola grudada na barba, provavelmente nunca teria ouvido falar em alimentos orgânicos. Até que, aparentemente do nada, o termo virou moda e deixou de ser uma palavra *hippie*. Atualmente, é um qualificativo muito concreto e muito desejável de alimentos de alta qualidade. Um objetivo digno – se nem sempre atingível – para todos. Será que o mesmo está acontecendo com o termo "vegano"? À medida que os benefícios dos regimes alimentares à base de vegetais são divulgados, e que os consumidores de carne mais relutantes estão gradualmente dando uma oportunidade, julgo que essa é uma possibilidade.

As tendências de mercado são claras. Um estudo da Experian/Mintel indica que a taxa de crescimento do vegetarianismo nos Estados Unidos é forte, tendo aumentado de 3% entre 2012 e 2015, para quase 10%. Praticamente quatro em cada 10 consumidores concordam que os restaurantes deveriam oferecer mais alternativas sem carne, apontando para a crescente procura de opções vegetarianas por parte dos consumidores.[161] De acordo com a Supermarket News, mais de um terço dos consumidores de supermercado compram "carnes" veganas, e mais de um quarto afirma ter reduzido o consuco de carne em relação ao ano anterior.[162] Num memorando de 2017, dirigido aos seus fornecedores, o Walmart incentiva as empresas alimentícias a aumentarem seu leque de opções à base de vegetais e a orientarem o seu marketing para quem procura alimentos vegetais. Quando o Walmart, cadeia varejista com mais de 4.600 lojas na América, se empenha para incentivar as empresas a oferecerem mais de um tipo de produto, é seguro afirmar que se trata de uma indústria em crescimento.

Fico muito satisfeita ao perceber que a alimentação à base de vegetais está finalmente ganhando terreno. A minha grande esperança é de que, graças a solicitações como as do Walmart e a programas como o OMD, estejamos próximos de um ponto de inflexão em relação aos alimentos vegetais, semelhante ao momento em que algumas pessoas começaram a pensar na eficiência dos seus automóveis não apenas como uma questão financeira, mas também como uma questão de responsabilidade ambiental.

Atualmente, o impacto ambiental de um automóvel já nem é controvérsia. Quase todo mundo procura carros altamente eficientes em termos de consuco, e a maioria dos fabricantes de automóveis oferece opções elétricas. No entanto, não podemos esquecer que houve uma época, não faz muito tempo, em que os únicos carros que estavam à disposição eram beberrões de combustível. Todas as pessoas que os nossos pais conheciam conduziam um tanque de oito cilindros que cuspia fumaça, e nem sequer lhes passava pela cabeça que estavam queimando 3,5 l de combustível para percorrer 15 km ou menos.

Ou pense no momento em que começaram a surgir os primeiros espaços para não fumantes, quando as pessoas riam das queixas e reclamações de quem não fumava, sem refletir sobre o ato de fumar em espaços fechados. Lembra-se de quando o espaço para não fumantes era *literalmente ao lado* da área para fumantes e era preciso prender a respiração ao passar por ele?

Inicialmente, não reclamávamos, mas, com o passar do tempo, o nosso ressentimento coletivo tornou-se maior. Víamos aquele reduto da poluição contaminando o nosso ar e pensávamos: "*É sério?*". Foi aí que, aparentemente num momento coletivo, percebemos tal injustiça e fizemos a pergunta certa: por que um pequeno grupo de fumantes tem o direito de prejudicar a saúde e a qualidade de vida de todos os outros? E assim chegamos onde estamos agora: raramente é permitido fumar *perto* de qualquer edifício público, muito menos no seu interior.

No documentário *Merchants of doubt*, tomamos conhecimento de como alguns cientistas sem ética foram pagos para distorcer e manipular dados, com o objetivo de semear "sementes de dúvida" e controvérsia sobre o que deveria ser entendido como opinião científica. Fizeram-no em relação ao tabaco, em relação ao açúcar, em relação aos pesticidas e, sem sombra de dúvida, em relação às alterações climáticas.

Não vou mentir: a minha esperança é de que a alimentação à base de vegetais se torne a norma, de modo que nem sequer pensemos nela como vegetariana, vegana ou mesmo à base de vegetais – mas apenas como "alimentação". Quando as pessoas aprendem a diferença que a alimentação à base de vegetais faz pela saúde do planeta, elas mudam de fato[163] – esta é uma ótima razão para continuarmos nos manifestando, conversando com os amigos, cozinhando e partilhando refeições à base de vegetais e explicando a todo mundo por que fazemos o que fazemos.

As alterações climáticas não conhecem religião, raça, gênero ou orientação sexual. Não interessa se somos republicanos ou democratas, torcedores dos Cowboys ou dos Eagles e, felizmente, talvez a nossa capacidade de escutar a verdade acerca do impacto da carne sobre o planeta também não seja influenciada pelas nossas filiações. Quando conhecemos toda a verdade, torna-se mais fácil mudar – isso é frequentemente tudo o que precisamos para começar.

Apesar de ter estado apaixonadamente envolvida em iniciativas de sustentabilidade durante anos, não tinha uma ideia realmente clara da minha própria missão até ter estado presente naquela reunião da ONG e visualizar o diagrama da flor. Soube instantaneamente que esta seria a forma como poderia contribuir para tornar o mundo um lugar melhor para TODOS os nossos filhos crescerem.

Para mim, isso é profundamente pessoal. A partir do momento em que aderimos à alimentação à base de vegetais, tudo mudou na nossa vida. Tudo: o trabalho que fazemos e como o abordamos; as decisões que tomamos sobre onde investir ou doar para caridade; os novos negócios que vamos começar. Tudo é filtrado por essa lente de um estilo de vida vegano. Do desenvolvimento da MUSE à criação do Red Carpet Green Dress, da fundação da Plant Power Task Force ao desenvolvimento da Food Forest Organics e da Cameron Family Farms, passando pela abertura recente da Verdient Foods, a nossa fábrica de processamento de sementes e incubadora biológica no Canadá – todos os momentos em que estou acordada, fico pensando em formas de incentivar o desenvolvimento de agricultores e mercados de culturas vegetais e de divulgar o Plano OMD –, sou uma mulher com uma missão. Tenho a noção de que o sistema alimentar é extremamente complexo e de que precisamos de uma infinidade de correções e mudanças. Desde o modo como produzimos os alimentos à forma como tratamos os trabalhadores agrícolas, desde como alimentamos as crianças em idade escolar à forma como apoiamos os pequenos agricultores e ao modo como a grande agropecuária há muito influencia as orientações e o consuco alimentar – a lista continua indefinidamente. Enquanto acadêmica e ativista global, Vandana Shiva diz: "Desde quando sou cúmplice numa guerra contra a Terra? Desde o momento em que as minhas ações diárias são parte da devastação do planeta e, consequentemente, da devastação de vidas humanas, já que ambas andam de mãos dadas". Tudo o que faço se conecta com a sensibilização aos problemas da agropecuária e como a nutrição vegana pode ser a solução imediata que irá nos salvar. Esse compromisso tornou-se o fundamento da minha vida.

Pois bem, poderíamos fazer mais? Sim, claro. Todo mundo pode. É por isso que conduzimos carros elétricos e procuramos compensar as nossas emissões de carbono quando viajamos de avião. É por isso que o Jim instalou painéis solares no seu estúdio de produção do filme *Avatar*, além de contratar um serviço de *catering* de refeições à base de vegetais nos *sets* de filmagens, de modo que seus filmes sejam produções de emissão zero. Assim, quando quero tomar um banho de imersão, por exemplo, consigo respirar um pouco aliviada e tomar aquele banho com menos culpa. Com o Plano OMD, sei que poupei 6.814 l de água naquele dia, só por não ter comido um hambúrguer.

Sou o tipo de maluca que cata um grão de feijão no fundo da lata do lixo para colocá-lo na compostagem – mais um feijão que pode regressar à terra. Isso se tornou um modo de vida. Dou um passo a mais, procuro formas de diminuir a pegada e aliviar a carga ambiental. Olho para a lata da reciclagem para ver se as crianças enxaguaram os frascos e as latas. Faço mais reuniões por telefone, Zoom ou Skype em vez de atravessar o país de avião. Tento praticar o que digo, sempre que for possível, da forma que for possível.

Quando deixei de comer carne, comecei novamente a sonhar. Cerca de uma semana depois de termos aderido a uma alimentação à base de vegetais, virei para o Jim e disse: "Sei que parece maluquice, mas você não acha que as cores estão mais brilhantes?". Sentia-me mais leve, mais lúcida. Mais ligada ao mundo. O meu filho Jasper compara esse momento de clareza, energia e força que surge com a alimentação à base de vegetais ao momento em que o coração do Grinch cresce três vezes e ele tem "a força de 10 Grinches, mais dois".

Ao encerrar este livro, estou radiante por poder relatar que a nossa filha Josa começou a incorporar uma alimentação à base de vegetais. Outro dia, ela entrou em casa e disse: "Vão ficar muito orgulhosos: há sete dias que faço uma alimentação estritamente vegana". Ela disse que pretende manter uma alimentação "talvez 95%" à base de vegetais, algo que acalenta o meu coração de mãe. Lembra-se do meu irmão Dave, que me provocou com a carne pendurada no barco da minha irmã? Há alguns meses, ele me ligou depois que o médico disse que a sua pressão arterial estava ficando alta. Convenci-o a fazer uma desintoxicação à base de vegetais, certa de que me ligaria três semanas depois entusiasmado, para me dizer que a sua pressão arterial tinha voltado ao normal. Atualmente, ele também está começando a molhar a ponta do pé no universo do vegetal, e eu não poderia estar mais orgulhosa ou mais grata.

Adoro a ideia de que o Plano OMD contribui para o crescimento de algumas mentes e corações. Que possamos todos nos empenhar e encontrar forças para a tarefa que temos pela frente – e alegria na jornada conjunta.

Se a sua experiência com o Plano OMD o deixou com o mesmo sentimento, está pronto para agir? Quais são algumas das coisas que todos nós podemos fazer para incentivar a transição para uma alimentação à base de vegetais? Eis algumas sugestões – por que não experimenta algumas para começar e veja onde a sua jornada o leva:

 Na escola, fale com a direção acerca de refeições e lanches veganos. Se ainda não houver uma opção vegana, comece por aí. Se ainda não começaram um programa como o Segunda-Feira Sem Carne (ou o OMD!), oriente-os gentilmente nessa direção. Assim que estiverem um pouco mais à vontade, sugira a criação de uma refeição "básica" vegana, em que a carne é o complemento opcional em vez do padrão. Incentive e apoie os professores que partilharem informações corretas sobre as alterações climáticas, o consuco de alimentos vegetais e a forma como as crianças podem fazer a diferença no mundo. Voluntarie-se para ajudar com campanhas de informação, petições ou outros meios de protesto pacífico e não violento por parte de alunos mais velhos. Alimente as suas tendências ativistas – vamos precisar da sua energia para agir em breve. Imprima o PDF do cartão OMD em www.omdfortheplanet.com/take-action/pledge/ e leve-o para a sua escola.

🌎 No supermercado, peça aos responsáveis para terem opções à base de vegetais, compre-as consistentemente e incentive os seus amigos a fazê-lo também. Se houver um produto que só esteja disponível on-line, pergunte na loja física se estão pensando em ofertá-lo.

🌎 Quanto às ONGs, seja cauteloso com relação à forma como gasta o seu dinheiro. Quando receber uma correspondência solicitando doações por ocasião das festas, ligue e pergunte acerca da posição da instituição para com a agropecuária. Pergunte onde partilharam esses pontos de vistas – e se não o fizeram, pergunte por qual o motivo. Doe conscientemente a organizações que estão despertas para a crise e que tentam desempenhar um papel produtivo para revertê-la. O Greenpeace e o Sierra Club, entre outras, estão se tornando mais ruidosas sobre a ligação entre a agropecuária e as alterações climáticas e a degradação ambiental. Verifique antes de doar.

🌎 Escreva cartas ou artigos de opinião ao editor do seu jornal local sempre que perceber um momento oportuno para relacionar o ambiente local com a agropecuária. Estão atravessando uma estiagem? Escreva uma carta sobre a utilização de água pelas vacas. Estão enfrentando enchentes? Escreva uma carta sobre a subida do nível do mar e as inundações costeiras, desencadeadas pelas emissões de gases do efeito de estufa produzidas pela agropecuária. Seja uma voz confiável pela Terra sempre e em qualquer lugar onde perceba uma oportunidade. Não se preocupe em ter sempre algo de novo e inovador para dizer; a repetição dessas mensagens irá ajudar a fixá-las.

🌎 Junto da sua família, eduque bem os seus filhos, como se costuma dizer. Lembre-se de que sempre que faz uma refeição à base de vegetais está cortando pela metade a pegada de carbono e a pegada hídrica da sua alimentação! Seguir o Plano OMD em família é um começo absolutamente maravilhoso. No entanto, ao iniciar a transição para um estilo de vida vegano, converse com os seus filhos sobre o *motivo* pelo qual o fará – ajude-os a ver, sentir e compreender a ligação o mais cedo possível. Leve-os a conectarem-se com a natureza enquanto ainda estão no tempo juvenil e amoroso de abraçar árvores. Esse vínculo não só os ajudará a manifestarem-se, à medida que crescem, como também servirá de refúgio e lugar de consolo nos momentos em que os outros não parecem entender como é preciosa a natureza.

Jim costuma dizer: "A mudança não ocorre da liderança para baixo. A liderança só muda quando as pessoas despertam e exigem essa mudança". E a oportunidade de fazer essa mudança começa hoje, com a atenção concentrada na nossa comida, com a opção de nos alimentarmos de formas que ajudem a nós próprios, a nossa família, a todas as pessoas, aos animais e à Terra.

E lembre-se, não interessa o motivo pelo qual você envereda pela alimentação à base de vegetais – pela sua saúde, pelo meio ambiente ou pelos animais... todos ganham! É uma vitória para todos em todas as dimensões.

Obrigada por seguir o Plano OMD. E convide um amigo!

A SUA FONTE DE RECURSOS
🌍 M D

Calcule o quanto você poupa com o Contador de Alimentação Verde

Assim que começar a somar a pontuação do Contador de Alimentação Verde das suas refeições, você provavelmente começará a ver o potencial de poupança ambiental de todos os pratos vegetais. Eis os cálculos brutos para alguns dos alimentos de origem animal mais comuns. Acesse a folha de cálculo de poupança ambiental completa em www.omdfortheplanet.com/get-started. Compartilhe a sua pontuação e suas receitas OMD em www.facebook.com/OMD4thePlanet/.

Se eliminar...	Poupa a seguinte quantidade de água...	Evita o desmatamento de...	E impede uma emissão de gases equivalente a dirigir por...
Carne de vaca (70 g)	1.079,06 l	18,13 m²	8,63 km
Manteiga (1 barra/100 g)	655,25 l	0,56 m²	1,98 km
Manteiga (1 colher de sopa)	81,92 l	0,06 m²	0,24 km
Frango (70 g)	200,40 l	0,63 m²	1,09 km
Queijo (28 g)	139,98 l	0,17 m²	0,92 km
Queijo (1 xícara, ralado)	560,01 l	0,69 m²	3,64 km
Creme de leite (1 xícara)	628,72 l	1,18 m²	3,64 km
Leite (1 xícara)	162,84 l	0,37 m²	1,90 km
Ovo (1)	163,26 l	0,27 m²	0,79 km

Recipientes e utensílios reutilizáveis para conservação de alimentos

Um fator essencial na preparação de alimentos em semanas muito atarefadas é ter os melhores recipientes de armazenamento alimentar. Para minimizar a interação com substâncias químicas nocivas liberadas pelos plásticos (bem como para praticar o que se prega em relação à diminuição da quantidade de resíduos no nosso planeta), tentamos utilizar sempre vidro e aço inoxidável (nossas marcas favoritas são a Anchor Hocking para recipientes de vidro e a Zoetica para todos os tipos de talheres e utensílios que não produzem resíduos). A seguir, recomendo alguns itens essenciais. Não é necessário comprar todos de uma só vez; comece por alguns recipientes para armazenar comida e prossiga a partir daí:

- Sacos de pano
- Recipientes de vidro para alimentos: tigela e tampa em vidro Anchor Hocking Bake 'N Take, com rebordo de silicone opcional (480 ml, 1.200 ml, 2.880 ml)
- Frascos de vidro com tampa de enroscar (Mason Jar ou Ball, de vários tamanhos)
- Sacos de armazenamento reutilizáveis e biodegradáveis (como o BioBag)
- Sacos reutilizáveis com fecho
- Caixas *bento* em aço inoxidável
- *Hashi* em aço inoxidável
- Canecas de café em aço inoxidável
- Copos em aço inoxidável
- Canudos em aço inoxidável

Lista essencial para a despensa OMD

Estes são os produtos que usamos regularmente. Tentamos renová-los para variar e reabastecer conforme as necessidades. Sugiro marcas que foram testadas e comprovadas pela nossa família, mas o incentivo a experimentar outras. Surgem novas opções todos os dias e cada família é única.

Bebidas vegetais
- Bebida de arroz orgânica enriquecida original, Dream
- Bebida de amêndoa, sabor baunilha, sem adição de açúcar, Engine 2
- Bebida de amêndoa original, sem adição de açúcar, Engine 2
- Bebida de avelã original, Pacific
- Bebida de amêndoa, Barista Blend (para café de máquina), Califia Farms
- Bebida de soja original, Silk
- Bebida de amêndoa sem adição de açúcar, Califia Farms – frio
- Bebida de amêndoa, sabor baunilha, sem adição de açúcar, Califia Farms – frio
- Creme para café original, Silk
- Bebida de soja, sabor baunilha, Silk

Queijos veganos
- Miyoko's Creamery
- Kite Hill
- Daiya
- Follow Your Heart
- Field Roast

Iogurtes vegetais
- Iogurte de caju, Forager
- Iogurte de amêndoa, Kite Hill

Substitutos de carne à base de vegetais
- Impossible Foods
- Beyond Meat
- Alfa Foods
- Hungry Planet
- Field Roast

Manteigas de oleaginosas e sementes
- Manteiga de amendoim, variedades Crunchy e Creamy, Santa Cruz
- Manteiga de amêndoa, Artisana Organics
- Manteiga de sementes de girassol, Once Again
- Manteiga de castanha-de-caju, Artisana Organics

Grãos e milho enlatados
- Grão-de-bico, Eden Organic ou Westbrae Natural
- *Frijoles* tradicional (Refried Beans), Bearitos
- *Frijoles* de feijão-preto (Black Refried Beans), Amy's
- Feijão-preto, Westbrae Natural
- Feijão-vermelho, Westbrae Natural
- Feijão-fradinho, Eden Organic
- Feijão-carioca, Eden Organic
- Milho-verde, Westbrae Natural
- Chili, Amy's
- Grão-de-bico orgânico, One Fig Foods

Tomate/molhos
- Molho de cogumelos portobello, Muir Glen
- Molho de ervas italiano, Muir Glen
- Molho de alho assado, Muir Glen
- Marinada clássica, Muir Glen
- Marinada de pimentão vermelho, Engine 2
- Tomate em cubos, Radia
- Tomate triturado, Bionaturae

Sopas de pacote
- Creme de abóbora, Imagine
- Creme de tomate, Imagine

- Creme de abóbora-manteiga, Imagine
- Caldo de legumes, Imagine

Óleos/vinagres/condimentos
- Vinagre balsâmico, 365 Whole Foods
- Óleo de canola orgânico, Spectrum
- Óleo de canola em spray, Spectrum
- Picles de endro, com baixo teor de sódio, 365 Whole Foods
- Sementes de uva orgânicas, Spectrum
- Azeitonas gregas sem caroço, Mediterranean Organic
- Ketchup, sem adição de açúcar, Westbrae Natural
- Mostarda Dijon integral, Old Style, Maille
- Azeite orgânico, 365 Whole Foods
- Azeite em spray, Pompeian
- Molho tipo salsa mexicana orgânico, Enrico's
- Vinagre de arroz, Marukan
- Molho de soja tamari, com menos 50% de sódio
- Molho de soja orgânico tamari
- Molho de picles (relish) doce, Cascadian Farm
- Molho césar vegano, Follow Your Heart
- Molho ranch vegano, com baixo teor de gordura, Follow Your Heart
- Maionese vegana sem soja Vegenaise, Follow Your Heart
- Mostarda, Westbrae Natural
- Mostarda Dijon, Westbrae Natural

Também costumo encontrar mostardas e vinagres balsâmicos artesanais maravilhosos em feiras.

Mel/xaropes/açúcares/compotas
- Xarope de agave azul e agave dourado, Madhava
- Xarope de arroz integral, Lundberg
- Estévia, SweetLeaf
- Mel de trevo, Topanga Quality Honey
- Mel cremoso, Trader Joe's
- Xarope de bordo, Shady Maple Farm
- Compotas de morango, framboesa, mirtilo e cereja, St. Dalfour

Petiscos
- Maçã, manga e tangerina liofilizadas Crispy Fruit, da Crispy Green
- Tortilha de milho azul, sem sal, Garden of Eatin'
- Bolachas de arroz integral, Edward & Sons
- Bolos de arroz integral, arroz selvagem, arroz mochi, Lundberg
- Petiscos de milho, Pop'd Kerns
- Everything Pretzels, da Mary's Gone Crackers
- Barras de arroz crocante EnviroKidz, da Nature's Path
- Barras de granola e morango EnviroKidz, da Nature's Path
- Petiscos de manga, mirtilos e frutas vermelhas Twisted Fruit, da CLIF Kid
- Milho para pipoca, Eden Foods
- Sucos de framboesa, laranja e cítricos, Emergen-C
- *Pretzels* com sal marinho, Mary's Gone Crackers
- Petisco de algas Sea Salt, da GimMe
- Tortilha sem sal, Casa Sanchez
- Batatas fritas veganas, Earth Balance
- Weetabix, da Weetabix
- Suplemento para reforço do sistema imunológico, sabor laranja, Airborne

Especiarias
- Sementes de cardamomo em pó, Simply Organic
- Canela em pó, Simply Organic
- Canela em pau, Frontier
- Extrato de baunilha, Simply Organic

Pão
- Tortilhas de farinha de espelta, Rudi's
- Pão de hambúrguer, Rudi's

Ingredientes secos sortidos
- Fermento em pó químico, Bob's Red Mill
- Açúcar mascavo, 365 Whole Foods
- Açúcar de cana, 365 Whole Foods
- Café torrado francês – descafeinado e normal –, Roger's Family Company
- Sementes de cânhamo sem casca, Nutiva
- Macarrão lámen orgânico – tofu de vegetais asiáticos, tempero de pimenta e alho, Koyo

- Açúcar em pó, 365 Whole Foods
- Flocos de aveia, Bob's Red Mill
- Espaguete, massa penne, massa de arroz integral cabelo de anjo, Tinkyada Organic
- Farinha de espelta, Arrowhead Mills

Congelados
- Mangas, mirtilos silvestres, amoras, framboesas, 365 Whole Foods

Cereais
- Granola de banana e mirtilo, sem adição de açúcar, Sconeage Bakery
- Granola de morango, 365 Whole Foods
- Granola de framboesa, Santa Monica Co-Op

Bebidas
- Suco de maçã, Santa Cruz
- Suco vegano, R.W. Knudsen
- Suco de tomate, com baixo teor em sódio, R.W. Knudsen
- Bebida probiótica gasosa, KeVita
- Água de coco, Costco
- Refrigerantes, Zevia

Oleaginosas e frutas desidratadas
- Nibs de cacau, Navitas
- Cacau em pó, Navitas
- Flocos de coco orgânico, qualquer marca
- Tâmaras, Sun Date ou 365 Whole Foods
- Amêndoas, 365 Whole Foods
- Castanhas-do-pará, 365 Whole Foods
- Castanhas-de-caju, 365 Whole Foods
- Cranberries, 365 Whole Foods
- Manga, Costco
- Nozes-pecãs, 365 Whole Foods
- Pinhões, Costco
- Sementes de abóbora, 365 Whole Foods
- Amêndoas laminadas, 365 Whole Foods
- Amarena, 365 Whole Foods
- Sementes de girassol, SunRidge Farms

- Nozes, 365 Whole Foods
- Uvas-passas, 365 Whole Foods
- Sementes de linhaça integral, Spectru*m*

Cuidado pessoal
- Xampu e condicionador hidratante de lavanda, Avalon Organics
- Xampu e condicionador de limão, Avalon Organics
- Produtos para rosto e corpo, OSEA

Lista de compras para o Plano de transição OMD de 14 dias

Aqui tem tudo aquilo de que irá precisar para preparar as receitas das duas primeiras semanas de transição. Se você está seguindo essa sugestão para começar o seu Plano OMD, utilize primeiro esta lista de compras, em vez da Lista essencial para a despensa OMD (observação: na página 327, você encontrará uma lista de todos os itens e ingredientes de que vai precisar nas duas primeiras semanas).

TRANSIÇÃO – SEMANA 1

Produtos
- 1 pacote (400 g) de coleslaw
- ½ xícara de espinafre
- 1 maço de coentro
- ½ xícara de damascos secos
- 1 xícara de figos secos picados
- 10 tâmaras medjool
- 2 maçãs fuji
- 2 limões
- 1 tomate italiano
- 1 pimentão vermelho
- 1 cebola roxa
- 1 cebola amarela
- 1 cabeça de alho
- 1 gengibre fresco pequeno
- Bananas (opcional)
- Framboesas (opcional)

Produtos refrigerados
- 1 embalagem (454 g) de tofu extrafirme
- 1 embalagem (454 g) de tofu macio
- 2 embalagens (de 255 g) de tiras de "frango" vegano grelhadas
- 2 xícaras de bebida de amêndoa sabor baunilha

Feijão e Cereais
- 1 lata (425 g) de feijão-preto
- 3 xícaras de flocos de aveia
- 1 xícara de farelo de trigo
- 6 pães de hambúrguer de trigo integral

Oleaginosas e sementes
- 2 xícaras de nozes
- 1½ xícara de amendoim torrado ou manteiga de amendoim
- 1 xícara de castanhas-de-caju cruas
- ⅓ de xícara de sementes de girassol sem casca

Item adicional
- 1 pacote (255 g) de gotas de chocolate vegano

TRANSIÇÃO – SEMANA 2

Produtos
- 12 folhas de alface-lisa
- 6 espigas de milho
- 3 limões
- 1 xícara de mirtilos frescos
- 1 cabeça de aipo
- 1 tomate grande
- 1 pepino
- 1 cenoura
- 3 cebolas grandes, amarelas ou brancas
- 1 cebola roxa pequena
- 1 cabeça de alho
- 1 maço de salsa
- 1 maço de coentro

LISTA DE COMPRAS PARA O PLANO DE TRANSIÇÃO OMD DE 14 DIAS

PRODUTOS REFRIGERADOS
- 5 colheres de sopa de creme vegetal
- ¾ de xícara de bebida de amêndoa sabor baunilha
- ½ xícara de bebida de amêndoa sem adição de açúcar (opcional)
- 1 embalagem (283 g) de "carne de vaca" vegana picada

FEIJÃO E CEREAIS
- 500 g de espaguete
- 4 latas (de 425 g) de grão-de-bico
- 6 pães pita de trigo integral
- 2 xícaras de farinha de trigo
- ½ xícara de farinha de trigo integral

OLEAGINOSAS E SEMENTES
- ½ xícara de amêndoas
- 1½ xícara de nozes
- 2 xícaras de castanhas-de-caju cruas
- 1 colher de sopa de linhaça moída

ITENS ADICIONAIS
- 1 lata (794 g) de tomate triturado
- ⅓ de xícara de tomate seco
- ¼ de xícara de azeitonas gregas sem caroço

A SUA DESPENSA E O SEU ARMÁRIO DE ESPECIARIAS OMD (BEM ABASTECIDOS)

Provavelmente, você já tem à disposição a maioria destes itens, mas eis uma lista dos ingredientes adicionais de que irá precisar nas duas primeiras semanas.

- Xarope de agave
- Vinagre de maçã
- Fermento em pó químico
- Bicarbonato de sódio
- Óleo de coco
- Cremor tártaro
- Melaço
- Levedura nutricional

- Azeite
- Óleo de amendoim
- Molho de soja com baixo teor de sódio
- Vinagre de arroz temperado
- Açúcar
- Coco ralado sem açúcar
- Extrato de baunilha
- Maionese vegana
- Mostarda integral

Temperos e especiarias
- Pimenta-malagueta moída
- Orégano seco
- Tomilho seco
- Alho em pó
- Pimenta-caiena moída
- Sementes de cominho moídas
- Açafrão moído
- Pimenta vermelha em flocos
- Sal
- Páprica defumada

Lista de compras para o Plano de Compromisso Total OMD de 14 dias

Eis aquilo de que precisará para as duas semanas de deliciosas refeições veganas do Plano de Compromisso Total OMD de 14 dias. São duas listas, divididas por semana, além de uma lista dos itens e temperos mais comuns necessários em ambas as semanas (provavelmente, já tem à disposição a maioria deles). Se você cozinha apenas para uma ou duas pessoas, é provável que precise de menos ingredientes na segunda semana. Quando não for especificada nenhuma quantidade, precisa apenas o suficiente para uma das receitas básicas incluídas no plano de refeições. Se necessário, substitua estes itens por alimentos semelhantes que eventualmente tenha, conforme achar mais adequado (e não se esqueça de incluir outros ingredientes de que goste na receita de pizza da página 177).

SEMANA 1

Produtos
- 6 batatas vermelhas grandes
- 6 batatas-doces grandes
- 7 pimentões grandes (2 vermelhos, 2 amarelos, 2 verdes e 1 da cor de sua escolha)
- 2 maços de aspargos (aproximadamente 1 kg)
- 4 abacates
- 1 pacote grande de couve cortada fresca (pelo menos 6 xícaras)
- 1 pacote (142 g) de alface-romana cortada
- 1 cabeça pequena de brócolis
- 1 xícara de espinafre ou de couve
- 1 maço pequeno de manjericão
- 6 tomates italianos

- 1 maço de rabanetes
- 2 pepinos
- 1 *jicama* grande
- 2 cenouras
- 2 talos de aipo
- 4 cebolas brancas grandes
- 2 cebolas roxas
- 1 cebola amarela
- 2 cabeças de alho
- 2 maços de coentro
- 1 maço de cebolinha-verde
- 1 gengibre fresco pequeno
- 2 limões-taiti
- 4 limões-sicilianos
- 1 cacho de bananas
- 1 manga
- 1 xícara de melão fresco cortado
- 400 g de mirtilos
- 400 g de framboesas
- 400 g de morangos
- 6 tâmaras medjool
- 2 maçãs
- ¼ de xícara de uvas-passas
- Tangerinas

Produtos refrigerados
- Manteiga vegana
- 2 xícaras de iogurte de coco sabor baunilha
- 2 embalagens (227 g) de cream cheese vegano
- 2 xícaras de bebida de amêndoa sem adição de açúcar
- ¼ de xícara de creme de leite vegano sem adição de açúcar
- 1 embalagem (227 g) de *tempeh*
- 1 embalagem (454 g) de tofu extrafirme
- 113 g de tofu firme
- 2 embalagens (227 g) de queijo vegano ralado (de preferência com sabor *cheddar*)
- 1 embalagem (227 g) de muçarela vegana ralada
- 3 embalagens de salsichas veganas (cerca de 250 g)

LISTA DE COMPRAS PARA O PLANO DE COMPROMISSO TOTAL OMD DE 14 DIAS

- 1 embalagem de salsichas veganas para café da manhã
- 3 embalagens (255 g) de tiras de "frango" vegano grelhadas
- 3 embalagens (283 g) de "carne de vaca" vegana picada congelada
- 1 embalagem (283 g) de espinafre congelado
- 1 embalagem pequena de sorvete vegano

Feijão e cereais
- 3 latas (425 g) de feijão-vermelho
- 1 lata (425 g) de feijão-carioca
- 1 lata (425 g) *frijoles* (*refried beans*) veganos
- 1 lata (425 g) de grão-de-bico
- 12 folhas de massa de lasanha
- 1 pacote de *graham crackers* (cerca de 9 bolachas inteiras)
- 1 pacote grande de tortilhas (preferencialmente de farinha integral)
- 12 tortilhas de espelta
- 1 pão integral
- 1 baguete pequena
- Bolos ingleses
- Flocos de aveia
- Quinoa
- Arroz integral
- Pão pitas de trigo integral

Nozes e sementes
- ½ xícara de castanhas-de-caju
- ½ xícara de nozes picadas
- Manteiga de castanha-de-caju
- Sementes de chia
- Linhaça moída
- Manteiga de amendoim
- Amêndoas defumadas (opcional)

Itens adicionais
- 2 frascos (227 g) de tomate seco
- 3 latas (397 g) de tomate em cubos
- 1 lata (794 g) de tomate triturado
- 1 pacote (907 g) de creme de tomate

- 1 lata (383 g) de leite de coco
- 1 lata (425 g) de milho-verde cozido
- 1 broa de milho
- 1 pacote de tortilha

SEMANA 2

Produtos
- 6 espigas de milho
- 6 batatas Yukon Gold
- 2 batatas-doces grandes
- 5 cebolas amarelas ou brancas
- 2 pimentões (1 vermelho, 1 verde)
- 500 g de cenoura
- 1 cabeça de aipo
- 500 g de couve-galega
- 6 xícaras de couve cortada cozida no vapor
- 500 g de quiabo (congelado, se não encontrar fresco)
- 1 brócolis pequeno
- 4 cogumelos *portobello* grandes
- 2 pacotes (142 g) de rúcula
- 1 xícara de alface-romana cortada
- 2 tomates grandes
- 400 g de tomates-cereja
- 1 pepino
- 1 abacate
- 2 *jalapeños*
- 2 cabeças de alho
- 3 maços de manjericão
- 1 maço pequeno de salsa
- 1 maço pequeno de coentro
- 1 maço pequeno de alecrim
- 2 limões-sicilianos
- 2 pêssegos
- 500 g de morangos frescos
- 1 cacho de bananas
- 2 maçãs fuji
- 2 maçãs verdes

LISTA DE COMPRAS PARA O PLANO DE COMPROMISSO TOTAL OMD DE 14 DIAS

- 2 mexericas
- ½ xícara de sementes de romã
- ½ xícara de damascos secos
- 1 xícara de figos secos
- 10 tâmaras medjool
- Laranjas
- Uvas
- Melão

Produtos refrigerados
- Manteiga vegana
- Cream cheese vegano
- 1 xícara de bebida de arroz sem adição de açúcar
- 1 litro de bebida de amêndoa sem adição de açúcar
- 1 litro de bebida de amêndoa sabor baunilha
- 113 g de tofu firme
- ½ embalagem de tofu extrafirme
- ½ xícara de muçarela vegana ralada
- 1 embalagem (283 g) de "carne de vaca" vegana picada
- 1 xícara de milho congelado
- 1 xícara de ervilhas congeladas
- 3 xícaras de frutas vermelhas frescas ou congeladas
- 1 xícara de cerejas sem caroço congeladas
- 1 embalagem pequena de sorvete vegano
- 1 embalagem de sanduíche de sorvete vegano, como os Tofutti Cuties

Feijão e cereais
- 1 lata (425 g) de feijão-vermelho
- 1 lata (425 g) de feijão cozido vegano
- 1 lata (425 g) de grão-de-bico
- 500 g de lentilhas
- 1 pão integral
- 4 pães de hambúrguer integrais
- 1 pacote grande de tortilhas integrais
- 4 xícaras de flocos de aveia
- 1 xícara de farelo de trigo
- 1 xícara de farinha de trigo integral
- 1 xícara de arroz integral

- ½ xícara de farinha de arroz
- Bolos ingleses
- Arroz parboilizado
- Quinoa

Oleaginosas e sementes
- 3 xícaras de castanhas-de-caju cruas
- 2 xícaras de sementes de girassol sem casca
- 2¼ de xícaras de nozes
- 1¼ de xícara de pinhões
- Sementes de chia
- Sementes de linhaça moídas
- Amendoim triturado
- Manteiga de amendoim

Itens adicionais
- 1 lata (411 g) de tomate triturado
- 1 lata (425 g) de creme de coco
- 1 lata (567 g) de jaca em salmoura
- ½ xícara de tiras de pimentão vermelho assado
- Homus
- Azeitonas
- *Croûtons* veganos
- *Crackers*

A SUA DESPENSA E O SEU ARMÁRIO DE ESPECIARIAS PARA O COMPROMISSO TOTAL (BEM ABASTECIDOS)

Eis uma lista dos ingredientes adicionais de que irá precisar nas duas primeiras semanas:

- Xarope de agave
- Farinha de trigo
- Vinagre de maçã
- Fermento em pó químico
- Vinagre balsâmico
- Molho barbecue

LISTA DE COMPRAS PARA O PLANO DE COMPROMISSO TOTAL OMD DE 14 DIAS

- Açúcar mascavo
- Calda de chocolate
- Óleo de coco
- Amido de milho
- Chocolate amargo
- Óleo de uva
- Geleia
- Ketchup
- Xarope de bordo
- Levedura nutricional
- Azeite
- Pão ralado *panko*
- Molho de picles (*relish*)
- Pipocas
- Vinagre de vinho tinto
- Molho tipo *salsa* mexicana
- Farinha de espelta
- Molho de pimenta *sriracha*
- Açúcar
- Óleo de gergelim torrado
- Extrato de tomate
- Extrato de baunilha
- Maionese vegana
- Caldo de legumes
- Óleo vegetal
- Mostarda integral ou mostarda Dijon

Temperos e especiarias
- Folhas de louro
- Pimenta-do-reino preta
- Pimenta-de-caiena
- Pimenta-malagueta moída
- Cebolinha
- Curry em pó
- Tomilho seco
- Alho em pó
- Sal de alho
- Pimenta-da-jamaica moída

- Canela em pó
- Sementes de coentro moídas
- Sementes de cominho moídas
- Açafrão moído
- Cebola picada
- Páprica
- Flocos de pimenta vermelha
- Sal

Conversão de medidas

CONVERSÃO DE MEDIDAS DE VOLUME

Xícaras	Colheres de sopa	Colheres de chá	Mililitros
		1 colher de chá	5 ml
1/16 xícara	1 colher de sopa	3 colheres de chá	15 ml
1/8 xícara	2 colheres de sopa	6 colheres de chá	30 ml
1/4 xícara	4 colheres de sopa	12 colheres de chá	50 ml
1/3 xícara	5⅓ colheres de sopa	16 colheres de chá	75 ml
1/2 xícara	8 colheres de sopa	24 colheres de chá	125 ml
2/3 xícara	10⅔ colheres de sopa	32 colheres de chá	150 ml
3/4 xícara	12 colheres de sopa	36 colheres de chá	175 ml
1 xícara	16 colheres de sopa	48 colheres de chá	250 ml

Indicações de leitura, documentários e sites

Se ficou intrigado com as ideias aqui apresentadas, incentivo-o a continuar pesquisando e aprendendo acerca dos danos causados pela agropecuária e do tremendo poder positivo da alimentação à base de vegetais. Tenho certeza de que quanto mais livros ler, a mais documentários assistir e mais aprender sobre esse tipo de alimentação, mais inspirado e motivado se sentirá.

LIVROS

ALIMENTAÇÃO À BASE DE VEGETAIS

The China Study Solution: The Simple Way to Lose Weight and Reverse Illness, Using a Whole-Food, Plant-Based Diet, de T. Colin Campbell

Whole: Rethinking the Science of Nutrition, de T. Colin Campbell e Howard Jacobson

Clean Protein: The Revolution that Will Reshape Your Body, Boost Your Energy – and Save Our Planet, de Kathy Freston e Bruce Friednich

Quantum Wellness: A Practical Guide to Health and Happiness, de Kathy Freston

The Lean: A Revolutionary (and Simple!) 30-Day Plan for Healthy, Lasting Weight Loss, de Kathy Freston

Veganist: Lose Weight, Get Healthy, Change the World, de Kathy Freston

Como Não Morrer: Descubra os Alimentos Cientificamente Comprovados que Previnem ou Curam as Principais Doenças, de Michael Greger

The Healthiest Diet on the Planet: Why the Foods You Love – Pizza, Pancakes, Potatoes, Pasta, and More – Are the Solution to Preventing Disease and Looking and Feeling Your Best, de John McDougall

Meatless: Transform the Way You Eat and Live – One Meal at a Time, de Kristie Middleton

The Plant-Based Journey: A Step-by-Step Guide for Transitioning to a Healthy Lifestyle and Achieving Your Ideal Weight, de Lani Muelrath

The Spectrum: A Scientifically Proven Program to Feel Better, Live Longer, Lose Weight, and Gain Health, de Dean Ornish

The Plant-Powered Diet: The Lifelong Eating Plan for Achieving Optimal Health, Beginning Today, de Sharon Palmer

Healthy at 100: The Scientifically Proven Secrets of the World's Healthiest and Longest-Lived Peoples, de John Robbins

The Plantpower Way: Whole Food Plant-Based Recipes and Guidance for the Whole Family, de Rich Roll

Finding Ultra: Rejecting Middle Age, Becoming One of the World's Fittest Men, and Discovering Myself, de Rich Roll

DIABETES

Dr. Neal Barnard's Program for Reversing Diabetes: The Scientifically Proven System for Reversing Diabetes Without Drugs, de Neal Barnard

COMPULSÃO ALIMENTAR

Breaking the Food Seduction: The Hidden Reasons Behind Food Cravings – And 7 Steps to End Them Naturally, de Neal Barnard

The Cheese Trap: How Breaking a Surprising Addiction Will Help You Lose Weight, Gain Energy, and Get Healthy, de Neal Barnard

PERDA DE PESO

Foods that Cause You to Lose Weight: The Negative Calorie Effect, de Neal Barnard

The Engine 2 Cookbook: More than 130 Lip-Smacking, Rib-Sticking, Body-Slimming Recipes to Live Plant-Strong, de Rip Esselstyn

The Engine 2 Diet: The Texas Firefighter's 28-Day Save-Your-Life Plan that Lowers Cholesterol and Burns Away the Pounds, de Rip Esselstyn

The Engine 2 Seven-Day Rescue Diet: Eat Plants, Lose Weight, Save Your Health, de Rip Esselstyn

Plant-Strong: Discover the World's Healthiest Diet – with 150 Engine 2 Recipes, de Rip Esselstyn

The Starch Solution: Eat the Foods You Love, Regain Your Health, and Lose the Weight for Good!, de John McDougall

Eat More, Weigh Less: Dr. Dean Ornish's Life Choice Program for Losing Weight Safely While Eating Abundantly, de Dean Ornish

DOENÇAS CARDÍACAS

Prevenir e Curar Doenças Cardíacas: O Plano Alimentar Cientificamente Comprovado para Manter o Seu Coração Saudável, de Caldwell B. Esselstyn

The McDougall Program for a Healthy Heart: A Life-Saving Approach to Preventing and Treating Heart Disease, de John McDougall

Dr. Dean Ornish's Program for Reversing Heart Disease: The Only System Scientifically Proven to Reverse Heart Disease Without Drugs or Surgery, de Dean Ornish

MEIO AMBIENTE E ALTERAÇÕES CLIMÁTICAS

The Sustainability Secret: Rethinking Our Diet to Transform the World, de Kip Andersen e Keegan Kuhn

Healthy Eating, Healthy World: Unleashing the Power of Plant-Based Nutrition, de J. Morris Hicks

Comfortably Unaware: What We Choose to Eat Is Killing Us and Our Planet, de Richard Oppenlander

Food Choice and Sustainability: Why Buying Local, Eating Less Meat, and Taking Baby Steps Won't Work, de Richard Oppenlander

Voices of the Food Revolution: You Can Heal Your Body and Your World with Food!, de John Robbins

Diet for a New America: How Your Food Choices Affect Your Health, Happiness and the Future of Life on Earth (2. ed.), de John Robbins

No Happy Cows: Dispatches from the Frontlines of the Food Revolution, de John Robbins

The Food Revolution: How Your Diet Can Help Save Your Life and Our World, de John Robbins

The Restore-Our-Planet Diet: Food Choice, Our Environment, and Our Health, de Patricia Tallman

LIVROS DE CULINÁRIA

Dr. Neal Barnard's Cookbook for Reversing Diabetes: 150 Recipes Scientifically Proven to Reverse Diabetes Without Drugs, de Neal Barnard

The Get Healthy, Go Vegan Cookbook: 125 Easy and Delicious Recipes to Jump-Start Weight Loss and Help You Feel Great, de Neal Barnard e Robyn Webb

Como Não Morrer – O Livro de Receitas: Mais de 100 Receitas para Prevenir e Reverter Doenças, de Michael Greger

The McDougall Quick and Easy Cookbook: Over 300 Delicious Low-Fat Recipes You Can Prepare in Fifteen Minutes or Less, de John McDougall e Mary MacDougall

PETA's Vegan College Cookbook, de PETA

MUDANÇAS DE ESTILO DE VIDA

The Mason Jar Cookbook: 80 Healthy and Portable Meals, de Amy Fazio

Waste-Free Kitchen Handbook: A Guide to Eating Well and Saving Money by Wasting Less Food, de Dana Gundersp

Desperdício Zero: Simplifique a Sua Vida Reduzindo o Desperdício em Casa, de Bea Johnson

DOCUMENTÁRIOS/TV

Devour the Earth
Eating You Alive
Forks Over Knives
The Game Changers
Merchants of Doubt
A Plastic Ocean
What the Health
Years of Living Dangerously

WEBSITES

Environmental Working Group: www.ewg.org/meateatersguide/
American College of Lifestyle Medicine: www.lifestylemedicine.org
Earth Guardians: www.earthguardians.org
Forks Over Knives: www.forksoverknives.com
Localizador de CSA locais (EUA): www.localharvest.org/csa/

INDICAÇÕES DE LEITURA, DOCUMENTÁRIOS E SITES

NutritionFacts.org (Dr. Michael Greger): nutritionfacts.org

One Green Planet: www.onegreenplanet.org

Physicians Committee for Responsible Medicine (Dr. Neal Barnard): www.pcrm.org e www.pcrm.org/health/diets/kickstart

The 200 Year Project: www.200yearproject.com

Two Zesty Bananas: www.twozestybananas.com

Vegan Society (Reino Unido): www.vegansociety.com

Grupo de prática dietética de nutrição vegetariana da Academy of Nutrition and Dietetics norte-americana: vegetariannutrition.net

The Vegetarian Resource Group: www.vrg.org/nutrition/

BLOGS (uma ótima fonte de receitas!)

Deliciously Ella: deliciouslyella.com

Hot for Food: www.hotforfoodblog.com/welcome

Keepin' It Kind: keepinitkind.com

Oh She Glows: ohsheglows.com

Plant-Based Dietitian: plantbaseddietitian.com

Sprouted Kitchen: www.sproutedkitchen.com

Trinity's Conscious Kitchen: www.trinityskitchen.com

The Vegan 8: thevegan8.com

The Vegan RD: www.theveganrd.com

Agradecimentos

Estamos numa corrida desenfreada, e este livro é uma parte importante da maior missão da minha vida – cuidar do planeta e tornar o mundo um lugar melhor para todos os nossos filhos –, uma missão que se expandiu e cresceu ao longo dos anos, graças ao trabalho árduo, à paixão e ao compromisso de muitas pessoas. Este movimento foi sempre um esforço coletivo em direção a uma causa maior, e este livro não é, certamente, uma exceção.

A pessoa responsável por nos impulsionar para o universo da alimentação à base de vegetais foi Elliot Washor, ao sugerir que assistíssemos ao documentário *Forks over knives*, nove meses antes de finalmente o termos feito, no dia 7 de maio de 2012.

O Plano OMD começou quando o meu cunhado, Jeff King, disse na MUSE School: "É só uma refeição por dia, pessoal!". A semente estava plantada. A MUSE tem sido uma parte enorme do meu crescimento. Minha irmã Rebecca Amis esteve ao meu lado, pelo que sou profundamente grata, bem como ao Jeff. Além disso, agradeço a todos os alunos e famílias da MUSE, bem como à equipe da MUSE, por seguirem o Plano OMD todos os dias.

As raízes da minha família Amis são fortes e duradouras. Agradeço à minha mãe pelo creme de milho vegano e por ter me ensinado disciplina e tenacidade; ao meu pai, que me ensinou a acreditar em mim mesma; e às minhas irmãs e irmãos, que me mantêm genuína e não me deixam esquecer de onde venho.

Pela criação do livro, gostaria de agradecer a minha agente, Heather Jackson, a Mariska van Aalst, à gentil e dedicada Sarah Pelz e a uma série de pessoas da Atria que tornaram tudo isso possível. Agradeço ao Dr. Alfredo Mejia do Environmental Nutrition Group do Department of Public Health, Nutrition, and Wellness da Andrews University, por nos ajudar a medir quanto se poupa com impacto ambiental de cada uma das nossas receitas.

Para aqueles que integram o nosso "quadro de especialistas", que contribuíram para o livro com a sua inspiração, os seus ensinamentos, livros, conselhos e a sua orientação, gostaria de agradecer a Dr. Dean Ornish, Dr. Neal Barnard, Samuel Lee-Gammage, Dr. T. Colin Campbell, Kathy Freston, Tal Ronnen, Dr. Caldwell e Rip Esselstyn, Dr. Michael Greger, Dr. John McDougall, Renée Lertzman, Moby, Arianna Huffington, Maria Shriver, Christiana Musk, Maria Wilhelm, Mathew Kinney, Jessica Alba, Jonathan Robbins, Francis Moore Lappe, Ocean Robbins, Rich Roll, Dr. Jay Gordon, Richard Oppenlander, Jim Morris Hicks, Craig McCaw, Stephen Leahy; e às organizações que trabalham incansavelmente para tornar o mundo um lugar melhor: Physicians Committee for Responsible Medicine, Climate Nexus, Friends of the Earth, Chef Ann Foundation, Sierra Club, Earth Guardians, Center for Biological Diversity, The Good Food Institute, Greenpeace, Better Buying Lab, Food Climate Research Network, Chatham House, Real Food Challenge, Meatless Mondays, The Center for Good Food Purchasing, One Green Planet, Earthjustice.

E obrigada a todos os que contribuíram com suas histórias ao longo do percurso: *Dame* Patsy Reddy, *Sir* David Gascoigne, Ken Beatty, Davien Littlefield, Allison Braine, Jenny Briesch, Chrissy e Stuart Bullard, Zoe Nachum, Elle Tortorici, Sarah Jones, Brian Theiss e muitos outros.

Pela edificação do movimento OMD, pelo trabalho de promoção de programas de alimentação escolar saudáveis, pelo trabalho no restaurante e por tantas outras coisas, gostaria de agradecer a Ashley Schaeffer-Yildiz, a Jessica Jewell-Lanier e a Maggie Taylor. A Karen Bouris, que mantém tudo funcionando, junto com Paulo, Amelia, Cindy e tantos outros.

Aos meus filhos Jasper, Soli, Josa, Claire, Quinn e Rose.

E finalmente, ao Jim, o meu parceiro em todas as coisas.

Notas

1. Song, M. et al. Association of Animal and Plant Protein Intake With All-Cause and Cause-Specific Mortality. *JAMA Internal Medicine*, v. 176, n. 10, 1 de outubro de 2016, p. 1453–1463.
2. Singh, P. N.; Sabaté, J.; Fraser, G. E. Does Low Meat Consumption Increase Life Expectancy in Humans? *American Journal of Clinical Nutrition*, v. 78, supl. 3, 1 de setembro de 2003, p. 526S–532S.
3. Crowe, F. L. et al. Risk of hospitalization or death from ischemic heart disease among British vegetarians and nonvegetarians: results from the EPIC-Oxford cohort study. *American Journal of Clinical Nutrition*, v. 97, n. 3, 1 de março de 2013, p. 597–603.
4. Tonstad, S. et al. Vegetarian diets and incidence of diabetes in the Adventist Health Study 2. *Nutrition, Metabolism, and Cardiovascular Disease*, v. 23, n. 4, abril de 2013, p. 292–299.
5. Tantamango-Bartley, Y. et al. Vegetarian diets and the incidence of cancer in a low-risk population. *Cancer Epidemiology, Biomarkers & Prevention*, v. 22, n. 2, fevereiro de 2013, p. 286–294.
6. Barnard, N. D. et al. Dietary and lifestyle guidelines for the prevention of Alzheimer's disease. *Neurobiology of Aging*, v. 35, supl. 2, setembro de 2014, p. S74–78.
7. Hever, J. Plant-Based Diets: A Physician's Guide. *Permanente Journal*, v. 20, n. 3, verão de 2016, p. 93–101.
8. Rosell, M. et al. Weight gain over 5 years in 21,966 meat-eating, fish-eating, vegetarian, and vegan men and women in EPIC-Oxford. *International Journal of Obesity*, v. 30, n. 9, setembro de 2006, p. 1389–1396.
9. Ferdowsian, H. R.; Barnard, N. D. Effects of plant-based diets on plasma lipids. *American Journal of Cardiology*, v. 104, n. 7, 1 de outubro de 2009, p. 947–956.
10. Lanou, A. J.; Svenson, B. Reduced cancer risk in vegetarians: an analysis of recent reports. *Cancer Management and Research*, v. 3, 20 de dezembro de 2010, p. 1–8.
11. Ferdowsian, H. R.; Barnard, N. D. Effects of plant-based diets on plasma lipids. (Ver nota 9.)
12. Appleby, P. N.; Davey, G. K.; Key, T. J. Hypertension and blood pressure among meat eaters, fish eaters, vegetarians and vegans in EPIC-Oxford. *Public Health Nutrition*, v. 5, n. 5, dezembro de 2002, p. 645–654.
13. Tonstad, S. et al. Type of vegetarian diet, body weight, and prevalence of type 2 diabetes. *Diabetes Care*, v. 32, n. 5, maio de 2009, p. 791–796.
14. Orlich, M. J. et al. Vegetarian dietary patterns and mortality in Adventist Health Study 2. *JAMA Internal Medicine*, v. 173, n. 13, 8 de julho de 2013, p. 1230–1238.

15   Orlich, M. J. *et al.* Vegetarian dietary patterns and mortality. (Ver nota 14.)
16   Ornish, D. Statins and the soul of medicine. *American Journal of Cardiology*, v. 89, n. 11, 1 de junho de 2002, p. 1286-1290; Jenkins, D. J. *et al.* Direct comparison of a dietary portfolio of cholesterollowering foods with a statin in hypercholesterolemic participants. *American Journal of Clinical Nutrition*, v. 81, n. 2, fevereiro de 2005, p. 380-387; Barnard, N. D. *et al.* A low-fat vegan diet and a conventional diabetes diet in the treatment of type 2 diabetes: a randomized, controlled, 74-wk clinical trial. *American Journal of Clinical Nutrition*, v. 89, n. 5, maio de 2009, p. 1588S-1596S. Disponível em: www.ncbi.nlm.nih.gov/pubmed/19339401. Acesso em: 12 nov. 2019.
17   Ornish, D. *et al.* Intensive lifestyle changes for reversal of coronary heart disease. *JAMA*, v. 280, n. 23, 16 de dezembro de 1998, p. 2001-2007.
18   Esselstyn Jr., C. B. *et al.* A way to reverse CAD? *Journal of Family Practice*, v. 63, n. 7, julho de 2014, p. 356-364b.
19   Barnard, N. D. *et al.* A low-fat vegan diet. (Ver nota16.)
20   Tilman, D.; Clark, M. Global Diets Link Environmental Sustainability and Human Health. *Nature*, v. 515, 27 de novembro de 2014, p. 518-522.
21   Koeth, R. A. *et al.* Intestinal microbiota metabolism of L-carnitine, a nutrient in red meat, promotes atherosclerosis. *Natural Medicine Journal*, v. 19, n. 5, maio de 2013, p. 576-585.
22   Hung, H. C. *et al.* Fruit and vegetable intake and risk of major chronic disease. *Journal of the National Cancer Institute*, v. 96, n. 21, 3 de novembro de 2004, p. 1577-1584.
23   Tuso, P.; Stoll, S. R.; Li, W. W. A Plant-Based Diet, Atherogenesis, and Coronary Artery Disease Prevention. *Permanente Journal*, v. 19, n. 1, 2015, p. 62-67.
24   Ornish, D. *et al.* Can lifestyle changes reverse coronary heart disease? The Lifestyle Heart Trial. *Lancet*, v. 336, n. 8708, 21 de julho, 1990, p. 129-133.
25   Ornish *et al.* Intensive lifestyle changes. (Ver nota 17.)
26   Adams, K. M. *et al.* Status of nutrition education in medical schools. *American Journal of Clinical Nutrition*, v. 83, n. 4, abril de 2006, p. 941S-944S. Disponível em: www.academic.oup.com/ajcn/article/83/4/941S/4649273. Acesso em: 13 nov. 2019.
27   Disponível em: https://www.cdc.gov/diabetes/pdfs/data/statistics/national-diabetes-statistics-report.pdf. Acesso em: 13 nov. 2019.
28   Pan, A. *et al.* Changes in red meat consumption and subsequent risk of type 2 diabetes mellitus: three cohorts of US men and women. *JAMA Internal Medicine*, v. 173, n. 14, 22 de julho de 2013, p. 1328-1335.
29   Knip, M.; Simell, O. Environmental triggers of type 1 diabetes. *Cold Spring Harbor Perspectives in Medicine*, v. 2, n. 7, julho de 2012, p. a007690.
30   Snowdon, D. A.; Phillips, R. L. Does a vegetarian diet reduce the occurrence of diabetes? *American Journal of Public Health*, v. 75, n. 5, maio de 1985, p. 507-512.
31   Vang, A. *et al.* Meats, processed meats, obesity, weight gain and occurrence of diabetes among adults: findings from Adventist Health Studies. *Annals of Nutrition and Metabolism*, v. 52, n. 2, 2008, p. 96-104.

[32] Barnard, N. D. et al. A low-fat vegan diet improves glycemic control and cardiovascular risk factors in a randomized clinical trial in individuals with type 2 diabetes. *Diabetes Care*, v. 29, n. 8, agosto de 2006, p. 1777-1783.

[33] Kahleova, H. et al. The Effect of a Vegetarian vs. Conventional Hypocaloric Diabetic Diet on high Adipose Tissue Distribution in Subjects with Type 2 Diabetes: A Randomized Study. *Journal of the American College of Nutrition*, v. 36, n. 5, julho de 2017, p. 364-369.

[34] Nehra, A. Erectile dysfunction and cardiovascular disease: efficacy and safety of phosphodiesterase type 5 inhibitors in men with both conditions. *Mayo Clinic Proceedings*, v. 84, n. 2, fevereiro de 2009, p. 139-148.

[35] Bennett, G.; Williams, F. *Mainstream Green: Moving Sustainability from Niche to Normal*. Nova York, Ogilvy & Mather, 2011. Disponível em: https://madeleineporr.files.wordpress.com/2018/03/2011-mainstream_green.pdf. Acesso em: 13 nov. 2019.

[36] Ruby, M. B.; Heine, S. J. Meat, morals, and masculinity. *Appetite*, v. 56, n. 2, abril de 2011, p. 447-450.

[37] Eleazu, C. et al. The role of dietary polyphenols in the management of erectile dysfunction-Mechanisms of action. *Biomedicine & Pharmacotherapy*, v. 88, abril de 2017, p. 644-652.

[38] Berkow, S. E.; Barnard, N. D. Vegetarian diets and weight status. *Nutrition Reviews*, v. 64, n. 4, abril de 2006, p. 175-188.

[39] Rizzo, N. S. et al. Nutrient profiles of vegetarian and nonvegetarian dietary patterns. *Journal of the Academy of Nutrition and Dietetics*, v. 113, n. 12, dezembro de 2013, p. 1610-1619.

[40] Rosell, M. et al. Weight gain over 5 years in 21,966 meat-eating, fish-eating, vegetarian, and vegan men and women in EPIC-Oxford. (Ver nota 8.)

[41] Sabaté, J.; Wien, W. Vegetarian diets and childhood obesity prevention. *American Journal of Clinical Nutrition*, v. 91, n. 5, maio de 2010, p. 1525S-1529S. Disponível em: www.ncbi.nlm.nih.gov/pubmed/20237136. Acesso em 13 nov. 2019.

[42] Farmer, B. et al. A vegetarian dietary pattern as a nutrient-dense approach to weight management: an analysis of the national health and nutrition examination survey 1999-2004. *Journal of the American Dietetic Association*, v. 111, n. 6, junho de 2011, p. 819-827.

[43] Allen, N. E. et al. The associations of diet with serum insulin-like growth factor I and its main binding proteins in 292 women meat-eaters, vegetarians, and vegans. *Cancer Epidemiology, Biomarkers & Prevention*, v. 11, n. 11, novembro de 2002, p. 1441-1448.

[44] Bastide, N. M.; Pierre, F. H.; Corpet, D. E. Heme iron from meat and risk of colorectal cancer: a meta-analysis and a review of the mechanisms involved. *Cancer Prevention Research*, v. 4, n. 2, fevereiro de 2011, p. 177-184.

[45] Dall, C. *FDA: Antibiotic use in food animals continues to rise*. Center for Infectious Disease Research and Policy, University of Minnesota, 22 de dezembro de 2016.

[46] Francino, M. P. Antibiotics and the Human Gut Microbiome: Dysbioses and Accumulation of Resistances. *Frontiers in Microbiology*, v. 12, n. 6, janeiro de 2016, p. 1543.

47 Guthrie, L. et al. Human microbiome signatures of differential colorectal cancer drug metabolism. *npj Biofilms Microbiomes*, v. 1, n. 3, novembro de 2017, p. 27.

48 Appleby, P. N. et al. Mortality in vegetarians and comparable nonvegetarians in the United Kingdom. *American Journal of Clinical Nutrition*, v. 103, n. 1, 2016, p. 218-230. Disponível em: www.doi.org/10.3945/ajcn.115.119461. Acesso em: 13 nov. 2019.

49 Tantamango-Bartley, Y. et al. Vegetarian diets and the incidence of cancer in a low-risk population. (Ver nota 5.)

50 *Phytochemicals: The Cancer Fighters in Your Foods*, American Institute for Cancer Research. Disponível em: https://www.aicr.org/reduce-your-cancer-risk/diet/elements_phytochemicals.html. Acesso em: 13 nov. 2019.

51 Bishop, K. S.; Ferguson, L. R. The interaction between epigenetics, nutrition and the development of cancer. *Nutrients*, v. 7, n. 2, 30 de janeiro de 2015, p. 922-947.

52 Kim, S. A. et al. Vital Signs: Fruit and Vegetable Intake Among Children-United States, 2003-2010. *Mortality and Morbidity Weekly Report*, v. 63, n. 31, 2014, p. 671-676. Disponível em: www.cdc.gov/mmwr/preview/mmwrhtml/mm6331a3.htm?s_cid=mm6331a3_w. Acesso em: 13 nov. 2019.

53 Nathan, I.; Hackett, A. F.; Kirby, S. A longitudinal study of the growth of matched pairs of vegetarian and omnivorous children, aged 7-11 years, in the north-west of England. *European Journal of Clinical Nutrition*, v. 51, n. 1, 1997, p. 20-25.

54 Yen, C. E. et al. Dietary intake and nutritional status of vegetarian and omnivorous preschool children and their parents in Taiwan. *Nutrition Research*, v. 28, n. 7, 2008, p. 430-436.

55 Dwyer, J. T. et al. Mental age and I.Q. of predominately vegetarian children. *Journal of the American Dietetic Association*, v. 76, 1980, p. 142-147.

56 Gale, C. R. et al. IQ in childhood and vegetarianism in adulthood: 1970 British cohort study. *BMJ*, v. 334, 2007, p. 245-248.

57 Giem, P.; Beeson, W. L.; Fraser, G. E. The incidence of dementia and intake of animal products: Preliminary findings from the Adventist Health Study. *Neuroepidemiology*, v. 12, n. 1, 1993, p. 28-36.

58 Morris, M. C.; Evans, D. A.; Bienias, J. L. et al. Dietary fats and the risk of incident Alzheimer disease. *Archives of Neurology*, v. 60, 2003, p. 194-200.

59 Morris, M. C. et al. Dietary intake of antioxidant nutrients and the risk of incident Alzheimer disease in a biracial community study. *JAMA*, v. 287, 2002, p. 3230-3237.

60 Devore, E. E. et al. Dietary antioxidants and long-term risk of dementia. *Archives of Neurology*, v. 67, 2010, p. 819-825.

61 Ernst, E. et al. Blood rheology in vegetarians. *British Journal of Nutrition*, v. 56, n. 3, 1986, p. 555-560.

62 Piazza, J. et al. Rationalizing meat consumption. The 4Ns. *Appetite*, v. 91, agosto de 2015, p. 114-128.

63 Song, M. et al. Association of Animal and Plant Protein Intake With All-Cause and Cause-Specific Mortality. (Ver nota 1.)

64. Ornish, D. *et al*. Effect of comprehensive lifestyle changes on telomerase activity and telomere length in men with biopsy-proven lowrisk prostate cancer: 5-year followup of a descriptive pilot study. *Lancet Oncology*, v. 14, n. 11, outubro de 2013, p. 1112–1120.

65. Singh, P. N.; Sabaté, J.; Fraser, G. E. Does Low Meat Consumption Increase Life Expectancy in Humans? (Ver nota 2.)

66. Disponível em: https://www.epa.gov/ghgemissions/understanding-global-warming-potentials. Acesso em: 13 nov. 2019.

67. Disponível em: https://www.ipcc.ch/site/assets/uploads/2018/02/WG1AR5_Chapter08_FINAL.pdf. Acesso em: 13 nov. 2019.

68. Disponível em: https://www.theguardian.com/environment/2016/mar/21/eat-less-meat-vegetarianism-dangerous-global-warming. Acesso em: 13 nov. 2019.

69. Disponível em: https://www.chathamhouse.org/sites/default/files/field/field_document/20141203LivestockClimateChangeForgottenSectorBaileyFroggattWellesleyFinal.pdf. Acesso em: 13 nov. 2019.

70. Bajželj, B. *et al*. Importance of food-demand management for climate mitigation. *Nature Climate Change*, v. 4, 2014, p. 924-929.

71. Disponível em: https://nca2014.globalchange.gov/highlights#section-5681. Acesso em: 13 nov. 2019.

72. Disponível em: https://19january2017snapshot.epa.gov/climate-impacts/international-climate-impacts_.html. Acesso em: 13 nov. 2019.

73. Disponível em: www.nature.com/articles/s41598-017-04134-5. Acesso em: 13 nov. 2019.

74. Disponível em: https://www.nationalgeographic.com/news/2017/07/sea-level-rise-flood-global-warming-science/. Acesso em: 13 nov. 2019.

75. Disponível em: www.ucsusa.maps.arcgis.com/apps/MapSeries/index.html?appid=64b2cbd03a3d4b87aaddaf65f6b33332. Acesso em: 13 nov. 2019.

76. Disponível em: www.epa.gov/ghgemissions/understanding-global-warming-potentials. Acesso em: 13 nov. 2019.

77. Stoll-Kleemann, S.; O'Riordan, T. The Sustainability Challenges of Our Meat and Dairy Diets. *Environment*, v. 57, n. 2, 23 de abril de 2015, p. 34–48.

78. Disponível em: http://www.fao.org/3/a-i3437e.pdf. Acesso em: 13 nov. 2019.

79. Disponível em: https://www.chathamhouse.org/sites/default/files/field/field_document/20141203LivestockClimateChangeForgottenSectorBaileyFroggattWellesleyFinal.pdf. Acesso em: 13 nov. 2019.

80. Disponível em: www.fao.org/ag/againfo/resources/en/publications/tackling_climate_change/index.htm. Acesso em: 13 nov. 2019.

81. Disponível em: https://www.pri.org/stories/2017-10-30/theres-more-co2-atmosphere-now-any-point-almost-million-years. Acesso em: 13 nov. 2019.

82. Disponível em: https://climate.nasa.gov/vital-signs/arctic-sea-ice/. Acesso em: 13 nov. 2019.

83 Disponível em: https://ocean.si.edu/through-time/ancient-seas/sea-level-rise. Acesso em: 13 nov. 2019.

84 Disponível em: https://www.smithsonianmag.com/science-nature/beef-uses-ten-times-more-resources-poultry-dairy-eggs-pork-180952103/. Acesso em: 13 nov. 2019.

85 Disponível em: https://globalforestatlas.yale.edu/land-use/industrial-agriculture. Acesso em: 13 nov. 2019.

86 Disponível em: http://www.fao.org/3/a-i5588e.pdf. Acesso em: 13 nov. 2019.

87 Disponível em: https://globalforestatlas.yale.edu/amazon/land-use/cattle-ranching. Acesso em: 13 nov. 2019.

88 Koneswaran, G.; Nierenberg, D. Global farm animal production and global warming: impacting and mitigating climate change. *Environmental Health Perspectives*, v. 116, n. 5, maio de 2008, p. 578–582.

89 Disponível em: https://www.youtube.com/watch?v=ysa5OBhXz-Q. Acesso em: 13 nov. 2019.

90 Disponível em: https://www.nature.com/articles/nature10452. Acesso em: 13 nov. 2019.

91 Disponível em: https://science.sciencemag.org/content/343/6167/1241484. Acesso em: 13 nov. 2019.

92 Disponível em: https://www.pbl.nl/en/publications/meat-dairy-and-fish-options-for-changes-in-production-and-consumption. Acesso em: 13 nov. 2019.

93 Disponível em: https://www.wri.org/blog/2016/04/sustainable-diets-what-you-need-know-12-charts. Acesso em: 13 nov. 2019.

94 Disponível em: https://www.ucsusa.org/resources/hidden-costs-industrial-agriculture. Acesso em: 13 nov. 2019.

95 Disponível em: https://www.scientificamerican.com/article/earth-talks-daily-destruction/. Acesso em: 13 nov. 2019.

96 Disponível em: https://science.sciencemag.org/content/321/5891/926. Acesso em: 13 nov. 2019.

97 Disponível em: https://www.noaa.gov/media-release/gulf-of-mexico-dead-zone-is-largest-ever-measured. Acesso em: 13 nov. 2019.

98 Disponível em: http://siteresources.worldbank.org/INTENVMAT/Resources/3011340-1238620444756/5980735-1238620476358/13ECA.pdf. Acesso em: 13 nov. 2019.

99 Scarborough, P. A. *et al*. Dietary greenhouse gas emissions of meat-eaters, fish-eaters, vegetarians and vegans in the UK. *Climatic Change*, v. 125, n. 2, 2014, p. 179–192.

100 Disponível em: https://www.pbs.org/newshour/science/the-hidden-costs-of-hamburgers. Acesso em: 13 nov. 2019.

101 Disponível em: https://www.smithsonianmag.com/science-nature/beef-uses-ten-times-more-resources-poultry-dairy-eggs-pork-180952103/. Acesso em: 13 nov. 2019.

102 Disponível em: https://ourworldindata.org/meat-production. Acesso em: 13 nov. 2019.

[103] Disponível em: https://climatenexus.org/climate-change-news/chinese-officials-join-forces-with-american-celebrities-urging-sharp-cut-in-meat-consumption/. Acesso em: 13 nov. 2019.

[104] Gee, K. America's Dairy Farmers Dump 43 Million Gallons of Excess Milk. *Wall Street Journal*, 12 de outubro de 2016.

[105] Disponível em: https://www.bloomberg.com/news/features/2017-07-19/the-mad-cheese-scientists-fighting-to-save-the-dairy-industry. Acesso em: 13 nov. 2019.

[106] Disponível em: https://www.businessinsider.com/the-35-companies-that-spent-1-billion-on-ads-in-2011-2012-11. Acesso em: 13 nov. 2019.

[107] Ness, Immanuel. *Encyclopedia of National Interest Groups*, Routledge, julho de 2015, p. 233.

[108] Disponível em: https://www.agweb.com/article/contemporary_beef_marketing_campaign_builds_on_popular_successful_tagline_NAA_News_Release. Acesso em: 13 nov. 2019.

[109] Disponível em: https://www.opensecrets.org/industries/background.php?ind=G2300. Acesso em: 13 nov. 2019.

[110] Comunicação privada do Dr. Barnard, abril de 2018.

[111] Disponível em: https://www.ers.usda.gov/data-products/dairy-data/. Acesso em: 13 nov. 2019.

[112] Disponível em: https://www.mintel.com/press-centre/food-and-drink/us-sales-of-dairy-milk-turn-sour-as-non-dairy-milk-sales-grow-9-in-2015. Acesso em: 13 nov. 2019.

[113] Disponível em: https://ir.tyson.com/news/news-details/2017/Tyson-Foods-Tops-FORTUNE-Worlds-Most-Admired-List-for-Food-Production/default.aspx. Acesso em: 13 nov. 2019.

[114] Disponível em: https://ir.tyson.com/news/news-details/2017/Tyson-Foods-Makes-Additional-Investment-in-Beyond-Meat/default.aspx. Acesso em: 13 nov. 2019.

[115] Macy, J.; Young Brown, M. *Coming Back to Life*. British Columbia, Canadá: New Society Publishers, 1998.

[116] Disponível em: https://www.chathamhouse.org/sites/default/files/field/field_document/20141203LivestockClimateChangeForgottenSectorBaileyFroggattWellesleyFinal.pdf. Acesso em: 13 nov. 2019.

[117] Guasch-Ferré, M. *et al*. Nut Consumption and Risk of Cardiovascular Disease. *Journal of the American College of Cardiology*, v. 70, n. 20, novembro de 2017, p. 2519–2532.

[118] Eshel, G. *et al*. Land, irrigation water, greenhouse gas, and reactive nitrogen burdens of meat, eggs, and dairy production in the United States. *PNAS*, v. 111, n. 33, 19 de agosto de 2014, p. 11 996–12 001.

[119] Disponível em: www.cdc.gov/foodborneburden/attribution-1998-2008.html. Acesso em: 13 nov. 2019.

[120] Park, S. *et al*. Generic *Escherichia coli* contamination of spinach at the preharvest stage: effects of farm management and environmental factors. *Applied and Environmental Microbiology*, v. 79, n. 14, julho de 2013, p. 4347–4358.

121. Disponível em: www.epha.org/animalfarming-public-health-unavoidable-transitio n-towards-sustainable-healthy-diets/. Acesso em: 13 nov. 2019.

122. Clune, S.; Crossin, E.; Verghese, K. Systematic review of greenhouse gas emissions for different fresh food categories. *Journal of Cleaner Production*, v. 140, parte 2, 1 de janeiro de 2017, p. 766-783.

123. Tonstad, S. et al. Type of vegetarian diet, body weight and prevalence of type 2 diabetes. *Diabetes Care*, v. 32, n. 5, 2009, p. 791-796.

124. Melina, V.; Craig, W.; Levin, S. Position of the Academy of Nutrition and Dietetics: Vegetarian Diets. *Journal of the Academy of Nutrition and Dietetics*, v. 116, n. 12, 2016, p. 1970-1980.

125. Appleby, P. N.; Key, T. J. The long-term health of vegetarians and vegans. *Proceedings of the Nutrition Society*, v. 75, 2016, p. 287-293.

126. Le, L. T.; Sabaté, J. Beyond meatless, the health effects of vegan diets: findings from the Adventist cohorts. *Nutrients*, v. 6, n. 6, 27 de maio de 2014, p. 2131-2147.

127. Disponível em: www.nationalacademies.org/hmd/~/media/Files/Activity%20 Files/Nutrition/DRI-Tables/5Summary%20TableTables%2014.pdf. Acesso em: 13 nov. 2019.

128. Pawlak, R.; Lester, S. E.; Babatunde, T. The prevalence of cobalamin deficiency among vegetarians assessed by serum vitamin B12: a review of literature. *European Journal of Clinical Nutrition*, v. 68, n. 5, 2014, p. 541-548.

129. Rogerson, D. Vegan diets: practical advice for athletes and exercisers. *Journal of the International Society of Sports Nutrition*, v. 14, 2017, p. 36.

130. Harris, W. S. Achieving optimal n-3 fatty acid status: the vegetarian's challenge... or not. *American Journal of Clinical Nutrition*, v. 100, supl., 2014, p. 449S-452S.

131. Disponível em: https://nccih.nih.gov/health/omega3/introduction.htm. Acesso em: 13 nov. 2019.

132. Saunders, A. V.; Davis, B. C.; Garg, M. L. Omega-3 polyunsaturated fatty acids and vegetarian diets. *Medical Journal of Australia*, v. 199, supl. 4, 2013, p. 22S-26S.

133. Watanabe, H. Beneficial biological effects of *miso* with reference to radiation injury, cancer and hypertension. *Journal of Toxicologic Pathology*, v. 26, n. 2, junho de 2013, p. 91-103.

134. Kern, J. et al. Calcium supplementation and risk of dementia in women with cerebrovascular disease. *Neurology*, v. 87, n. 16, 18 de outubro de 2016, p. 1674-1680.

135. Van Vliet, S.; Burd, N. A.; van Loon, L. J. The Skeletal Muscle Anabolic Response to Plant versus Animal-Based Protein Consumption. *Journal of Nutrition*, v. 145, n. 9, 2015, p. 1981-1991.

136. Nosworthy, M. G. et al. Effect of Processing on the *in Vitro* and *in Vivo* Protein Quality of Yellow and Green Split Peas (*Pisum sativum*). *Journal of Agricultural and Food Chemistry*, v. 65, n. 35, 2017, p. 7790-7796.

137. Shu, X. O. et al. Soy food intake and breast cancer survival. *JAMA*, v. 302, n. 22, 9 de dezembro de 2009, p. 2437-2443.

[138] Yan, L.; Spitznagel, E. L. Soy consumption and prostate cancer risk in men: a revisit of a meta-analysis. *American Journal of Clinical Nutrition*, v. 89, n. 4, abril de 2009, p. 1155-1163.

[139] Michaëlsson, K. *et al*. Milk intake and risk of mortality and fractures in women and men: cohort studies. *BMJ*, v. 349, 28 de outubro de 2014, p. g6015.

[140] Bouzari, A. *et al*. Vitamin retention in eight fruits and vegetables: a comparison of refrigerated and frozen storage. *Journal of Agricultural and Food Chemistry*, v. 63, n. 3, 28 de janeiro de 2015, p. 957-962.

[141] Bouzari, A.; Holstege, D.; Barrett, D. M. Mineral, fiber, and total phenolic retention in eight fruits and vegetables: a comparison of refrigerated and frozen storage. *Journal of Agricultural and Food Chemistry*, v. 63, n. 3, 28 de janeiro de 2015, p. 951-956.

[142] Renard, C. M. *et al*. Home conservation strategies for tomato (Solanum lycopersicum): Storage temperature vs. duration – Is there a compromise for better aroma preservation? *Food Chemistry*, v. 139, 2013, p. 825-836.

[143] Fisher, L.; Medeiros, L. *Refrigerator Storage*, Ohioline, Ohio State University Extension. Disponível em: https://ohioline.osu.edu/factsheet/HYG-5403. Acesso em: 13 nov. 2019.

[144] Penn State Extension: Disponível em: https://extension.psu.edu/buying-guide-fruit. Acesso em: 13 nov. 2019.

[145] US Highbush Blueberry Council, *Buying Blueberries*, www.blueberrycouncil.org/blueberrycooking-tips/buyingblueberries; Grapes from California, *All About Grapes*, www.grapesfromcalifornia.com/all-about-grapes

[146] Fisher, L.; Medeiros, L. *Refrigerator Storage*. (Ver nota 143.)

[147] Florida Department of Citrus, *How Long will fresh Florida Grapefruit keep in the fridge?* www.floridacitrus.org/grapefruit/facts

[148] Hale Groves, *How to Find the Best Grapefruit Year Round*, www.blog.halegroves.com/how-to-find-the-best-grapefruit-year-round.

[149] Georgia Peach Council, *Choosing and Processing Peaches*, www.gapeaches.org/recipes/choosing-and-processing-peaches/.

[150] California Strawberry Commission, *Select and Store*, www.californiastrawberries.com/about/select-and-store/.

[151] Fisher, L.; Medeiros, L. *Refrigerator Storage*. (Ver nota 143.)

[152] Penn State Extension, *Buying Guide: Vegetables*, www.extension.psu.edu/buying-guide-vegetables.

[153] N. Hedstrom, *Bulletin #4177, Vegetables and Fruits for Health: Broccoli and Cauliflower*, University of Maine Extension, www.extension.umaine.edu/publications/4177e/.

[154] J. McGarry, *The fantastic health benefits of kale*, Michigan State University Extension, 2014 www.msue.anr.msu.edu/news/the_fantastic_health_benefits_of_kale.

[155] K. Savoie e K. Yerxa, *Bulletin #4180, Vegetables and Fruits for Health: Greens*, University of Maine Extension, www.extension.umaine.edu/publications/4180e/.

[156] H. Harwatt, J. et al. Substituting beans for beef as a contribution toward US climate change targets. *Climatic Change*, v. 143, n. 1–2, julho de 2017, p. 261–270.

[157] Fields, H. et al. Is Meat Killing Us? *Journal of the American Osteopathic Association*, v. 116, n. 5, 1 de maio de 2016, p. 296–300.

[158] Disponível em: www.consumerreports.org/cro/magazine/2015/01/how-much-arsenic-is-in-your-rice/index.htm. Acesso em: 13 nov. 2019.

[159] Disponível em: www.nutritionfacts.org/2016/03/22/the-effects-of-dietary-cholesterol-on-blood-cholesterol/. Acesso em: 13 nov. 2019.

[160] Disponível em: www.scienmag.com/study-finds-consuming-nuts-strengthens-brainwave-function/. Acesso em: 13 nov. 2019.

[161] Disponível em: www.washingtonpost.com/lifestyle/food/in-la-vegetables-are-the-stars/2017/03/31/9d6bc6fa-13e8-11e7-ada0-1489b735b3a3_story.html. Acesso em: 13 nov. 2019.

[162] Disponível em: www.supermarketnews.com/consumer-trends/future-plant-based-foods. Acesso em: 13 nov. 2019.

[163] Disponível em: www.chathamhouse.org/sites/files/chathamhouse/field/field_document/20141203LivestockClimateChangeForgottenSectorBaileyFroggattWellesleyFinal.pdf. Acesso em: 13 nov. 2019.

Índice remissivo

A

abelhas, 182
ácido alfa-linolênico (ALA), 76, 132-134
    bacia Amazônica, 95
    doença de Alzheimer ou demência, 36
ácido linoleico (LA), 76
ácidos graxos essenciais, 76
Adventistas do Sétimo Dia, 60-61, 131, 201
agropecuária, 73, 86-87, 306, 308
    água e, 16, 38, 98-99
    alterações climáticas e, 38, 73, 86, 89, 92-95, 102
    biodiversidade e, 96-97
    floresta e, 16, 38, 96
    segurança alimentar (contaminação), 121-122
    zona morta e, 98
água, 16, 38, 98-99, 161, 190, 306
alimentação à base de carne, 15-16, 25, 34-37, 42, 45, 48-49, 57, 62, 65-67
    câncer e, 70, 79
    demanda por, 102-106
    diabetes e os quatro Ns, 78-80
    diminuir consumo, 166
    preço, 119-120, 122, 217-218
    saúde, 51-54, 55, 56, 64
    tratar carne como fosse bolo, 195
    veja também agropecuária, carne
alimentação à base de vegetais, 303-309
    ambiental, 24-25, 37-40, 85-110, 214
    benefícios para a saúde, 25, 35-37, 49, 51-54, 57-58, 59-61, 69, 80
    longevidade, 36, 73, 80-83
    perder peso, 64
    QI, 75
    saúde pública, 72-73
    use o termo, 197, 212-213
almoço
    das crianças, 163, 167-168
    receitas de, 235-249
alterações climáticas, 21, 24, 25, 38-39, 43, 85-95, 99, 102, 115, 155, 305
    Acordo de Paris e, 89, 157
    agropecuária e, 38, 73, 86-87, 89, 94, 102-103
    efeitos onde vivemos, 89-91, 123
amêndoas, 125
    "carne" de oleaginosa para taco vegano cru da Ree, 245-246

American Diabetes Association, 61
American Journal of Clinical Nutrition, 67-68, 83
aminoácidos,76, 138
Amis, Rebecca, 9-10, 34, 40, 41, 42, 74, 245, 262
Andrews University, 201
antibióticos, 71, 73, 121, 122, 196
antioxidantes, 57-58, 72
arroz, 200, 254
    hambúrgueres Food Forest Organics, 258-259
arsênio, 200
atletas, 66, 77, 137
Avatar, 38, 95, 161, 270, 306
aveia
    aveia com pêssegos assados, 225-226
    mistura MUSE-li, 222
azeite extravirgem, 130

B

B12, 131-132
bandeja vegana, 175
Barnard, Neal, 42, 49, 51, 61, 67, 74, 118, 191-192, 197, 198
Batatas-doces
    homus de batata-doce do Aaron, 277
    sopa de espinafre e batata-doce, 235-236
Beatty, Ken, 68-71
Beatty, Page, 66, 67
bebida
    de amêndoa, 141, 144, 232-234
    de coco, 142, 143
    de proteína de ervilha, 141, 142, 146
    de proteína de ervilha, 142
biodiversidade, 96-97
Biomedicine & Pharmacology, 62
Bittman, Mark, 187
Blackburn, Elizabeth, 81
bolo de cenoura da Suzy, 295-296
bolo de coco e menta da Food Forest Organics, 299-301
    musse de chocolate Pagie Poo, 298-299
    smoothie verde do Jasper, 220
bolos
    bolo de cenoura da Suzy, 295-296
    bolos *lamington* de chocolate amargo com sorvete de amora, 290-292
Braine, Allison, 77-78
Briesch, Jenny, 126-127
British Medical Journal, 142-143
Bullard, Chrissy e Stuart, 163-164

C

caju
    bebida de avelã e castanha-de-caju, 145
    creme de castanha-de-caju da Pagie Poo, 278-279

pasta de queijo vegano da Ree, 275-276
cálcio, 135-136, 137
Cameron Family Farms, 22, 258, 305
Cameron, James (Jim), 22, 52, 59, 62, 63, 66, 67, 68, 86, 87, 95, 107, 166-167, 196, 197, 200, 202, 213, 214, 306, 309
Cameron, Suzy Amis, 31-40
Campbell, Nelson, 88
Campbell, T. Colin, 35, 43, 88, 118, 191, 198
câncer, 12, 35, 36, 52, 67-72, 201
    carne e, 70, 79
    soja e, 139, 141
carboidratos
    que não prestam, 200
    refinados, 200
carne, 15, 48, 56, 70, 79, 94, 96, 97, 98, 103-104, 105, 123-124
    de vaca de pastagem (de pasto), 34, 63, 74, 162
    hambúrguer, 96, 97, 98, 100, 105, 161, 166, 191, 306
"carne" de oleaginosa para taco vegano cru da Ree, 245-246
carnismo, 78
carnívoros, 49
células endoteliais, 56-58
Centers for Disease Control and Prevention (CDC), 60, 74, 121, 122
cérebro, 13, 75
chá das cinco, 178-179
chantili de coco, 294
Chatham House, 117, 122
Cheesecake de musse de limão da Pagie Poo, 296-298
chili, 166-167, 251, 253
chili favorito da família da Suzy, 250
China, 102
chocolate
    bolos *lamington* de chocolate amargo com sorvete de amora, 290-292
Climatic Change, revista, 157
colesterol, 15, 51, 56-58, 62, 191, 201-202
comer para ter energia, 76-77
Coming Back to Life (Macy), 108
Como não morrer (Greger), 43, 198
Compromisso Total, 188, 190-215
    benefícios, 191
    em dois passos, 191-192
    estojo de ferramentas para, 197-200
    lista de compras para o plano de 14 dias, 323-334
    plano de refeições de 14 dias, 203-212
    truques mentais par aderir ao, 195-196
    uma escolha, 213-215
Consumer Reports, 200
Consumption, 117
Contador de Alimentação Verde, 25, 124-129, 186-187, 201, 218, 313
conversão de medidas, 335
coodles com molho de manga delicioso da Melissa, 239-240
Costner, Kevin, 33

couve
    salada de couve marinada do Rio, 237-238
    smoothie verde do Jasper, 220
cozinhar, 167, 251
crianças
    lance das, 163, 169
    na cozinha, 178
    nutrição para, 74-77
    vegetais e, 162, 181-182
CSA (Community Supported Agriculture – comunidade que sustenta a agricultura), 120, 147, 217

D

D3, 136
delivery, 160-161
desejos, 201-203, 213
despensa da cozinha, 130, 147, 198-199, 317-322
DHA, 76, 132-134
diabetes, 173 12, 36, 51, 52, 59-62, 191
disfunção erétil, 62-63
doenças cardíacas, 12, 14, 35, 36, 50, 59, 201
    disfunção erétil e, 62-63
    reverter os problemas, 58-59, 81

E

E. coli, 121
Eating you alive, 63
Elliott, Brad e Sandy, 270
emissões de gases do efeito estufa, 38, 87, 89, 92-95, 127-129, 161, 187
empadão de "carne" do King, 262-263
envelhecimento, 36, 82, 201
EPA, 76 132-134
ervas, 168
escola MUSE (MUSE School), 9, 10, 21, 25, 34-35, 40-45, 73-74, 96-97, 110, 126-127, 157-158, 163, 192, 248, 262, 305
espaguete à bolonhesa, 267-268
espinafre
    smoothie verde de chocolate, 219
    smoothie verde do Jasper, 220
    Sopa de espinafre e batata-doce, 235-236
Esselstyn, Caldwell, 35, 88, 191
Esselstyn, Rip, 42, 88
estrogênio, 139
European Public Health Alliance, 121
expectativa de vida, 13, 35, 51, 73, 80-83, 190
expedição DEEPSEA CHALLENGE, 92-93

F

faça sua bebida, 145, 234
faca, 165-166
fajitas de "frango", 247-248

falafel fantástico, 242-243
fator "nojo", 196
fator de crescimento semelhante à insulina (IGF), 70
feijão, 253-254
    chili favorito da família da Suzy, 250
    de molho, 176-177
    feijão-preto básico, 243-244
    hambúrgueres Food Forest Organics, 254-255
    pimentões abertos, 260-261
fibras, 72
fiesta mexicana, 176
florestas, 16, 38, 95-96
fluxo sanguíneo, 14, 76
Foley, Jonathan, 92
Food Forest Organics, 22, 305
Ford, Eileen, 31-32
Forks Over Knives, 35-37, 41, 43, 46, 48, 55-56, 59, 73, 195, 285
Foster, David, 58
"frango"
    fajitas de, 247-248
    salada de curry de "frango" em folhas de alface, 248
    sanduíches de "frango" de churrasco com coleslaw, 256-258
frascos Mason Jar, 145-146
Freston, Kathy, 43, 157, 186, 247
frutas, 57, 74, 119, 146-148, 150-152, 179, 217
    armazenamento, 147-148, 150-154
    café da manhã MUSE-li, 223
    comprar frescas, 147-148, 150-154
    consumirmos mais, 173-176
    cores de, 174
    lanche das crianças, 163
    mistura MUSE-li, 222
    smoothie verde do Jasper, 220
    smoothie vermelho do Jasper, 221
fumantes, 304

G

Gascoigne, David, 285
genes, 12, 36
glucose, 75
gorduras, 133, 201
Gore, Al, 95
Greger, Michael, 43, 198, 200
Guacamole realmente bom, 275

H

hambúrguer, carne, 96, 97, 99-100, 104, 161, 166, 191, 306
hambúrgueres Food Forest Organics, 258-259
Harvard University, 80-81
herbívoros, 49
Hyman, Mark, 79

I

inflamação, 36, 56, 67, 71, 201-202
ingredientes, 130, 217
iodo, 135
iogurte vegano , 254

J

JAMA, 139
JAMA Internal Medicine, 60
jantar embrulhado, 181
Jones, Sarah, 194-195
Journal of the Academy of Nutrition and Dietetics, 64
Journal of the American College of Cardiology, 118-119
Journal of the American College of Nutrition, 61
Journal of the American Osteopathic Association, 190
Joy, Melanie, 78, 79

K

Kahler, Taibi, 88
Kateman, Brian, 124-125
Katz, David, 79, 80, 115, 155
King, Jeff, 41, 44, 262
Krautwich magnífica do Davien, 240-241

L

lasanha de tomate seco e aspargos do Brad e da Sandy, 270-272
    chili favorito da família da Suzy, 250
    consomê de tomate, 287-288
    creme de tomate assado da Saranne, 236-237
    espaguete à bolonhesa, 267-268
    molho chili da mama Cameron, 281-283
    quiabos e tomates do restaurante Scooter, 255-256
laticínios, 35-36, 38, 62, 68, 94, 96, 102-105, 118
    leite, 60, 70, 74, 99, 101, 103, 105, 123-124, 143, 198
    queijo, 35, 74, 99, 103, 117, 159
    saúde dos ossos e, 142-143
leite, 60, 70, 73-74, 99, 103, 105, 123-124, 143, 196
    à base de vegetais, 105, 141-144
lentilha
    empadão de "carne" do King, 262-263
    hambúrgueres Food Forest Organics, 258-259
levedura nutricional, 171-172
Lifestyle Heart Trial, 58
limão
    cheesecake de musse de limão da Pagie Poo, 296-298
    scones de coco, mirtilo e, 230-231
Littlefield, Davien, 32, 47, 65, 240
Livestock – Climate Change's Forgotten Sector: Global Public Opinion on Meat and Dairy, 117
lobos, 97
Loma Linda University, 75, 201

M

maçãs
    applesauce, 253
    muffins de maçã e nozes do Ben, 232-233
Macy, Joanna, 108
massa, 177
    espaguete à bolonhesa, 267-268
    lasanha de tomate seco e aspargos do Brad e da Sandy, 270-272
    pesto do Quinn, 280
massa muscular, 65-66
Mayo Clinic, 190
McCaw, Craig, 88
McDonald's, 14, 103, 104
McDougall, John, 88, 191, 197-198
McDougall, Mary, 88
Medical Journal of Australia, 133
médicos, 59, 197-198
meio ambiente, 304, 306
    alimentação à base de vegetais e, 24-25, 37-40, 86-110, 214
    biodiversidade, 96-97
    Contador de Alimentação Verde, 25, 124-129, 186-187, 201, 218, 313
    florestas, 16, 38, 95-96
    impacto no, 123-124
    oceanos, 39, 98
    OMD e, 85-110, 173-174
    preocupações ambientais locais, 123-124
    utilização de água, 24, 38, 98-99, 161, 190, 306
    veja também agropecuária, alterações climáticas
Mejia, Maximino Alfredo, 25, 125, 218
Melissa, *coodles* com molho de manga deliciosos da, 239-240
menus
    eventos especiais, 286-292
    plano de compromisso total de 14 dias, 203-212
mercado de agricultores, 121, 124, 147, 217
Merchants of doubt, 304-305
merengues da Saranne, 293-294
microbioma, 71
milho
    creme de milho da mama Amis, 251-252
    empadão de "carne" do King, 262-263
    molho *salsa* de, 274
    pimentões abertos, 260-261
missô, 135
mistura MUSE-li, 222, 223
Moby, 43
molho chili da mama Cameron, 281-282
molho de amendoim do Jasper, 279
molho de berinjela doo Aaron, 273-274
molhos
    molho chili da mama Cameron, 281

molho de amendoim do Jasper, 279
pesto do Quinn, 280
molhos e pastas
    guacamole realmente bom, 275
    homus de batata-doce do Aaron, 277
    molho de berinjela doo Aaron, 273-274
    pasta de creme vegano da Ree, 275-276
Muse Talks, 42
MUSE-Y, 244-245

N

Nachum, Zoe, 179-180
NASA, 94
National Geographic, 93-94
Nature, 52
niacina, 171-172
nível dos mares, 95
nozes
    muffins de maçã e nozes do Ben, 232-233
NPR, 125
Nurses' Health Study, 57
nutrientes, 131-136
    para crianças, 74-77
Nutrition Reviews, 64

O

obesidade, 64-65
oceanos, 38, 98
oleaginosas, 118-119, 201-202
    "carne" de oleaginosa para taco vegano cru da Ree, 245-246
    manteiga de oleaginosas, 164-165, 202
    mistura MUSE-li, 222
    muffins de maçã e nozes do Ben, 232-233
OMD (uma refeição por dia), 9-10, 23-27, 45-46, 107, 109, 155-156, 157-188, 191, 197, 307-309
    benefícios ambientais do, 85-110, 173
    benefícios para a saúde, 47-83
    começar devagar, 157-166
    compromisso, 110
    Contador de Alimentação Verde, 25, 124-129, 186-187, 201, 218, 313
    e a saúde pública, 72-73
    fatores de motivação, 117-124
    flor do, 53, 86-87, 91, 96, 109, 305
    lista de compras para o Plano de transição OMD de 14 dias, 323-326
    lista essencial para a despensa, 317-322
    nascimento do OMD, 40-45
    parceiro para o, 159
    plano de transiçao OMD de 14 dias, 183-186
    prepare-se para o plano, 115-156
    quadro de especialistas, 25, 43, 46, 49, 74, 191
    receitas para, *veja* o próximo passo, 186-187

ÍNDICE REMISSIVO

ômega-3, ácidos graxos essenciais, 76, 132-134
ONGs, 39, 86, 87, 96, 305, 308
Opções veganas nas escolas, 168, 307
Oppenlander, Richard, 88
Organização das Nações Unidas para a Alimentação e a Agricultura, 94
Organização Mundial de Meteorologia, 94
Organização Mundial de Saúde (OMS), 70, 79
Ornish, Dean, 58-59, 74, 81-82, 88, 136, 139, 143, 191, 197, 198, 201

P

Pampanin, Melissa, 126-127
pancreatite, 60
panela de pressão elétrica, 251, 253-255
panquecas com calda de frutas vermelhas, 227-228
Patel, Raj, 104
peixe, 70, 76
perder peso, 63-65
pesto do Quinn, 280
pimenta, 130
pimentões abertos, 260-261
pithiviers de pera, avelã e pastinaca, 288-290
pizza, 159, 177
planejar as refeições, 202-212
Plant Power Task Force, 21, 305
plástico, 149, 150
polifenóis, 57
Pollan, Michael, 24-25
Pooley, Eric, 88
preço, 119-120
    carne, 120, 122, 217
preparar a salada
    molho delicioso para salada da Pagie Poo, 283-284
    molho ranch do Aaron, 284-285
pressão arterial, 15, 52, 55, 76, 191
produtos, 130, 146, 199, 317-322
    Acordo de Paris, 89, 157
    pithiviers de pera, avelã e pastinaca, 288-290
produtos de origem animal, 64, 73
    proteínas, 12, 13-14, 42, 55
    veja também laticínios; carne; alimentação à base de carne
proteína, 33, 55, 65-67
    aminoácidos, 76, 138
    animal, 12, 13-14, 42, 55
    impacto ambiental, 123-124
    mudança gradual de, 162
    proteína vegetal, 138
    questão da, 136

Q

QI, 75
queijo vegano, 160, 217

pasta de queijo vegano da Ree, 275-276
The cheese trap (Barnard), 118
queijo, 35, 74, 99, 103, 117, 159-160
quesadillas, 180
quiabos e tomates do restaurante Scooter, 255-256
quinoa
    pimentões abertos, 260-261
    salada de quinoa rica em alho com vegetais primaveris da Josa, 268-270

R

rabanadas da Rose, 229-230
receitas, 26, 217-301
    almoços, 235-249
    aperitivos, pastas vegetais e molhos, 273-285
    café da manhã, 219-233
    jantares: pratos principais e acompanhamentos, 250-251
    sobremesas e confeitaria, 293-301
receitas de café da manhã, 219-233
receitas de jantares, 250-272
recipientes e utensílios para conservação de alimentos, 315
Red Carpet Green Dress, 21, 305
Reddy, Patsy, 217, 285-286
regra dos cinco segundos, 159
repolho
    curtido do Jasper e da Soli, 266-267
    sanduíches de "frango" de churrasco com coleslaw, 256-257
Reynolds, Kevin, 33
Robards, Sam, 33, 34, 196
Robbins, John, 88
Robbins, Mel, 159
rolinhos primavera, 178
rolinhos primavera da Cheri e do Charlie, 264-265
Roll, Rich, 42
Ronnen, Tal, 43, 161
rótulo dos alimentos, 196

S

sabor, 117-118
salada de *jicama*, 261-262
saladas, 175, 180
    molho *salsa* de milho, 274
    sal marinho, 130
    salada de couve marinada do Rio, 237-238
    salada de curry de "frango" em folhas de alface, 248-249
    salada de *jicama*, 261
    salada de quinoa rica em alho com vegetais primaveris da Josa, 268-270
sanduíche de manteiga de amendoim e geléia, 164
Sanduíches de "frango" de churrasco de coleslaw, 256-258
saúde, 47-83
    objetivos de, 50-51
    veja também assuntos específicos

Science, 98
scones de coco, mirtilo e limão, 230-231
segurança alimentar, 121-122
sexo, 62, 80, 203
Shiva, Vandana, 106, 306
sistema imunológico, 56, 71-72
smoothies
    smoothie verde de chocolate, 219
    smoothie verde do Jasper, 220
    smoothie vermelho do Jasper, 221
sobremesa
    bolo de cenoura da Suzy, 295-296
    bolo de coco e menta da Food Forest Organics, 299-301
    bolos lamington de chocolate amargo com sorvete de amora, 290-292
    chantili de coco, 294
    cheesecake de musse de limão da Pagie Poo, 296-298
    merengues da Saranne, 293-294
    musse de chocolate Pagie Poo, 298-299
Soltani, Atossa, 95
sopa, 180
    bebida de soja, 142, 144
    consomê de tomate, 287-288
    creme de tomate assado da Saranne, 236-237
    soja, 139
    sopa de espinafre e batata-doce, 235-236
    tempeh, 139-141
    tofu, 139-141
Spielberg, Steven, 33
Spitz, Aaron, 63
subsídios do governo, 172
substitutos da carne, 63, 80, 105-106, 161
suplementos de óleo de peixe, 133
sustentabilidade global na Conferência de Manaus, 95

T

T. H. Chan School of Public Health de Harvard, 118-119
telômeros e telomerase, 12-13, 36, 81-83
tempeh, 139-141
ter à mão os alimentos, 169-170
The China Study (Campbell), 43, 59, 118, 198
The game changers, 63, 66, 137
Theiss, Brian, 55-56
TMAO (N-óxido de trimetilamina), 57-58
tofu, 139-141
    lasanha de tomate seco e aspargos do Brad e da Sandy, 270-272
    tofu mexido, 224-225
tomates, 255
Totorici, Elle, 192-194
Tufts University, 75
Tyson Foods, 105

U

ulithi, 73, 92-93, 95
umami, 171
University of Oxford, 99

V

vegano, 47, 48, 63-65, 77, 79, 137, 194, 197, 211-214, 305, 308
Veganist (Kathy Freston), 43, 247
vegetais, 57, 74, 119-120, 130, 147-149, 217
    acrescentar os, 175
    arco-íris, 175
    armazenamento, 148-149, 150-154
    aumentar a proporção de, 172-181
    compras, 147-148, 150-154
    filhos, 163, 181-182
    legumes em conserva DIY, 241-242
    preparar os, 180, 199
vegetariano, 61, 79, 89, 137, 305
Verdient Foods, 305
vinagres, 130
vitamina B12, 132
vitamina D3, 136
Vogel, Robert, 13-14

W

Walmart, 304
Washor, Elliot, 35
Wilks, James, 63
World Resources Institute, 173

Z

zonas mortas, 98